Karl Brandler-Pracht

Lehrbuch zur Entwicklung der okkulten Kräfte

Handbuch der weißen Magie zur Entfaltung magischer Fähigkeiten

Esoterischer Verlag
Paul Hartmann

Im Esoterischen Verlag sind zahlreiche weitere Titel zum Themenbereich Magie und Esoterik erschienen. Sie sind überall erhältlich, wo es Bücher gibt oder können direkt beim Verlag bezogen werden.

Sie finden uns im Internet unter: **www.esoterischer-verlag.de**
(hier finden Sie auch: Ritualzubehör, Amulette, Witchboards uva.)

In der Hainlache 26, D-68642 Bürstadt

Tel. 06245/7516
Fax 06245/8489

E-Mail: wicca-magic@t-online.de
Internet: www.esoterischer-verlag.de

Auflage: Dezember 2001

Herstellung: Offset Druckerei Pohland, Augsburg

ISBN 3 932928 04 0

Inhalt

Vorwort zur Neuauflage

Karl Brandler-Pracht, der große Esoteriker, Astrologe und weiße Magier, hat mit dem vorliegenden Buch eines der besten Lehrwerke über die Entwicklung okkulter Kräfte geschrieben, die jemals erschienen sind.

Als zeitloser Klassiker, diente dieses Buch der Praxis bereits mehreren Generationen begeisterter Leser und vor allem Schülern der geheimen Wissenschaften als unentbehrliches Hilfsmittel, Ratgeber und Handbuch zur Ausbildung magischer Kräfte. Fast alle späteren Autoren, die sich mit praktischer Magie beschäftigten, haben aus dem wertvollen Inhalt dieses Buches geschöpft, was leicht in ihren Schriften erkennbar ist.

Auch wenn zwischenzeitlich fast 100 Jahre seit dem Erscheinen der ersten Auflage dieses Buches verstrichen sind, hat es nichts von seiner Faszination verloren. Sein Inhalt wird wohl sicher auch die nächsten 100 Jahre überdauern und für den ernsthaft strebenden Schüler der Magie ein unentbehrliches Handbuch der magischen Praxis darstellen.

Der Text des Originalwerkes blieb weitgehend unverändert. Zur leichteren Lesbarkeit, wurden lediglich einige Passagen und Sätze etwas überarbeitet und in eine zeitgemäßere Form gebracht. Dadurch ist das „Lehrbuch zur Entwicklung der okkulten Kräfte" bereit für eine neue Generation von ernsthaft suchenden Menschen, denen es den Segen bringen soll, welche unsere heutige Menschheit so dringend benötigt.

Bürstadt, im Oktober 1998.

Paul Hartmann

Der Lehrling - Die einfachen Stufen

1. Einleitung

Was sind wir Menschen doch für armselige Geschöpfe! Hilflos treibt uns der Sturm auf dem Meere des Lebens umher. Allen Gewalten preisgegeben, haben wir nur sehr unzulängliche Mittel, uns derselben zu erwehren. Wir haben Augen und können nicht sehen, was kommen wird, was hinter dem Berge auf uns lauert, was in der Zeiten Tiefe verborgen liegt. Wir sind an die Gegenwart gebunden und an das Licht. Wir hören, aber zwischen uns und dem Schallerreger darf kein allzu dichtes Hindernis stehen und die Entfernung darf nicht zu groß sein, auch sind für uns nur gewisse Schwingungen wahrnehmbar, alle anderen gehen für unsere persönliche Empfindung verloren.

Was nützt uns das feinste Gehör, mit dem wir die honigsüßen, schmeichelnden Worte des Nachbars hören, wenn wir nicht seine falschen, hinterlistigen Gedanken empfinden können. Was nützt es uns, wenn uns ein schönes Auge entgegenleuchtet voll Liebe und Huld, wir aber nicht imstande sind, den Verrat zu sehen, der im Herzen dieses Geschöpfes wohnt? Mit den mangelhaften körperlichen Sinnen ausgestattet, sollen wir uns hindurchwinden durch das dornige Gestrüpp, durch den dichten Urwald, mit dem das Leben uns umgibt und der angefüllt ist mit giftigen Reptilien, reißenden wilden Tieren und tausend anderen Gefahren!

Der Mensch, die Krone der Schöpfung! Wie lächerlich klingt dieser Ausspruch in Anbetracht seiner körperlichen Hilflosigkeit. Blicken wir empor, so sehen wir nicht die Steine am Wege und kommen zu Fall; achten wir sorgsam auf unsere Schritte, dann merken wir nicht den Balken, der auf uns herabzustürzen droht, und der Gefahr, die uns hinterrücks ereilt, sind wir machtlos ausgeliefert.

Machtlos? Nein! Die weise Fürsorge des Allgeistes hat uns großartige Waffen an die Hand gegeben, damit wir uns der unzähligen Angriffe erwehren können. Wir haben unsere Intelligenz und mit derselben haben wir die heutige Kultur geschaffen, brachten aber dadurch dem Menschen eine Legion neuer Feinde: Verheerende, unsichtbare Feinde, die sich nicht fassen lassen, die den Menschen bedrohen bei jedem Schritt, bei jedem Atemzug.

Und was wohnt nicht alles in seiner eigenen Brust, von welch furchtbaren Dämonen wird er beherrscht! Wie muß er im Staub kriechen vor diesen gewaltigen Tyrannen, ein gepeitschter, geschundener Sklave. Und doch hat ihn auch für diesen Kampf die Schöpfung ausgerüstet mit einer mächtigen Waffe. Wir kennen sie wohl, diese Waffe, und nennen sie *Wille.* Aber wir Unseligen verstehen nicht damit umzugehen. Wir kehren das scharfe Ende dieser Waffe gegen uns und den stumpfen Stiel gegen den Feind. Wille und Intelligenz, was nützen sie uns, wenn wir sie so falsch gebrauchen.

Wie aber sollen wir sie verwerten zu unserem Nutzen, wer lehrt uns das? Unser Geist, der alles hört, der alles sieht, der alles weiß und der nicht gebunden ist an Zeit und Raum, wie wir mit unseren schwerfälligen Sinnesorganen. Dieser Geist spricht zu uns zu jeder Zeit, warnend und eindringlich, aber wir hören es nicht. Die Allgüte hat uns einen Sinn gegeben, der die Sprache des Geistes unserem körperlichen Bewußtsein übermitteln soll, aber wir haben mit Hilfe der Intelligenz und des verkehrt angewendeten Willens diesen Sinn zum Schweigen gebracht. Wir wollen nur die grobkörperlichen Sinne anerkennen, wir halten uns für unendlich weise und glauben das große Geheimnis schon enthüllt zu haben, wenn wir deren Organe genau kennen. Den höchsten aller Sinne aber, den sogenannten *psychischen Sinn,* der, wenn er in uneingeschränkter Tätigkeit ist, den Menschen zu einem Halbgott erheben kann, diesen Vermittler zwischen der Unendlichkeit und der Zeitlichkeit, den weisen wir stolz zurück.

Die moderne Wissenschaft nennt den psychischen Sinn *Aberglaube.* Und wie gut täte eben dieser Wissenschaft der so vielfach geschmähte sechste Sinn. Eine gewisse wissenschaftliche Autorität hätte die *Welträtsel* besser entdeckt und weiser über *Kraft und Stoff* gesprochen, sie hätte den Zellseelen nicht solche Universalbedeutung zugeschoben, wenn der psychische Sinn etwas wacher in ihr gewesen wäre. Freilich, wer den Geist leugnet, kann auch den *Vermittler* entbehren. Der psychische Sinn aber existiert, er offenbart sich jenen, die sich mit okkulten Wissenschaften befassen, welche ohne materialistische Voreingenommenheit dem Wesen der Menschenseele lauschen.

Von der Existenz einer unstofflichen Persönlichkeit, des geistigen Ichs, das wir *Psyche* nennen wollen, muß der Lernende überzeugt sein; ebenso muß er wissen oder sich durch einschlägige Literatur davon belehren lassen, daß er außer seinem grobstofflichen Körper noch einen feinstofflichen, odischen Körper, den Astralleib, besitzt. Er muß wissen, daß die Materie in mehreren Zustandsformen besteht.

Hat sich der Lernende über sein innerstes Wesen Gewißheit verschafft, werden sich ihm dadurch, daß er infolge seiner Übungen den psychischen Sinn erweckt, ungeahnte Kräfte offenbaren, die bislang in seinem Innern latent geblieben waren, vergrabene Schätze, die ans Tageslicht gefördert, den Besitzer in jeder Weise reich belohnen werden. Aber Geduld muß der Schatzgräber haben und Ausdauer. Wenn ihm auch der Schweiß von der Stirne rieselt, jeder Spatenstich bringt ihn seinem Ziele näher. Es sei aber der Lernende darauf aufmerksam gemacht, daß große Mühe und Selbstüberwindung auf ihn warten. Aber auch Mut gehört dazu. Der Mut, den Kampf mit der egoistischen Materie auszufechten. Diese gierige, genußsüchtige, harte Materie ist der nimmersatte Drache, der die Schätze bewacht, die der Lernende heben soll. Und dieser Drache ist sehr schwer zu überwinden.

Dieses Lehrbuch ist so eingeteilt, daß aber auch alle diejenigen, die den Kampf mit sich selbst scheuen, einen großen Vorteil aus den Unterweisungen, die es enthält, ziehen können. Der erste Teil, der sich mit dem Lehrling befaßt, wird vielen schon genügen, denn wer die Lehrzeit mit Fleiß und Eifer durchgemacht hat, wird ein ganz anderer Mensch sein wie früher. Er wird zum größeren Teil sein Schicksal bewußt selbst lenken können, soweit dasselbe nicht, dem Kausalitätsgesetz entsprechend, durch sein Karma unabänderlich bestimmt ist. Er wird mit Staunen wahrnehmen, welch eine Kraft seine Gedanken sind, er wird mit Freuden bemerken, daß er nun nicht mehr der getretene, demütige, wie von blinden Gewalten hin und her geworfene Mensch von früher ist; er wird sich fühlen und hinaustreten in den Existenzkampf, geschützt und bewaffnet. Er wird am Schluß seiner Lehrzeit über Kräfte verfügen, die ihm - die richtige Benutzung vorausgesetzt - das Leben frei und angenehm machen, die ihn schützen werden vor Leid, Krankheit und Ungemach aller Art. Er wird verwundert zur Erkenntnis kommen, daß der Mensch gar nicht so hilflos ist, sondern ganz prächtig ausgestattet wurde, allen Gefahren erfolgreich die Spitze zu bieten; er wird sehen, daß alles Böse der Erde für ihn seinen Stachel verloren hat. Derjenige, der fühlt, daß es an der Zeit ist, vorwärts zu streben, wird sich mit den errungenen Fähigkeiten nicht zufrieden geben und wird den Kampf mit seinem egoistischen Menschen aufnehmen wollen, und für den ist der zweite Abschnitt geschrieben.

Der Geselle darf nun eintreten in den Tempel, und gierig kann er den Offenbarungen lauschen, die ihn in dem geheimnisvollen Vorraum erwarten. Aber wie der Gläubige an Festtagen das Gotteshaus nur im Festtagskleid betreten soll, so muß sich auch der Geselle vorher reinigen von dem Schmutz der Welt und sich in neue Kleider hüllen, ehe er sich bewerben darf um die Weihe. Dann sieht er sich plötzlich erhaben dastehen gegenüber dem Getriebe der Welt, er sieht seine Kräfte immer mehr und mehr wachsen und fühlt langsam sich von einer großartigen Macht durchdrungen.

Das ist erst der *Mensch* - so soll er beschaffen sein! Frei von niederen Leidenschaften, von kindischen Gewohnheiten, die die kostbare Zeit vergeuden und die Gesundheit untergraben. Ein Herr über sich selbst, ein Herr aber auch über die Materie. Seine Willenskraft hat sich entfaltet und er weiß bereits, was er mit ihr bewirken kann. Eine Macht hält er in seiner Hand, aber er wird sie nicht mißbrauchen; er könnte es gar nicht, denn einen Rückschritt gibt es nicht, und diese Macht war ihm ja nur dadurch erreichbar, daß es ihm gelungen war, sich auf eine angemessene sittliche Höhe zu erheben. Er hat einen Teil des Berges erklommen und in weiter Runde liegt vor seinen Freude trunkenen Blicken das blühende Land. Als er früher noch im Tal weilte, wie begrenzt war da seine Fernsicht, wie eng und klein dachte er sich die Welt; wie weit aber und groß sieht er sie jetzt von seinem erhabenen Standpunkt.

Viele werden es nun genügen lassen. Froh über die erreichte Stufe werden sie anderen helfen, den Berg emporzuklimmen, werden mit rüstigem Eifer die erhaltenen Kräfte anwenden, um ihren Mitmenschen in jeder Weise zu nützen. Etlichen aber - und ich bin überzeugt, daß das nur sehr wenige sein werden - wird eine innere Stimme befehlen: „Rüste dich und steige weiter. Der Berg vor dir ist noch größer und steiler als der, den du soeben erklommen hast. Aber fürchte dich nicht, du erreichst den Gipfel, wenn du nur willst!" Und langsam aber sicher beginnen sie sich emporzuarbeiten, immer freier wird die Brust, immer weiter der Blick, immer größer wird die Kraft. Den Wenigen, die den Gipfel erreichen, ist es gestattet in das Innere des Heiligtums einzutreten, sie sind die Meister. Ihnen ist es gegeben, die Göttin zu entschleiern und in ihren Augen die Wahrheit zu erkennen. Bei ihnen ist das geistige Ich zur unumschränkten Macht geworden - der Körpermensch gilt ihnen nichts mehr - die Leiden und Plagen der Erde kennen sie nicht mehr. Das sind die wahrhaft Freien, die Übermenschen!

Wer die geistigen Kräfte in sich zur vollen Entfaltung bringen will, muß jedes egoistische Interesse bei Seite lassen. Ohne Erfolg arbeiten alle jene, die die Übungen nur zu dem Zweck veranstalten, um sich Reichtümer zu erwerben. In bescheidenem Maße die erwachten Kräfte zu nützen, um sich ein menschenwürdiges Dasein zu verschaffen, um seine leibliche Existenz zu erleichtern, das ist wohl gestattet. Für meines Leibes Notdurft zu sorgen ist meine Pflicht, daher kein Egoismus. Unrecht aber wäre es und nutzlose Zeitvergeudung, wollte ich z.B. die Wunschkraft dazu verwenden, mir einen Lotteriegewinn zu erzwingen. Nicht nur, daß die dahin zielenden Übungen wahrscheinlich ohne Erfolg bleiben würden, würde sich auch derjenige, der solche Versuche macht, empfindlich schädigen, da er sich von seinem eigentlichen Ziele ablenken und überhaupt jeden weiteren Erfolg in Frage stellen würde.

Die geistige Beeinflussung seiner Mitmenschen ist geradezu verwerflich, wenn sie, wie es in amerikanischen Lehrbüchern zu lesen ist, nur zu dem Zwecke gelehrt wird, um geschäftliche Vorteile zu erringen und den Nächsten durch eine unsaubere Beeinflussung zu unterdrücken und sich geneigt zu machen. Es ist unmoralisch und gemeingefährlich, den Menschen der Willensfreiheit zu berauben, um egoistische Zwecke bei ihm durchzusetzen. Die psychischen Kräfte haben wir nicht empfangen, daß sie uns gegenseitig zum Fluche werden sollen, wie es die zivilisierte Menschheit bereits mit mancher Naturkraft getan hat, sondern diese Kräfte sollen Segen stiften, sie sollen uns in den Stand setzen, unser Los zu verbessern, die Menschheit in ethischer Beziehung auf eine höhere Entwicklungsstufe zu stellen. Der intellektuelle Fortschritt wird dabei gewiß nicht zu kurz kommen, denn mit der Entfaltung dieser Kräfte steigern sich auch die geistigen Fähigkeiten, und Kunst, Industrie und Wissenschaft würden ungeahnte Höhen erreichen.

Bevor wir nun die Lehrzeit beginnen, will ich dem Lehrling noch einmal vor Augen führen, daß der Erfolg ganz und gar von dem Maß der Geduld, die für diese Sache aufgewendet wird, abhängig ist. Rom wurde nicht an einem Tag erbaut. Aus dem Lernenden soll ein neuer Mensch werden, es soll ein gewaltiges, mächtiges Etwas aus ihm heraustreten und wirken, von dem er bisher keine oder nur wenig Ahnung hatte. Ein neuer, überaus vollkommener Sinn soll sich ihm eröffnen, der hinüberreichen kann über die Begriffe von Zeit und Raum, an die wir durch unser körperliches Wesen gebunden sind. Ein Schritt näher zur Gottheit! Und das soll so *plötzlich* geschehen können? Mitten in unserem hastenden, nervösen Zeitalter, das ja ein Nagel ist zu dem Sarge, in welchem die psychischen Sinne begraben liegen. Wer also entschlossen ist, das Gefängnis seiner Seele zu öffnen und die Ketten, mit welchen die Seele an die Materie gefesselt ist, zu lösen, der rüste sich mit Geduld und Ausdauer. Stein für Stein muß er selbst hinzutragen mit rastlosem Fleiß, und nur langsam wird er enstehen, der mächtige Bau.

Und dann wird noch eine weitere Tugend verlangt. Die strengste Pünktlichkeit! Auch davon hängt der Erfolg ab. Die Übungen müssen genau zur selben Zeit des Tages, in welcher sie begonnen wurden, fortgesetzt werden. Sie sollen auch keine Unterbrechungen erleiden; nur schwere Krankheitsfälle bilden die Ausnahme, unter welchen die Übungen ausgesetzt werden dürfen. Das gilt jedoch nur für die erste Abteilung, denn für die Fortgeschritteneren dienen in dieser Hinsicht andere Bestimmungen. Es müssen daher für die Zeit der Übungen alle Rücksichten fallen, die man sonst gewöhnt ist, dem Beruf, der Familie oder dem eigenen Ich zu bringen. Wenn die Übungszeit gekommen ist, darf uns weder Menschendienst noch Gottesdienst davon abhalten. Wir müssen dann mit uns allein sein können, und nichts darf uns stören. Und mag vor unserer verschlossenen Tür was da wolle vorgehen, es darf uns nicht berühren, solange die Übung dauert. Es sei denn, uns und unseren Angehörigen droht ein Unglück drohen. Sonst aber muß während der Übung die Welt für uns sozusagen versunken sein, nur wir existieren und unser Ziel, und alles andere ist ausgelöscht aus dem Bewußtsein.

Wesentlich erleichtert man sich seine schwere Arbeit durch eine vernünftige Weltanschauung. Man muß erkennen lernen, daß der Schwerpunkt des Menschen in seinem geistigen Prinzip und nicht in seiner leiblichen Erscheinung liegt. Diese letztere ist *nichts,* ist nur eine bloße Vorstellung der Psyche. Dieselbe suggeriert sich den Körper zum Zweck ihrer ethischen Höherentwicklung. Damit nun der geistige Mensch sich frei entfalten und vorwärtsschreiten kann, muß derselbe den Stoff überwinden lernen; seine Willenskraft muß derart gefestigt werden, daß er sich allen Einflüssen der Materie gegenüber vollständig frei und unabhängig verhalten kann. Und je mehr dieses geschieht, desto mehr kann der Mensch sein inneres, göttliches Licht leuchten und wirken lassen. Damit aber sind Wirkungen auf den Stoff hervorgebracht, welche sich für den Unwissenden als Wunder, als übersinnliche Ereignisse darstellen. Und es ist doch nur die Sonne, die so strahlend durch die Wolken bricht, hinter welchen sie so lange verborgen war. Unsere Aufgabe ist es, diese Wolken zu zerteilen.

Freilich diejenigen, die ihren Körper über alles lieben, die an der Welt der groben Sinne noch mit großer Zähigkeit hängen - ich meine jene Genußmenschen, deren Willenskraft noch nicht erwacht ist, diese großen Kinder, die noch nicht imstande sind, das *ich will* an ihren Leidenschaften zu stählen -, werden lächelnd dieses Buch beiseite legen. Oder sie werden sich lustig machen über den Narren, der es geschrieben hat, weil er im Menschen etwas sehen will, was die moderne Wissenschaft als nicht vorhanden erklärt, gleich wie der Blindgeborene das Licht. Für solche Menschen ist die Zeit zur Erkenntnis noch nicht gekommen. Daß es Wesen gibt, die fliegen können, das wird der Maulwurf schwer begreifen. Viele aber sind es, die in sich ein Drängen und Vorwärtsstürmen, ein unbestimmtes Sehnen nach Befreiung von einem rätselhaften Druck empfinden, für die ferner die nichtigen Freuden dieser Erde nicht mehr das Leben ausmachen. Und für solche ist die Stunde gekommen, da sie einen Führer brauchen. In diesem Buche werden sie ihn finden. Wie schon erwähnt, ist die Grundlage für alle Freilegung der psychischen Fähigkeiten die Vereinigung von Ruhe, Geduld und Ausdauer. Wer diese Tugenden noch nicht besitzt, muß sie sich erringen.

Vorerst die *Ruhe.* Es gibt Menschen, die nicht einen Augenblick still halten können. Man sagt dann, sie seien nervös. In vielen Fällen ist es aber nichts anderes als die Folge eines Erziehungsfehlers. Sitzen solche Personen, so verursachen sie fortwährend ein Geräusch mit den Füßen, die durch Scharren oder durch taktmäßiges Aufschlagen in beständiger Bewegung gehalten werden. Oder sie rücken auf dem Sitz hin und her, als ob sie auf Nadelspitzen säßen. Bleibt der Unterkörper zufällig in Ruhe, dann überträgt sich die Bewegung auf die Hände oder den Kopf. Entweder wird mit den Fingern ein Trommelkonzert aufgeführt oder die Hand fährt sich beständig durch Kopf und Barthaare. Frauen nesteln gerne an Spitzen, Uhrketten oder sonstigen Gegenständen und spielen mit den Fingerringen, oder die unsteten Hände suchen fortwährend die Haare oder die Kleidung zu richten und zu ordnen, wo ohnehin alles in bester Ordnung ist. Es soll damit auch nicht gesagt sein, daß der Mensch sich stets steif und ruhig verhalten soll wie eine Pagode; er soll nur imstande sein, für die Dauer seiner Übungen einen absoluten Ruhezustand an seinem Körper herzustellen, ohne darauf extra seine besondere Aufmerksamkeit richten zu müssen.

Daß das nicht so leicht ist, davon kann sich jedermann durch einen kleinen Versuch überzeugen. Man setze sich eine Viertelstunde ganz ruhig hin, in der Absicht, sich während dieser Zeit absolut bewegungslos zu verhalten. Dann lenke man seine Gedanken auf irgend ein interessantes Thema, und man wird sich schon nach Verlauf von wenigen Minuten bei irgend einer unbewußten Bewegung ertappen. Solche Störungen sind aber sehr geeignet, den Anfänger aus der geistigen Vertiefung, in die er sich mit vielen Mühen begeben hatte, unliebsam wieder herauszureißen, was, wenn es öfter vorkommt, die Entwicklung sehr verzögern kann. Man muß daher trachten, die unwillkürlichen Muskelbewegungen in seine Gewalt zu bekommen, was mit einiger Mühe gewiß jedermann gelingen wird. Man nehme sich ernstlich vor, bei jeder sitzenden Beschäftigung so weit als möglich bewegungslos zu bleiben, was besonders stets beim Lesen geübt werden sollte.

Sehr notwendig ist es auch für den Anfänger, den Gesichtssinn in seine Gewalt zu bekommen. Durch das Auge wird jede geistige Vertiefung fortwährend unterbrochen. Man gewöhne sich daher für die Zeit der Übungen an, das Auge nicht nutzlos hin und her schweifen zu lassen, sondern versuche es, längere Zeit in eine Richtung zu sehen. Dabei aber zwinge man sich, die Gegenstände, die sich dem Auge darbieten, nicht voll und klar zu erfassen, sondern nur verschleiert, bis man im Stande ist, mit wachen Augen in ein *Nichts* zu schauen. Diese Übung wird an passender Stelle in einem späteren Kapitel eingehender geschildert, ebenso das Abschließen des Gehörs durch die Willenskraft. Auch das Gehör muß bei den Übungen unterdrückt werden. Diese beiden Hauptsinne müssen so viel als möglich ausgeschaltet sein, damit der nötige Grad der Vertiefung erreicht werden kann. Im Anfang, d.h., solange die Willenskraft nicht genügend stark ist, helfe man sich mit mechanischen Mitteln, mit dem Verstopfen der Ohren mit weichem Wachs und lege bei gewissen Übungen eine Binde um die Augen, welche man außerdem geschlossen halten soll. Um das Gehör mechanisch abzuschließen, knete man sich erbsengroße Wachskügelchen in Verbindung mit etwas Verbandwatte und ziehe einen längeren Faden hindurch (dessen Ende verknotet sein muß), damit man leicht und bequem den Wachspfropf, den man, wenn er weich genug geknetet ist, leicht in den Gehörgang einführt - wieder an dem Faden herausziehen kann. Dann nimmt man ein größeres Stück Wachs, knetet auch dieses ganz weich, formt eine beiläufig kirschengroße Kugel daraus und drückt dieselbe in die Ohrmuschel vor den Gehörgang, nach welcher Manipulation man selbst starken Lärm nur noch ganz schwach und unaufdringlich hören wird. Sehr zu empfehlen sind auch die aus Weichgummi hergestellten hohlen Verschlußhütchen, welche sonst die Bestimmung haben, beim Baden das Ohr vor dem Eindringen des Wassers zu schützen. Dieselben werden in den Gehörgang eingeführt und müssen nun für unsere Zwecke ebenfalls mit einem Wachspfropfen ausgefüllt werden. Bei Verwendung dieser Gummihütchen ist die Gefahr, daß kleine Wachsteilchen im Ohr zurückbleiben könnten, ausgeschlossen, auch ist die Anwendung eines Fadens unnötig. Es sind das dann die billigsten Antiphone, die in jeder Gummiwarenhandlung, oder auch in jedem Geschäft für hygienische Bedarfsartikel preisgünstig zu haben sind. Namentlich auch allen Geistesarbeitern, die durch Umstände gezwungen sind, in lärmender Umgebung zu arbeiten, sei dieses Mittel bestens empfohlen. An das unangenehme Gefühl, das der Fremdkörper anfänglich im Ohr verursacht, gewöhnt man sich bald. Freilich, der Willensgeschulte sieht und sieht auch nicht, hört und ist taub, wie er es eben braucht, ohne sich zur Abschließung seiner Sinne mechanischer Hilfsmittel zu bedienen.

Das nächste Haupterfordernis ist die *Ausdauer.* Ein schweres Wort in unserer schnellebigen, hastenden Zeit. Ich mache an dieser Stelle darauf aufmerksam, daß sich gar keine Norm aufstellen läßt, wie lange eine Übung fortgesetzt werden muß, bis der Erfolg eintritt. Das ist ganz individuell und hängt von der körperlichen Disposition, von den Umständen, die ihn bei den Übungen fördernd oder hinderlich umgeben ab und von der Örtlichkeit und nicht zuletzt von dem Grad des angewandten Eifers. Der eine wird schneller, der andere langsamer zum Ziel kommen, Beharrlichkeit und Ausdauer lassen alles erreichen! Es verzage niemand, wenn der Erfolg auf sich warten läßt, denn wer z.B. heute unmutig seine Übungen als resultatlos aufgibt, kann so nahe vor dem Ziele gestanden haben, daß sich dasselbe vielleicht schon am anderen Tag eingestellt hätte. Die Übungen sollen nicht unterbrochen werden. Unterbrechungen werfen meist wieder zurück und verlängern das Studium. Besonders der Anfänger muß diese Bestimmung sehr beachten.

Also: Geduld! Dem Ungeduldigen, den sein nervöses Temperament nicht zur Ruhe kommen läßt, kann ich einige vortreffliche, einfache Mittelchen empfehlen. Wer es sich leisten will, der kaufe in der Spielwarenhandlung einige Geduldsspiele, von denen es genug gibt und darunter recht komplizierte. Sonst aber kann man dadurch Geduld erlernen, daß man in einem größeren Gefäß Erbsen, Bohnen und Linsen mengt, dieselben dann auf einen Teller leert und sortiert, Bohnen zu Bohnen, Linsen zu Linsen, Erbsen zu Erbsen. Das mache man, so oft man eine freie Viertelstunde hat. Nach einigen Tagen erschwert man sich diese Übung. Man kaufe bei einem Vogelhändler ein gemischtes Vogelfutter oder man mische selbst ein größeres Quantum von Reiskörnern, Mohnsamen, Hanf, Hirse usw. und sortiere dieses Gemenge so oft als möglich. Wenn dann die Finger nervös zu zucken beginnen und einem dabei die Lust übermannen will, die ganze scheinbare Quälerei zum Fenster hinauszuwerfen, dann unterbreche man einige Minuten, zwinge sich zur Heiterkeit, gehe einigemal auf und ab und singe ein lustiges Lied, - das hilft immer! Und dann wieder frisch drauflos geübt. Diese Anfälle werden dann immer seltener werden und bald wird man die beschriebene Arbeit in vollster Ruhe durchführen können. Es lassen sich solche Übungen in unzähligen Variationen ersinnen, z.B. mit einem total verknüpften Knäuel Wolle, an welchem man alle Knoten löst und entwirrt usw.

„Aber das ist ja albern und für Kinder gedacht!" werden da manche sagen. „Probiert es erst!" antworte ich. Je weniger diese Übungen der täglichen Beschäftigung des Lernenden entsprechen, desto schwieriger werden sie für ihn sein und einen desto größeren Aufwand von Geduld wird er aufbringen müssen. Und darauf kommt es ja an.

Der Schüler soll auch schweigen. Dies ist ein okkultes Gesetz. Wer während seiner Entwicklung anderen Personen von seinen Übungen oder Erfolgen erzählt, wird diese Erfolge wieder verlieren. Nur derjenige, der seine Ausbildung vollendet hat und dessen Kräfte durch längere Zeit gefestigt sind, kann von seinen okkulten Fähigkeiten zu anderen Menschen sprechen, obwohl der Ausgebildete schon von selbst darauf kommen wird, daß es vorteilhafter ist, diese Kräfte stillschweigend anzuwenden, als nutzlose Zurschaustellungen mit ihnen machen, die nur der Eitelkeit dienen und dem Betreffenden wenig Nutzen bringen würden. Hat sich nun der Lernende durch drei bis vier Wochen die nötige Ruhe und Geduld angeeignet, beginnen für ihn die Übungen der Gedankenkonzentration, die Gegenstand des nächsten Kapitels sind. Doch soll man sich ja nicht früher zu Übungen einer höheren Stufe zwingen, wenn man nicht vollständig reif dafür ist. Jedes Hasten ist hier vom Übel!

2. Die Gedankenbeherrschung

Was sind Gedanken? Gedanken sind Kräfte, die, wenn sie von uns in das Bewußtsein aufgenommen werden, eine geheimnisvolle Tätigkeit entfalten, die sich für oder gegen unser geistiges und leibliches Wohlergehen richten. Unsere Gedanken sind uns also entweder Feinde oder Freunde, Helfer oder Widersacher. Das ist eine alte Wahrheit, so alt wie das Menschengeschlecht selbst, aber erst der *Neugedankenlehre* ist es gelungen, ihr zum Sieg zu verhelfen.

Wir erzeugen keine Gedanken, aber wir nehmen sie in unser Bewußtsein auf. Wenn das geschehen ist, dann haben wir sie belebt, wir haben sie in reale, in gewissem Sinne stoffliche Dinge, umgewandelt, die ebenso wirklich vorhanden sind wie Licht, Wärme, Elektrizität usw. Wer hellsehend ist, kann die Gedanken sehen, und wer stark sensitiv ist, kann sie fühlen. Der modernen Experimentalpsychologie ist es bereits gelungen, Gedanken zu fotografieren. Je stärker, je energischer wir einen Gedanken in unser Bewußtsein aufnehmen, desto intensiver beleben wir ihn. In diesem Sinn ist jeder Gedanke ein Schöpfungsakt.

Wir behalten aber unsere Gedankenkinder nicht im Haus, wir senden, nachdem wir sie im Gedächtnis registriert haben, unsere Gedanken hinaus, sie sind unvergänglich geworden. Aber wie jedes Kind mindestens im ideellen Sinne an das Vaterhaus gebunden bleibt, selbst wenn es draußen in der Ferne ein neues Heim gegründet hat, so bleibt auch jeder ausgesandte Gedanke mit seinem Schöpfer durch ein geistiges Band verbunden. Jeder Gedanke hat die Neigung, sich mit anderen seiner Art zu vereinigen. Die ausgesandten Gedankenwellen schwirren umher, Art findet sich zu Art, und so entstehen mächtige Gedankengruppen, die immer intensivere Belebung erhalten, wenn sie von gleichgesinnten Menschen angezogen werden. Beleben wir Gedanken der Furcht, Mutlosigkeit, der Trauer oder der Sorge, so werden sich dieselben sofort mit herumschwirrenden Gedanken derselben Gattung verbinden und mit um so größerer

Kraft auf uns zurückwirken. Dasselbe gilt auch von Gedanken der Zuversicht, des Mutes, der Freude usw.

Hieraus ersehen wir, wie unklug es ist, negativen Gedanken Einlaß zu gewähren, und wie sehr der Dichter diese Wahrheit erfaßt hatte, wenn er sagt: „Das ist der Fluch der bösen Tat, daß sie fortzeugend Böses muß gebären." Und negative Gedanken zu beleben ist eine böse Tat, denn nicht nur, daß man sich damit selbst schädigt, man schädigt auch andere Menschen - starke Gedankengruppen lösen sich in entsprechende Handlungen aus. Wir müssen lernen, unsere Gedankenwelt zu beherrschen. Wir müssen darauf achten, *ausschließlich* nur positiv zu denken. Gedanken des Mutes, der Kraft, des Erfolges, der Liebe, der Toleranz, des Wohlwollens müssen wir beleben und allen entgegengesetzten Gedanken den Einlaß verwehren. Wir müssen gut und bejahend denken, und je intensiver wir das zu tun imstande sind, desto erfolgreicher werden wir sein. *„Ich bin eins mit der Allmacht - ich kann - ich will!"* Das sei unsere Devise.

Einer erfolgreichen Konzentration liegt einzig und allein nur ein intensives bejahendes Denken zu Grunde. Konzentration heißt Vereinigung, Sammlung, Verdichtung. Die Gedankenkonzentration fordert die absolute Vorherrschaft eines Gedankens oder Gedankenganges, ein strenges Abschließen aller Eindrücke von außen, ein Vertiefen und vollständiges Aufgehen in die gestellte Aufgabe. Auf diesem Zustand fußt das ganze Lehrgebäude (oder doch in der aktiven Konzentration der größte Teil desselben) und darum wollen wir uns eingehend damit befassen.

Wer durch Gedanken wirken will, muß lernen, intensiv zu denken. Er muß sich die Fähigkeit aneignen, bei einem Gedanken beharren zu können und alle anderen Gedanken, Bilder und Vorstellungen, die mit dem zu konzentrierenden Gedanken in keiner Verbindung stehen, auszuschließen, d.h. sie im Augenblick ihres Entstehens sofort zu unterdrücken. Gleichzeitig müssen aber auch alle Eindrücke von außen vollständig abgewiesen werden. Es darf sich weder durch den

Blick, das Gehör oder einen sonstigen Sinn eine Empfindung oder Vorstellung einschleichen. Die Vertiefung in einen bestimmten Gedanken umfaßt denselben in allen seinen Einzelheiten, es muß sich das geistige *Ich* sozusagen mit diesem Gedanken vollständig identifizieren. Das körperliche des Übenden als auch dessen Umgebung existieren für ihn auf die Dauer der Übung nicht mehr, alles um ihn herum muß versinken; es gibt nur eine Welt für ihn, die ist sein *geistiges Ich* und seine Gedanken. Die an das Herumschweifen gewöhnten Gedanken müssen gefesselt und wie in einer Linse in einem Brennpunkt gesammelt werden. Eine gewisse Richtung der Wissenschaft sieht die Gedanken als reale, stoffliche Dinge an, die, mit Intensität immer und immer wieder auf einen Punkt konzentriert, ganz hervorragende odische und vielleicht elektrische Kräfte auslösen, welche bestimmte Wirkungen auf den Stoff ausüben, die oft ans Wunderbare grenzen.

Ein kleines Beispiel spricht dafür. Man betrachte irgend einen Teil seines Körpers lange und eingehend und schließe nach Art der Gedankenkonzentration jeden anderen Gedanken hartnäckig aus. Nach einiger Zeit wird sich diese Stelle röten, es wird dort eine Blutansammlung eintreten. Wendet man dieses Mittel systematisch an, so wird es möglich sein, ganze Körperteile zu beschleunigterem Wachstum oder vollerer Entwicklung zu veranlassen. Wer denkt da nicht an das von indischen Fakiren gezeigte Phänomen des Wachsens einer Pflanze aus dem Samenkorn vor den Augen der Zuschauer? - Ich erinnere mich auch, irgendwo gelesen zu haben, daß es einer englischen Dame, deren Busen auf der linken Seite etwas verkümmert war, durch vielmaliges Wiederholen von energischen Gedankenkonzentrationen gelungen sein soll, den im Wachstum zurückgebliebenen Busen auf die gleiche Größe des anderen Busens zu zwingen. Auf den Inseratenseiten der meisten Zeitschriften sind Ankündigungen zu lesen von angeblich unfehlbaren Mitteln, die den Damen zu einer üppigen Büste verhelfen sollen. Das vorhin erwähnte Mittel ist jedenfalls unschädlicher und weniger kostspielig als alle die marktschreierisch angepriesenen teuren Wässerchen und Salben.

Damit man nun seine Gedanken mit vollster Kraft auf eine Zentralstelle zu sammeln vermag, muß man anfänglich über einen geschlossenen Raum verfügen, der möglichst fern von dem Geräusch der Straße liegt. Wo dies nicht tunlich ist, schließe man die Fensterläden und übe zu einer Zeit, wo der Verkehr ruht, also sehr zeitig des Morgens oder am Abend, vielleicht zwischen 9 und 10 Uhr. Eine spätere Zeit ist weniger anzuraten, da der Körper zu ermüdet ist und während der stillen Übungen meist vom Schlaf überfallen wird. Die Nachtzeit wähle man also nur im äußersten Notfall. Wer seinen Übungsraum mit anderen Personen zu teilen hat, der schließe sich eine Art Nische durch große Tücher ab oder übe hinter einem Wandschirm. In dieser, auf solche Art abgeschlossenen Ecke muß sich aber ein Sofa oder ein Bett befinden, damit der Schüler für einige spätere Übungen seinen Körper darauf ausstrecken kann, um die Muskeln vollständig zu entspannen. So primitiv eine solche Nische auch sein mag, der Zweck, daß sich der Schüler durch das Gefühl des Alleinseins freier weiß, ist damit erreicht.

Ich betone nochmals, daß all diese Vorbereitungen sehr bald wegfallen müssen und nur für den Anfang dienen, denn der in der Gedankenkonzentration Geübte muß während des ärgsten Lärmes imstande sein, sich zu vertiefen und seine Sinne allein durch seine Willenskraft vollständig unempfindlich machen können gegen alle äußeren Eindrücke. Ein großer Feind gegen die Entwicklung der Gedankenkonzentration ist die ebenfalls schon erwähnte körperliche Unruhe. Die ersten Übungen des Schülers müssen nun darin bestehen, sich die absolute Herrschaft über die Muskeln anzugewöhnen.

Nehmen wir z.B. den Fall an, es habe jemand die Angewohnheit, bei jedem Geräusch sofort den Kopf dorthin zu drehen, wo er die Ursache des Geräusches vermutet. Solch eine Gewohnheit kann dem Anfänger sehr störend werden. Er soll sich mit einem Buch oder einer Arbeit ins Freie setzen, an eine Stelle, wo der stärkste Verkehr herrscht, auf die Spielplätze der Kinder oder auf die Promenade, und soll sich fest vornehmen, sich durch nichts in seiner Arbeit stören zu lassen, weder durch die auf- und abwandelnden Menschen, noch durch den Lärm, der sein Ohr umtönt. Er wende den Kopf unter keinen Umständen von der Arbeit weg, er zwinge sich zur absoluten Ruhe. Der Schüler wird es ja vorerst nur auf eine ganz kurze Dauer fertig bringen, vielleicht nur für zehn Minuten, dann aber versuche er langsam, diese Übung auszudehnen, jedesmal um fünf Minuten länger. Wem es Ernst ist mit seiner Entwicklung, der wird bald imstande sein, eine volle Stunde in dieser Übung auszuhalten. Man lasse sich überhaupt nie durch anfängliche Mißerfolge entmutigen, das sei für alle Übungen, die dieses Buch vorschreibt, gesagt. Wer die Flinte ins Korn wirft, wird nie einen Hasen schießen, und ins Zentrum treffen lernt man erst nach vielen Fehlschüssen. Man gewöhne sich ferner an eine pedantische Pünktlichkeit. Schon darin liegt ein großer Teil des Erfolges, daß man genau zur selben Minute seine Übungen beginnt. Durch die Macht der Gewohnheit wird der Körper willfähriger und die Übungen gewinnen an Intensität.

Die meisten Menschen spielen fortwährend mit den Händen. Hier ist folgende Übung anzuraten. Man legt, wie es fürher von den Lehrern an den Kindern, welche zum ersten Male in die Schule kamen, praktiziert wurde, die Hände auf die Tischkante mit dem Daumen nach unten. In dieser freiwilligen Fesselung verharre man während seiner freien Zeit und lese dabei ein interessantes Buch. Der Kombination ist hier ein großer Spielraum gegeben. Wer solche Gewohnheiten an sich hat, wird sich bald selbst Übungen konstruieren, die den verschiedenen Gewohnheiten und Fehlern angepaßt sind und stets zum Ziel führen werden, wenn der Betreffende es an Fleiß und Ausdauer nicht fehlen läßt.

Die Gedankenbeherrschung ist der Schlüssel, der uns alle psychischen Kräfte erschließt. Sowohl in der aktiven als auch in der passiven Form liegt sie jedem bewußt hervorgebrachten psychischen Phänomen zu Grunde. Es gibt z.B. kein bewußtes Aussenden des Astralleibes ohne aktive Gedankenkonzentration; die Telepathie, der Odismus zu Heilzwecken, die Beeinflussung der Materie durch die Willenskraft usw.

sind nur durch exakte, intensive Gedankenkonzentration möglich, ebenso wie die Psychometrie, das Hellhören und Hellsehen nur zum größten Teil auf der Fertigkeit beruhen, einen tadellosen negativen Zustand, das Gegenteil der aktiven Gedankenkonzentration, hervorzurufen. Darum sei es dem Schüler ans Herz gelegt, die nachstehenden Übungen, da sie grundlegend sind, äußerst sorgfältig und genau durchzuführen und nicht eher damit aufzuhören, als bis man sich mit ehrlicher Überzeugung sagen kann, daß man beide Zustände in seiner vollen Gewalt hat. Alle späteren Erfolge hängen einzig und allein von dem Grad der Intensität ab, mit welchem man imstande ist, seine Gedanken auf einen Punkt zu konzentrieren oder sich von diesen - wie es im nächsten Kapitel gelehrt wird - absolut freizumachen.

Hat sich der Schüler durch die beschriebenen Übungen zur Geduld und Ruhe gebracht, so kann er die Übungen zur Gedankenkonzentration beginnen. Jeder Mensch hat in seinem Leben wenigstens eine kleinere oder größere Reise gemacht. Diese soll uns nun den Stoff für unsere erste Übung abgeben. Jeden Tag zur bestimmten Stunde suche man seinen abgeschlossenen Raum auf, verschließe auf die angegebene Art Augen und Ohren, bringe sich in eine bequeme sitzende Lage und beginne nun über jene Reise nachzudenken. Man rufe sich alle Einzelheiten derselben ins Gedächtnis zurück und stelle sich im Geiste vor, daß man diese Reise nun noch einmal mache. Der Gedankengang sei etwa folgender: Gesetzt den Fall, die Reise geschah zeitig am Morgen. Man stellt sich also vor, wie man erwachte, aus dem Bette sprang, sich wusch und ankleidete, wie man den Reisekoffer zur Hand nahm und Tor hinaustrat. Draußen war es noch finster und die Lampen vermochten nur sehr spärlich Licht durch den dicken, nassen Nebel hindurchzusenden. Endlich ist man am Bahnhof angelangt. Im Restaurant läßt man sich von dem verschlafenen Kellner oder dem Schankmädchen das Frühstück bringen. Da noch genügend Zeit ist bis zur Abfahrt des Zuges, schlürft man mit Behagen den duftenden Kaffee und erfreut sich der auftauenden, behaglichen Wärme, die nun die fröstelnden Glieder durchströmt. Dann aber wird es Zeit. Also rasch die Fahrkarte gelöst und in die Eisenbahn gestiegen. Die Maschine pfeift, der Zug setzt sich in Bewegung, und wir fahren hinein in das grauschwarze Dunkel, das sich da vor unseren Blicken ausbreitet, wenn wir zum Fenster hinaussehen. Wir mustern die Mitreisenden, und da fällt uns dort in der Ecke ein bekanntes Gesicht auf. Ein genaueres Hinsehen läßt uns einen Freund erkennen, den wir schon so lange nicht mehr gesehen haben. Eilends wechseln wir den Platz und begrüßen den freudig Überraschten herzlichst usw.

Auf diese oder ähnliche Art macht man nun die ganze Reise durch, d.h. natürlich nur so lange, bis die Weckuhr das Zeichen zur Beendigung der Übung gibt. Man hüte sich aber, fremde Gedanken, die mit der Reise in keinem Zusammenhang stehen, aufkommen zu lassen, was leider von den Anfängern zu wenig beherzigt wird. Sobald ein solcher fremder Gedanke sich breit zu machen beginnt, muß er mit Entschiedenheit zurückgewiesen werden. Die Gedanken dürfen nur auf die Reise und die näheren Umstände gerichtet sein. Wenn dies vorerst auch nicht ganz gelingt, so gebe man sich doch die größte Mühe, denn es hängt viel von dieser Übung ab. Man muß diese Übung jeden Tag zu machen, vielleicht 12 oder 14 Tage lang, und da wird es mit jedem Mal immer besser gehen. Diese Übung soll nicht allzu lange ausgedehnt werden, 20 bis 30 Minuten genügen. Es empfehlenswert, sich einen Wecker zu richten, der nach der festgesetzten Zeit die Glocke ertönen läßt. Die Reise muß nicht unbedingt bis zu ihrem Ziel durchgeführt werden; wenn der Wecker ertönt, soll man die Übung sofort abbrechen. Das nächste Mal aber wird sie wieder am Ausgangspunkt begonnen und nicht etwa dort, wo man sie tags vorher unterbrochen hatte. Bei jeder Übung muß die Reise intensiver durchdacht werden; man muß soweit kommen, daß man sie förmlich noch einmal durchlebt, die Gedanken müssen plastisch werden.

Erst wenn man diesen Zustand erreicht hat und imstande ist, die Reise ohne die geringste Abschweifung durchzudenken, kann man zu einer neuen Übung schreiten. Man wähle irgend einen kleineren Gegenstand, z.B. ein Taschenmesser, eine Uhr oder ein Feuerzeug, und konzentriere seine Gedanken auf diesen Gegenstand. Die Augen müssen jetzt schon offen und unverbunden bleiben, jedoch wird das Gehör noch immer verschlossen. Man nimmt nun den Gegenstand zur Hand und betrachtet ihn ganz genau. Zuerst denkt man nach über den Zweck desselben, dann über das Material, aus welchem er hergestellt ist, und schließlich über die Art seiner Fertigung. Man hüte sich streng vor jeder Abschweifung. Es darf nur an das gedacht werden, was mit dem Gegenstand in engster Verbindung steht.

Zu weit gegangen wäre es, wollte man sich z.B. beim Nachdenken der Herstellung eines Taschenmessers eine Vorstellung sämtlicher Arbeiter machen, die an diesem Messer gearbeitet haben. Das wäre schon eine ziemliche Abschweifung und würde in seiner Fortsetzung die Übung sehr beeinträchtigen. Sobald sich solche Abschweifungsgelüste einstellen, müssen sie sogleich niedergekämpft werden. Das kann nicht oft genug gesagt werden, denn das ist die Stelle, über welche viele nicht hinwegkommen. Sie wollen nicht die Kraft aufwenden, ihre Phantasie im Zaum zu halten und lassen mißmutig die Übungen ruhen. Wer aber nur einmal imstande war, in einem solchen Fall seine Gedanken mit voller Kraft auf das Übungsobjekt zurückzuführen, dem wird eine Wiederholung keine Schwierigkeiten mehr bereiten. Es ist ja ganz richtig, daß, wenn man an die Herstellung der Perlmutterschale des Messers denkt, man auch die Vorstellung der Muschel erhält, aus welcher sie geschnitten wurde. Verfehlt aber wäre es und würde vom eigentlichen Ziele allzusehr ablenken, wenn man sich dann anschließend das Meer vorstellen würde, vielleicht auch den Meeresgrund mit all seinen Wundern. Diese Vorstellung stünde wohl mit dem Taschenmesser in keiner Beziehung mehr. Ferner sei hier nochmals darauf aufmerksam gemacht, daß die absolute körperliche Passivität das Gelingen solcher Übungen erleichtert. Man muß deshalb alle Muskeln vollständig entspannt halten und versuchen den Körper in eine möglichst bequeme sitzende Lage zu bringen, damit jede störende Einwirkung vermieden wird.

Bei späteren Übungen denkt man nach über die Art der Fabrikation des Messers. Dieser Teil der Konzentration muß der Phantasie des einzelnen überlassen bleiben, da nicht jeder Gelegenheit gehabt haben wird, der Erzeugung von Taschenmessern zuzusehen. Man beschränke sich aber nur darauf, die Vorstellungen zu erwecken, welche Teile gehämmert, welche gegossen sind, wie die Schale etwa verfertigt werden mag und wie die einzelnen Teile zusammengesetzt werden mögen. Diese Übungen dürfen anfänglich nur fünf Minuten dauern, sollen aber nach und nach auf eine Viertelstunde gesteigert werden. Hat man den Gedankengang beendet, so fängt man - ohne einem Zwischengedanken Raum zu geben - sofort an der gleichen Stelle, an der man begonnen hatte, wieder von vorn an und setzt diese Übung so lange fort, bis der Wecker das Zeichen gibt.

Um sich in der ersten Zeit vor Gedankenabschweifungen zu schützen, ist es günstig, seine Übungen zu flüstern, man kann sich dadurch einigermaßen kontrollieren. Doch soll man von dieser Erleichterung nicht zulange Gebrauch machen, denn es ist eigentlich eine Kraftzersplitterung, da man ja das Flüstern, des abgeschlossenen Gehörs wegen, durch die Lippenbewegung wahrnehmen muß, was immerhin eine leichte Ablenkung bedeutet. Länger als vier bis fünfmal soll man dieses Mittel auf keinen Fall in Anwendung bringen, es darf nur solange dauern, bis man sich an ein energisches Denken gewöhnt hat. Wer aber auf ein solches Hilfsmittel verzichten kann, der soll es meiden. Selbstverständlich muß mit den Gegenständen gewechselt werden. Drei bis vier Übungen verwende man beispielsweise auf das Taschenmesser, dann ebensoviel Übungen auf einen anderen Gegenstand, nur beachte man, daß es hier als Regel gilt, von komplizierteren Gegenständen zu einfacheren überzugehen. Je einfacher ein Gegenstand ist, z.B. ein Knopf, desto schwieriger wird es sein, durch längere Zeit seine Gedanken ausschließlich nur mit ihm zu beschäftigen. Die nächste Übung gipfelt in der rein geistigen Aufnahme eines Objekts. Der Schüler nehme abermals einen Gegenstand zur Hand, doch folge er diesmal der umgekehrten Ordnung. Er beginne mit ganz einfachen Gegenständen und gehe langsam zu den komplizierteren über. Er betrachte z.B. längere Zeit einen Bleistift, schließe die Augen und halte das geistige Bild, das er von dem Bleistift erfaßt hat, genau fest. Wenn er dann die Augen wieder öffnet und seine Vorstellung von dem Bleistift mit dem wirklichen Objekt vergleicht, so werden sich allerlei Mängel in der Genauigkeit seiner geistigen Vorstellung ergeben. Der Schüler hat nun die Aufgabe, diese Mängel dadurch zu korrigieren, daß er die Augen wieder schließt und versucht, das geistige Bild dem Original vollkommen gleich zu gestalten. Dann prüfe er abermals mit offenen Augen. Diese Übung muß so lange durchgeführt werden, bis selbst der komplizierteste Gegenstand nach einigen Minuten konzentrierten Ansehens bei geschlossenen Augen ein getreues, fehlerfreies Spiegelbild ergibt. Die Dauer der einzelnen Übung darf auch hier 30 Minuten nicht überschreiten.

Es ist unbedingt nötig, *plastisch* denken zu lernen. Jeder Gedanke muß geistig gesehen, gefühlt und empfunden werden, nur dadurch findet eine intensive Belebung statt. Wenn wir denken: Das Messer ist scharf, so dürfen das nicht nur Worte sein, die unser Gehirn durchfliegen, sondern im selben Augenblick muß uns das Messer vor dem geistigen Auge in greifbar plastischer Deutlichkeit erscheinen; wir müssen die scharfe Schneide sehen, wir müssen die starke, durch nichts eingeschränkte Empfindung haben, daß uns diese Schneide verwunden kann. Wenn wir denken: der Wein ist herb, so muß nicht nur das Glas mit dem Wein greifbar deutlich vor uns erscheinen, sondern wir müssen auch die lebendige Empfindung des Herben und Zusammenziehenden blitzschnell in uns entstehen lassen. Wer sich angewöhnt, so zu denken, wird nicht nur sein Gedächtnis schärfen, sondern auch große Verstandeskräfte entwickeln.

Hat man ein zufriedenstellendes Resultat erlangt, gehe man zu den nächsten, etwas schwereren Übungen über. Man konzentriere seine Gedanken auf einen Gegenstand, ohne ihn wirklich zu betrachten, also nur auf die geistige Vorstellung dieses Gedankens. Beispielsweise stelle man sich das Bild seiner Taschenuhr vor und beginne dann seine Gedanken derart darauf zu konzentrieren, daß man, ähnlich wie bei der zweiten Übung, über Zweck, Material und Fabrikation dieses Gegenstandes nachdenkt. Später gehe man dann wieder zu einfacheren Gegenständen über. Nach und nach werden auch bekannte Personen als Versuchsobjekte genommen, auch Haustiere, danach abstrakte Begriffe usw. Gelingen uns auch diese Übungen, so handelt es sich jetzt darum, sich so rasch als möglich von einem Gedankengang abziehen und einem anderen zuwenden zu können, dann aber wie auf Kommando mit voller ungeschwächter Aufmerksamkeit zu dem ersten Gedankengang zurückzukehren, genau an den Punkt, wo man ihn verlassen hatte. Also eine bewußte Abschweifung.

Diese Übung soll aber vorerst durch eine leichtere Aufgabe eingeleitet werden. Schon früher, von der zweiten Übung ab, nimmt man sich nebenbei zwei bis drei Minuten Zeit und löst folgende Aufgabe: Man denkt an irgend einen Begriff, Gegenstand oder Wesen und sucht blitzschnell die Vorstellung des dem Gedachten in irgend einer Weise Entgegengesetzten zu erzeugen. Man denkt z.B. an den Begriff *leer* und sofort muß sich der Begriff *voll* einstellen. Auf *Wasser* muß *Feuer* folgen, auf *Licht* die *Finsternis,* auf *blauen Himmel mit Sonnenschein* ein *trüber Tag mit Regen* usw. Man bemühe sich, das so schnell wie möglich durchzuführen und jeden Tag. An sich wäre diese Aufgabe ja nicht schwer, wenn nicht die Verpflichtung dabei wäre, jeden Begriff, jeden Gegenstand, jedes Wesen sich so scharf vorzustellen, daß man sie blitzschnell in greifbarer, plastischer Deutlichkeit vor dem inneren Auge entstehen sieht. Man wird darin mit der Zeit gewiß eine ziemliche Fertigkeit erhalten, und die ist nötig, wenn man die folgende Übung gut durchführen will.

Ich habe z.B. meine Gedanken auf mein kleines Töchterchen gerichtet und bin eben dabei angelangt mir vorzustellen, wie mich das Kind mit seinen schmeichelnden Ärmchen umfängt. Nun blickt es mich mit seinen lachenden Augen an und ruft mir ein Kosewort zu. Im nächsten Augenblick aber wende ich mich mit vollster Gedankenschärfe einer anderen Vorstellung zu. Ich stelle mir die neue Rechenmaschine vor, die ich jüngst bei einem Freund gesehen habe, und vertiefe mich in der bekannten Weise in diesen Gegenstand. Dann aber, beiläufig nach zwei oder drei Minuten, kehre ich mit voller, ungeschwächter Klarheit, ohne Zögern und Herumsuchen, rasch und sicher wieder zu meinem ersten Gedankengang zurück und setze genau an dem Punkte ein, wo ich ihn verlassen hatte. Als ob ich überhaupt nicht unterbrochen hätte, ziehe ich nun den Gedankengang in der bekannten Art weiter. Der Wechsel soll während einer Übung vier bis fünfmal vorgenommen werden, jedoch darf die Gesamtdauer derselben auch nicht länger als dreißig Minuten dauern. Wer imstande ist, auf den einfachsten Gegenstand durch eine volle Viertelstunde oder länger seine Gedanken derart zu konzentrieren, daß er vollständig versunken ist in sein Objekt und während dieser Zeit keine, auch nicht die leiseste Abschweifung seiner Gedanken zu verzeichnen hat, wem sich während der Übung auch nicht mehr die blitzartigste, schattenhafteste andere Vorstellung einzuschleichen vermag, der kann getrost vorwärts schreiten und die nächste Stufe in Angriff nehmen.

Es ist nun an der Zeit, alle Übungen, die wir bisher gemacht haben, mit unverschlossenen Ohren durchzuführen. Das wird anfangs Schwierigkeiten verursachen und einen großen Aufwand an Willenskraft erfordern, allein man darf sich nicht abschrecken lassen; es gelingt, wenn auch nicht gleich beim ersten Versuch. Hier darf man auf keinen Fall leichtsinnig sein; es muß so lange geübt werden, bis man eine Konzentration zustande bringt mitten im ärgsten Lärm.

Während der Zeit, in der man die Übungen mit unverschlossenen Ohren macht, sind daneben täglich auch noch folgende Aufgaben zu erfüllen. Man setze sich ins Freie, aber nicht an ein stilles, abgelegenes Plätzchen, sondern dorthin, wo reger Verkehr herrscht, oder aber, wenn es die Jahreszeit oder die Witterungsverhältnisse nicht gestatten sollten, ins Freie zu gehen, in einen Raum, wo viele Menschen anwesend sind und durch ihr Sprechen, Kommen und Gehen Lärm verursachen, z.B. in ein Restaurant. Dort nehme man eine Zeitung oder ein Buch zur Hand und lese eine Stelle, die uns sehr gefällt und anzieht. Sodann versuche man das Gelesene mitten unter dem Lärm aus dem Gedächtnis niederzuschreiben. Je schärfer man seine Gedanken beim Lesen zu konzentrieren vermochte, desto besser wird das Gedächtnis funktionieren. Es wird ja nicht verlangt, daß das Gelesene wörtlich wiedergegeben werden muß, ein erschöpfendes Resümee genügt. Natürlich je mehr man imstande ist, dem Wortlaut des Gelesenen nachzukommen, um so fortgeschrittener ist man.

Auch hier geht man vom Leichteren zum Schwereren. Je interessanter und spannender der Inhalt des Übungschriftstückes ist, desto leichter wird seine Wiedergabe sein. Nach und nach aber gehe man zu einer weniger anziehenden Lektüre über, die vielleicht sogar dem Interesse des Schülers diametral gegenübersteht. Ist der Lernende z.B. eine ideal veranlagte Künstlernatur, so wird ihm wahrscheinlich die Konzentration auf einen Börsenbericht nicht viel Vergnügen bereiten und dessen Wiedergabe wird ihm vorerst sehr schwerfallen. Ebenso wird es einem Menschen ergehen, der seine Welt im ernsten Studium hat und nun seine Übung mit Modeberichten oder Sportanzeigen ausfüllen muß. Man beginne zuerst nur mit kleineren Aufsätzen, Tagesneuigkeiten, Notizen usw., welche nicht mehr als etwa 30 Zeilen umfassen. Dann aber nehme man langsam größere Aufsätze. Doch soll die Übung nicht länger als eine halbe Stunde andauern. Lieber mehrmals am Tages üben als zu lange üben.

Die höhere Gedankenkonzentration wird auch sehr gut geübt, wenn man in lärmender Umgebung schwierige Rechenaufgaben zu lösen versucht. Bei größerer Fertigkeit ist es gut, sich mitten in seiner Arbeit mehrmals unterbrechen zu lassen oder Unterbrechungen zu suchen, um sich gleich darauf wieder mit voller, ungeschwächter Kraft und Aufmerksamkeit seiner Arbeit zuzuwenden und genau an dem Punkt fortzusetzen, an dem die Unterbrechung stattgefunden hat. Auch das *Rückwärtsdenken* wird dem Schüler sehr empfohlen. Diese Übungen stärken nicht nur das Gedächtnis, sondern schärfen den Verstand und die rasche Auffassung. Man bemühe sich so oft als möglich, Gelerntes von rückwärts nach vorn fehlerfrei herzusagen.

Es ist auch hier angeraten, mit den leichtesten Aufgaben zu beginnen. Man versuche zuerst die Tonleiter und dann das Alphabet fehlerfrei von rückwärts zu sprechen. Das wird anfänglich nur langsam gelingen, muß aber nach und nach zu größerer Schnelligkeit gesteigert werden. Später bemühe man sich, das Alphabet in einer Fremdsprache rückwärts aufzusagen. Schließlich übt man in derselben Weise mit kleineren Sätzen, dann mit abgeschlossenen kleineren Lesestücken usw.

Man kann die geistigen Kräfte auch sehr gut an den Physiognomien der Menschen stärken. Es muß überhaupt die Auffassungsgabe so gesteigert werden, daß man mit einem Blicke alles Gesehene so durchdringend und erschöpfend umfaßt, daß sich dem Gedächtnis sofort ein in allen Teilen klares und unauslöschliches Bild einprägt. Dazu bietet uns unsere Umgebung beständig Gelegenheit. Wenn wir auf der Straße gehen, müssen wir uns bemühen, nicht geistlos und oberflächlich die Eindrücke an uns vorüberziehen zu lassen, sondern alles, was sich uns bietet, mit dem vollsten Interesse zu umfangen. Nach jeder Heimkehr zwinge man sich, den zurückgelegten Weg sofort so scharf wie möglich zu überdenken und sich auf alle Einzelheiten, sogar an kleine, unscheinbare Vorgänge, zu erinnern. Man versuche sich an Personen zu besinnen, die unseren Weg kreuzten, und stelle sich dieselben im Geist recht plastisch vor. Hat man schön dekorierte Schaufenster gesehen, so versuche man, dieselben mit allen Details und in ungeschwächter Farbenkraft vor dem geistigen Auge entstehen zu lassen usw.

Wenn man sich in Gesellschaft befindet und man wird unbekannten Menschen vorgestellt, so lasse man sofort deren Bild voll und ganz auf sich wirken. Zu Hause zwinge man sich, das Bild dieser Personen im Gedächtnis hervorzurufen und lasse sie mit starker Willenskraft immer deutlicher und plastischer werden. Diese Übungen entwickeln ein gutes Physiognomie-Gedächtnis und werden uns das nachstehende Experiment sehr erleichtern. Man nehme die Fotografie einer uns bekannten Persönlichkeit, zu der wir in einem harmonischen Verhältnis stehen, ziehe sich in einen abgeschlossenen Raum zurück, stelle zwei Stühle einander gegenüber, setze sich auf den einen Stuhl und befestige die Fotografie auf dem anderen Stuhl in senkrechter Lage, so daß wir das Bild vor uns haben. Nun konzentriere man sich mit großer Schärfe anhaltend auf das Bild. Nach und nach muß wieder der Zustand eintreten, daß für den Experimentierenden nichts weiter mehr besteht als er und jenes Bild. Hat er sich in jenen Zustand hineingesteigert, so versuche er, das Bild aus dem Rahmen heraussteigen und immer größer werden zu lassen, bis es in Lebensgröße vor ihm erscheint. Und nun muß er bestrebt sein, dem Bilde Plastik und Lebenswahrheit zu geben; die Fotografie muß für ihn verschwinden, dagegen die imaginäre Vorstellung Körperlichkeit annehmen.

Diese Übung ist sehr wichtig und soll so oft wie möglich vorgenommen werden. Ein günstiges Resultat wird sich selbstverständlich nur sehr langsam und erst nach vielen Wiederholungen einstellen. Aber dem wirklich Strebenden wird sie schließlich gelingen. Wenn dieser Fall eingetreten ist, so krönt man diese Übung dadurch, daß man versucht, sich mit jener Person geistig in Rapport zu setzen, indem man die imaginäre Erscheinung anspricht und auf die Gedanken achtet, die als Antwort entstehen. Auch dieses Experiment kann erst nach vielen Wiederholungen gelingen. Aber man sei darauf bedacht, solche Experimente nur zu einer Zeit vorzunehmen, zu welcher man sicher ist, *daß die betreffende Person schläft* - man kann ihr sonst großen Schaden zufügen.

Wer sich nach den vorhergegangenen Übungen bereits willensstark genug fühlt, kann die Experimente auch ohne Fotografie durchführen. Er muß dann das Bild der anderen Person aus dem Gedächtnis auf den Stuhl projizieren und es auf die angegebene Art immer plastischer werden lassen. Neben diesen Übungen darf der Schüler aber nicht aufhören, die gewöhnliche Gedankenkonzentration ausdauernd zu üben. Ein solches Training zeigt geradezu erstaunliche Resultate und man findet hier zum Teil das Geheimnis so mancher Finanzgenies.

3. Der negative Zustand

Ebenso notwendig wie die aktive Gedankenkonzentration ist der negative Zustand. Dieser aber kann nur aus der ersten entwickelt werden. Nur wer imstande ist, seine Gedanken gut konzentrieren zu können, ist in der Lage, sich in einen Zustand zu versetzen, der am besten mit *nicht sein* bezeichnet wird. Unsere Gedankenwelt ist vergleichbar mit dem Meer. Ist unser Gemüt stürmisch, dann sind die Gedanken gleich Wogenbergen; ist das Gemüt aber ruhig oder nur leicht angeregt, dann hüpfen die Gedanken dahin, leichtgekräuselten Wellen ähnlich. Der negative Zustand verlangt aber ein spiegelglattes Meer. All die großen, mächtigen Wogen, all die unzähligen kleinen Wellen, müssen vergehen, und das Meer muß erstarren, als wenn es aus Öl bestehen würde.

Es müssen alle Gedanken verdrängt werden. In dem Augenblick ihrer Geburt muß man sie auch schon vernichten; das ist die Bedingung des negativen Zustands. Also ein vollständiges Ausleeren des Denkapparates. Wir müssen einen Vorgang erzeugen, in dem unser Gehirn einem weißen, unbeschriebenen Blatt Papier vergleichbar ist, und wir müssen lernen, diesen Zustand für eine bestimmte Zeit aufrecht erhalten zu können. Wir müssen in diesem Zustand alles vergessen, wir müssen auch vergessen, daß wir existieren. Indem wir so den irdischen Menschen vollständig unterdrücken, ihn abschließen gegen alle Eindrücke von außen und unempfindlich machen gegen die ihn umgebende und auf ihn einwirkende Körperwelt, öffnen wir die Seele den feineren Schwingungen der geistigen Ebene, die für uns sonst nicht wahrnehmbar sind. Unsere Seele kann in dieser passiven Haltung besser auf den Körper einzuwirken.

Beenden wir den negativen Zustand, so finden wir das weiße Blatt beschrieben. Eine Flut von hohen, schöpferischen Gedanken stürmt nun auf uns ein, Gedanken, zu denen wir in unserem gewöhnlichen Bewußtseinszustand gar nicht fähig sind. Neue, ungezähmte Ideen, Pläne und Entwürfe steigen in uns empor und überraschen mit ihrer Klarheit und Originalität. Der negative Zustand ist für jedermann äußerst wertvoll. Der geistige Arbeiter wie auch der Handwerker können großen Nutzen aus ihm ziehen. Aber auch der ethisch höherstrebende Mensch findet durch diesen Zustand große Förderung. Er gibt dadurch seiner Seele die Möglichkeit, seinen widerstrebenden Körper kräftiger beeinflussen zu können. Völlig unentbehrlich ist dieser Zustand für die Entwicklung verschiedener okkulter Fähigkeiten, wie wir später noch sehen werden.

Allerdings birgt der negative Zustand auch gewisse Gefahren. Wie wir in diesem Zustand ein offenes Tor sind für unsere Seele und für wohlwollende, vollkommenere feinstoffliche Intelligenzen, so sind wir auch ein Instrument für niedere, unvollkommenere Geistwesen, und wir setzen uns damit ihren Beeinflussungen aus, die nicht immer ungefährlicher Natur sind. Um dem zu begegnen, steht uns aber eine ausgezeichnete Hilfe zur Seite, die Gedankenkonzentration oder der positive Gedankenzustand. Wenn wir uns durch unlautere Beeinflussung belästigt fühlen, brauchen wir nur unsere Gedanken auf das Gegenteil dessen zu konzentrieren, womit wir von der geistigen Ebene aus beeinflußt werden.

Wenn wir z.B. nach Übung des negativen Zustands von disharmonischen Gefühlen überrascht werden, konzentrieren wir einfach unsere Gedankenkraft auf erhabene Vorstellungen, auf Friede, Nächstenliebe und reinste Harmonie. Wir machen es dadurch den unharmonischen Strahlungen unmöglich, sich bei uns einzunisten. Da übrigens in der geistigen Ebene Gleiches sich nur zu Gleichem hingezogen fühlt, somit meist nur ein an und für sich zur Disharmonie neigender Mensch von eben solchen Einflüssen getroffen werden wird, so wie ein der sinnlichen Leidenschaft Ergebener meist auch von solchen Wesen der niederen Stufen bedrängt ist, die noch von dem gleichen Fehler behaftet sind, so dürfte es wohl nur sehr selten vorkommen, daß ein ruhiger, ethisch höherstrebender Schüler sich von solchen niederen Strahlungen belästigt fühlt. Sollte es aber dennoch geschehen, so weiß er nun, wie er sich helfen kann. Ein solcher Fall dient ihm nur zur Kräftigung und Übung. Der andere aber, der durch seine Fehler ihm verwandte Wesen anzieht, soll sich ihrer erwehren, das dient auch ihm zur Stärkung seiner Willenskraft; er muß es sogar tun, will er nicht den Erfolg seiner Übungen in Frage stellen.

Ich wiederhole eindringlich, daß, wer den negativen Zustand üben will, in der Gedankenkonzentration schon Zufriedenstellendes leisten muß. Sonst würde er niemals eine erfolgreiche Ruhigstellung seiner Gedanken fertig bringen. Für den Anfänger gilt auch hier die Hauptbedingung: „Absolute Ruhe!" Ruhe um ihn, Ruhe in ihm. Jetzt erst kommen ihm die Übungen, die er zu Anfang machen mußte, um sich körperliche Ruhe anzueignen, zu statten. Der negative Zustand erfordert eine absolute Regungslosigkeit des Körpers. Die beste Zeit für diese Übungen ist die abendliche Stille oder der Morgen.

Der Lernende sucht nun wieder sein Zimmer oder seine abgeschlossene Nische auf, verstopft sich auf die bekannte Art die Ohren, verbindet sich die Augen und legt sich aufs Sofa. Dabei hat er darauf zu achten, daß seine Lage bequem ist, denn nach und nach müssen sich alle seine Muskeln vollständig entspannen. Sowohl die Lage des Kopfes als auch der Gliedmaßen muß derartig sein, daß kein Muskel in Tätigkeit ist. Der ganze Körper muß sich in einem schlaffen Ruhezustand befinden.

Die Atemtätigkeit ist - ohne besondere Kraft oder Willensenergie in aufwenden zu müssen - auf ein bescheidenes Maß zu reduzieren. Jedes stoßweise oder tiefe Atmen ist zu vermeiden. Und nun stellt man sich im Geist eine weiße Scheibe (von ungefähr 20 Zentimeter Durchmesser) auf schwarzem Hintergrund vor, die sich fortwährend um ihren Mittelpunkt dreht. Man hefte seinen inneren Blick ständig auf die Scheibe und dränge, ähnlich wie in der Gedankenkonzentration, alle anderen Gedanken und Vorstellungen zurück. Der Vorgang unterscheidet sich von der erlernten Gedankenkonzentration nur dadurch, daß man sich auch über die weiße Scheibe und den schwarzen Grund keinen Reflexionen hingeben darf. Man hat nur die Aufgabe, die Vorstellung der Scheibe in unveränderter Form festzuhalten. Es darf an gar nichts anderes gedacht werden. Man sieht nur die Scheibe kreisen, gleichmäßig und ruhig.

Der Lernende hat sehr darauf zu achten, daß er nicht einschläft, und doch darf das Widerstreben gegen die Schlafanwandlung keine besondere Willensanstrengung erfordern, da sonst sofort eine Ablenkung entsteht. Man versuche, diesen Zustand durch drei bis fünf Minuten durchzuhalten. Die ersten Versuche sind erfahrungsgemäß stets ein großer Kampf mit sich selbst. Gedanke um Gedanke stürmt heran und will die Vorstellung der Scheibe verdecken, was um so leichter möglich ist, als man sich ja in keinen Gedankengang vertiefen darf, sondern nur das Bild der Scheibe festhalten muß. Nach jeder Übung aber wird die Kraft wachsen, und nach zehn bis zwölf Versuchen wird man imstande sein, mindestens durch drei Minuten alles Denken fernzuhalten, so daß das Bild der Scheibe rein und ungetrübt bleibt. Dann versuche man, diese Übung, langsam steigernd, bis auf zehn Minuten auszudehnen.

Der Wecker muß selbstverständlich auch hier seinen Dienst leisten. Nur will ich darauf aufmerksam machen, daß es gut ist, sich nur durch leise Töne aus der Konzentration zurückholen zu lassen. Sensible Naturen könnten sonst möglicherweise in einen hypnotischen Zustand verfallen. Hat man es nun dahin gebracht, sich das Bild der Scheibe durch volle zehn Minuten rein und ungetrübt zu erhalten, so daß sich während dieser Zeit kein anderes Bild, kein Gedanke festsetzen konnte, kann man fortfahren. Aus der Scheibe wird nun ein Punkt, ein kleiner, leuchtender, kreisender Punkt in einem schwarzen, leeren Raum. Der Vorgang bei dieser Übung ist derselbe wie bei der Scheibe. Sind wir nun in der Lage, dasselbe Resultat aufzuweisen, nämlich daß wir uns während voller zehn Minuten durch gar nichts von dem Punkt, der uns vollständig gefangennehmen muß, ablenken ließen, so vertiefen wir diese Übung, indem wir uns überhaupt gar nichts mehr vorstellen, und damit sind wir bei dem eigentlichen negativen Zustand angelangt. Nichts hören, nichts sehen, nichts fühlen, aber auch nichts denken, also: „Nicht sein!"

Wir beginnen anfänglich diese Übung mit der Punktvorstellung. Der Lernende versuche dann nach ein oder zwei Minuten sich den Punkt wegzudenken, so daß nur der schwarze, leere Raum bleibt. Aber auch diese Vorstellung muß langsam verschwinden, das bestimmte Schwarz muß einem unbestimmten Grau weichen und dann in ein Nichts übergehen. Der Übergang vom Punkt bis zu dieser Phase vollzieht sich meist nur nach und nach, sehr willensstarke Personen aber werden sicher den Zustand erreichen und in der Lage sein, den Punkt und den Raum zu verwischen. Es ist beides gut und hängt von der individuellen Befähigung ab. Es wird viele Personen geben, die es vorziehen werden, den negativen Zustand stets mit der Punktvorstellung einzuleiten. Auch dagegen ist nichts einzuwenden, obwohl diese Gewöhnung die späteren Übungen etwas erschwert. Geboten aber ist es, die Punktvorstellung, ja sogar die Vorstellung der Scheibe zu Hilfe zu nehmen, wenn man sehr erregt ist und die Gedankenflut nicht sofort hemmen kann.

Der negative Zustand ist ein vorzügliches Beruhigungsmittel für jede seelische Erregung. Er hilft Leid und Schmerz überwinden, tröstet uns und erfüllt uns mit neuer Zuversicht und Hoffnung. Wer sich in einer üblen Lage befindet und sich nicht mehr zu helfen weiß, der greife zu diesem Mittel; die Erleuchtung wird ihm sicher kommen, wenn vielleicht auch erst nach einigen Versuchen. Wir üben solange, bis wir den Zustand des absoluten *Nichts* durch abermals mindestens zehn Minuten rein und ohne jeden Gedanken zustande bringen. Ist das der Fall, dann ändern wir die Übung dahin ab, daß wir die Binde abnehmen und die Augen offen halten. Auch legen wir uns nicht mehr hin, sondern setzen uns in eine recht bequeme Lage. Damit wir aber durch den Gesichtssinn keine Ablenkung erfahren, spannen wir vor uns eine weiße Leinwand - etwa 1 1/2 Quadratmeter groß - so glatt als möglich auf einen Rahmen, (ein ebenso großer Bogen Zeichenpapier tut dieselben Dienste) und heften unsere Blicke ausschließlich auf diese weiße Fläche, an der gar nichts unsere Aufmerksamkeit in Anspruch nehmen darf. Nun führen wir die Übung in der uns bekannten Weise durch.

Es wird ganz leicht gehen; schwerer aber wird es uns fallen, wenn wir uns nach einiger Zeit auch die weiße Fläche entziehen. Dann heißt es mit offenen Augen in ein Nichts schauen. Dies muß zusätzlich zur Hauptübung regelmäßig geübt werden. So oft wir zehn freie Minuten unseren Tagesgeschäften abringen können, setzen wir uns hin, entspannen die Muskeln, entledigen uns aller Gedanken und versuchen unsere Blicke absichtlich so zu verschleiern, daß wir die uns umgebenden Gegenstände wohl sehen, aber uns davon gedanklich nicht berühren lassen. *Also sehen und nicht denken dabei.*

Diese Nebenübungen, die man im Geschäftslokal, in der Kanzlei, an Vergnügungsorten, kurz überall, wo es nur halbwegs möglich ist, durchführen soll, verbinden gleichzeitig den Zweck, daß man, da man ja dabei auch die Ohren unverschlossen hat, sich daran gewöhnt, nicht zu hören, wenn man nicht hören will, oder besser, zu hören und nicht dabei zu denken. Nach einiger Zeit lasse man dann auch bei den Hauptübungen die Ohren unverschlossen. Wenn sich nun die Fertigkeit eingestellt hat, den negativen Zustand durch zehn Minuten mit offenen Sinnen tadellos einzuhalten, dann trainiere man sich zur vollsten Unabhängigkeit vom Körper und den augenblicklichen Umständen, die uns umgeben. Man übe den negativen Zustand im Stehen und beim Gehen. Dasselbe geschehe aber auch bei der Übung der Gedankenkonzentration. Auch diese muß nebenbei fortwährend in der geschilderten Weise geübt werden, denn beide Zustände miteinander verbunden ergeben erst, wie wir später sehen werden, ein positives Resultat.

Gedankenkonzentration und negativen Zustand nimmt man nun abwechselnd vor, mitten im stärksten Lärm und an den belebtesten Orten. Da heißt es den Willen energisch anspannen. Der negative Zustand ist mitten im Kanonendonner, in Gegenwart einer Feuersbrunst und einer tobenden Menschenmenge ebenso möglich als in der stillen Kammer. Der Schüler sage sich ernst und fest: „Ich will nicht sehen, ich will nicht hören, ich will auch nicht denken!" Nur die Scheibe, dann nur mehr der Punkt und dann - nichts. Übt man diesen Zustand auf der Straße oder auf öffentlichen Plätzen, dann soll man sich allerdings seiner persönlichen Sicherheit halber eine geschützte Stelle aussuchen und sich an etwas stützen oder irgendwo anlehnen. Ferner soll man so tun, als ob man mit Interesse ein Gebäude oder Schaufenster betrachtet, um nicht Neugierige anzulocken, die sich ja bekanntlich sofort einstellen, wenn man sich nur ein wenig auffällig benimmt. Wer nun einmal so weit ist, der kann auch den Nutzen aus der errungenen Fähigkeit ziehen. Wünscht er eine Erleuchtung über irgendeine Sache, die ihn sehr interessiert, zu erhalten, z.B. über eine wissenschaftliche Frage, so konzentriere er während einiger Minuten seine Gedanken auf dieses Thema, dann führe er den negativen Zustand herbei. Er wird die Frage, die ihn beschäftigte, in einer unerwarteten, großartigen Weise gelöst finden.

Wie oft kommt es bei dem Gelehrten und dem Künstler vor, daß sie plötzlich in ihrem Schaffen gehemmt sind; sie stehen vor einem verschlossenen Tor, das ihnen den Eingang verwehrt, so sehr sie sich auch mühen, das Tor zu öffnen. Mißmutig müssen sie ihre Arbeit ruhen lassen bis zu einer gelegeneren Zeit, in der Hoffnung, dann die Schwierigkeiten überwinden zu können. So ein Zeitverlust ist sehr störend, aber oft erschließt sich auch später das Tor nicht und die besten Werke bleiben unvollendet oder büßen vieles an Kraft und Schönheit ein, weil die mühsame Überwindung der Umgehung solcher Stellen - die oft die wichtigsten sind - nur zu deutlich zu sehen ist. Wer sich in einer solchen Lage befindet, der greife getrost zur Gedankenkonzentration und zum negativen Zustand, und das Tor wird sich ihm mit Leichtigkeit und ohne, daß es ihn eine Anstrengung kostet, öffnen. Aber auch in allen anderen Lagen des menschlichen Lebens sind diese beiden Gedankenzustände höchst wertvolle Hilfsquellen. Wer sie einmal zu meistern versteht, wird sie auch in allen nötigen Fällen anzuwenden wissen.

Um solche Erleuchtungen zu erlangen, ist es natürlich besser, seine Sinne auf die angegebene Art zu verschließen und die Stille seines Zimmers aufzusuchen. Der Verfasser hat sich selbst ein Mittel ersonnen, um das lästige Ohrenverstopfen und Augenverbinden nur selten anwenden zu müssen. In leichteren Fällen, bei seinen schriftstellerischen Arbeiten z.B., stützt er einfach die beiden Ellenbogen auf den Schreibtisch, legt die Stirn in die Handflächen, verschließt mit den Daumen die Ohren und drückt sich mit den mit leeren Fingern die Augen zu. In dieser Position kann man den negativen Zustand leicht herbeiführen. Wird der negative Zustand in stiller Abgeschiedenheit durchgeführt, werden die Intuitionen und wertvollen Lichtblicke um so intensiver. Wir üben diesen Gedankenzustand hauptsächlich nur deshalb mitten im Lärm des Tages und mit offenen Sinnen, daß wir diese Fähigkeit auch im Augenblick der Gefahr, an jedem Ort und in allen Lagen anwenden können. Man mache es sich zum Grundsatz, stets, solange man lebt, beide Gedankenzustände zu üben, sowohl in der Abgeschiedenheit als auch im Wogenschlag des Lebens.

Zum Schluß dieses Kapitels sei noch darauf aufmerksam gemacht, daß man keine Übung, welcher Art sie auch sei, mit vollem Magen vornehmen darf. Es soll mindestens eine Stunde nach der Mahlzeit verstrichen sein. Ich bitte ferner den Schüler dringend und wiederholt, seinen größten Fleiß und seine ganze Aufmerksamkeit der Entwicklung dieser beiden Gedankenzustände zuzuwenden. Erst in den späteren Entwicklungsstufen wird es ihm so recht klar werden, wie bedeutend und grundlegend die absolute Beherrschung der beiden Fähigkeiten für die Entwicklung der höheren Kräfte ist.

4. Die Atem-Gymnastik

Das Atmen ist ein sehr wichtiger Lebensprozeß. Ohne Atem kein Leben. Je reiner die Luft, je kräftiger und voller wir sie einatmen, desto günstiger werden sich die Verhältnisse unseres Körpers gestalten. Nicht nur durch den Magen haben wir dem Körper den Ersatz für die verbrauchten Stoffe zuzuführen, sondern wir ernähren uns auch durch die Atmung. Das weiß heute bereits jedes Kind. Aber auch unsere Seele atmet. Mit jedem Atemzuge nehmen wir eine gewisse Menge feinster Substanzen zu uns, mit welchen die Atmosphäre durchdrungen ist. Diese feinstofflichen Substanzen übermitteln uns Eigenschaften und Kräfte, die nur in der geistigen Ebene heimisch sind, aber durch die Umsetzung, die sie in unserem Körper erfahren, auf die grobstoffliche Welt einwirken können, sobald wir ihnen die Bedingungen dazu geben.

Wenn wir tief und voll atmen, führen wir dem Blut ein großes Quantum des für unseren Körperhaushalt so nötigen Sauerstoffes zu. Eine noch größere Menge feiner und feinster Ätherteilchen aber, die wir damit gleichzeitig einatmen, durchdringen nun unseren Körper, erleiden dort einen Umwandlungsprozeß und teilen dabei ihre Kräfte und Eigenschaften unserem feinstofflichen, odischen Körper, unserer Seelenhülle, mit. Dieser feinstoffliche oder odische Körper, auch *Astralleib* genannt, dessen Wirksamkeit bei den meisten Menschen brachliegt infolge ihrer allzu großen Hingabe an die grobstoffliche Welt, bekommt durch ein solches Voll- oder Tiefatmen eine derartige Kraftzufuhr, daß er imstande ist, den Widerstand des Körpers nach einiger Zeit zu überwinden und sich zur Geltung zu bringen, gewiß nicht zum Schaden der irdischen Persönlichkeit. Wir müssen durch geeignete Übungen versuchen, unseren astralen Menschen zu kräftigen, daß er die Oberherrschaft über uns gewinnt. Denn er ist der Träger der okkulten Kräfte, und je stärker er uns zu beeinflussen imstande ist, desto besser können wir uns dieser Kräfte bediene.

Die Menschheit atmet überhaupt zu wenig. Wir nehmen uns nicht mehr die Zeit zum Atmen. Ein neugeborenes Kind macht 44 Atemzüge in der Minute, ein fünfjähriges Kind nur 26, und der erwachsene Mensch ist schon mit 16 bis 17 Atemzüge in der Minute zufrieden, obwohl er das Dreifache benötigt. Und diese wenigen Atemzüge werden dazu noch in verdorbener, unreiner Luft gemacht und in der verkehrtesten Weise. Die atmosphärische Luft ist ein sehr wichtiges Nahrungsmittel - die einzige Speise, die wir uns kostenlos zuführen können -, und gerade sie wird verschmäht. Wenn auch die meisten Menschen, durch ihren Beruf gezwungen sind, den größten Teil des Tages in engen Räumen oder in Fabrikgebäuden zubringen zu müssen, so können sie es möglich machen, sich wenigstens einmal am Tag eine ausgiebige *Luftmahlzeit* zuzuführen.

Aber wer denkt daran! Nach des Tages ermüdender Arbeit wird die Erholung bei der qualmenden Zigarette und am Wirtshaustisch gesucht. Seht doch diese anspruchsvollen Lungen! Eine Viertelstunde Aufmerksamkeit fordern sie in 24 Stunden und sind gern bereit, dieses kleine Opfer königlich zu bezahlen durch Kraft, Gesundheit, Frohsinn und Widerstandsfähigkeit. Der innere Mensch mahnt und mahnt, denn auch er will ernährt und gestärkt werden, um dem Körper beizustehen und ihn aus Leid und Trübsal zu reißen, aber er wird nicht gehört. Er kann nicht gehört werden, denn Alkohol und Nikotin sowie der wertlose materialistische Aufklärungswahn versperren die feinen und feinsten Zugänge zum Tagesbewußtsein des auf seinem Irrwege dahintaumelnden körperlichen Menschen. Wir aber, die wir uns losgerissen haben von der verkehrten Lebensweise unserer armen Mitmenschen, die wir eigene, zielbewußte Wege gehen wollen der Wahrheit entgegen, wir horchen mit großer Aufmerksamkeit auf den inneren Menschen, den getreuen Mahner, wir beseitigen gern alle Hindernisse, die uns von ihm noch trennen, und sind bereit, die Brücke zu bauen, über die eine mühelose Verbindung mit dem geistigen Ich stattfinden kann. Wir wollen uns kräftigen und reinigen durch eine heilsame Atem-Gymnastik, damit der Astralleib und durch ihn der grobstoffliche Körper, gute Instrumente bilden für die Kundgebungen des unsterblichen Geistes.

Atmen heißt leben. Das Leben ist nur eine ununterbrochene Reihe von Atemzügen, daher ist das Atmen die wichtigste Funktion unseres Organismus. Gesundheit und Kraft hängt von einer *richtigen* Atmungsweise ab. Man sollte meinen, daß sie selbstverständlich ist, daß ohnehin nicht anders als *richtig* geatmet werden kann. Das aber ist eine große Täuschung. Das Tier atmet richtig und der von der Kultur noch nicht beleckte *Wilde;* die zivilisierte Menschheit hat sich zu ihrem eigenen Fluch von der richtigen Atmungsweise abgewendet - sie hat sie vergessen. Um das zu verstehen, wollen wir uns ein wenig mit dem physiologischen Vorgang des Atmens beschäftigen.

Durch die Tätigkeit des Zwerchfelles wird die Luft vermittels der verschiedenen Luftwege in die Lunge eingesogen, und zwar mit Hilfe der Bronchien, die in die Luftzellen der Lunge einmünden. Das Blut hat die Aufgabe, jeden Teil des Körpers zu ernähren, zu beleben und zu erhalten. Dazu dient die Blutzirkulation. Das Blut wird durch das Herz und die Adern in die Kapillargefäße gepumpt und kehrt durch die Venen wieder zum Herzen zurück, von wo aus es zu den Lungen gezogen wird. Dieses Venenblut ist unrein geworden, es ist mit ausgeschiedenen Stoffen beladen. Wenn die rechte Vorkammer des Herzens damit angefüllt ist, preßt sie durch Zusammenziehung das Venenblut in die rechte Herzkammer und diese verteilt es durch unzählige feine Blutgefäße in die Luftwege der Lunge. Wir atmen. Die eingeatmete Luft dringt alsbald durch die feinen Wände der Lungenblutgefäße und vermengt sich mit dem unreinen Blut. Es entwickelt sich nun ein eigenartiger chemischer Prozeß. Das Blut nimmt den Sauerstoff der eingeatmeten Luft auf und setzt das Kohlensäuregas ab, welches das Blut aus allen Körperteilen in Gestalt von Abfallstoffen und Giften gesammelt hat. Nun ist das Blut gereinigt und reichlich mit Sauerstoff geladen. So wird es wieder in die linke Herzkammer gepreßt und geht von dort in die Arterien, um den Körper mit neuem, gutem Material zu versorgen.

Es wird dem Leser nun klar sein, wie wichtig für unser Leben das Atmen ist. Atmen bedeutet Reinigung und Ernährung. Wenn das Blut durch eine ungenügende Atmung nicht genügend gereinigt wird, kehrt es in untauglichem Zustand in die Arterien zurück. Dadurch entstehen Blutkrankheiten, Stauungen, Funktionsstörungen der einzelnen Organe; der Körper wird geschwächt und fällt mit der Zeit schweren Krankheiten anheim. Es handelt sich also in der Hauptsache darum, uns ein genügendes Quantum Sauerstoff zuzuführen, und das kann nur durch ein kräftiges und bewußtes Atmen geschehen.

Es gibt verschiedene Atmungsmöglichkeiten. Wir Kulturmenschen atmen überhaupt nur, weil uns der Organismus dazu zwingt. Aber es fällt uns keine Sekunde ein, unser Atmen unter Kontrolle zu bringen, dazu haben wir keine Zeit. Dieser wichtigste Lebensprozeß wird ganz mechanisch abgetan und hat so wenig Interesse für uns, daß wir gar nicht wissen, daß unser mangelhaftes Atmen nur gleichsam ein *Atemsurrogat* ist; wir geben uns gedankenlos der ganz und gar ungenügenden sogenannten *Schlüsselbein-Atmung hin.* Bei dieser Atmungsweise kommt nur der obere und leider kleinere Teil der Lunge zur Anwendung. Wir heben die Schultern und das Schlüsselbein, ziehen gleichzeitig die Bauchhöhle ein und heben dadurch das Zwerchfell. Infolgedessen erreicht nur eine ganz geringe Luftmenge die Lungen, um so mehr als durch das Heraufdrücken des Zwerchfelles keine genügende Ausdehnung stattfindet, wodurch eine Verminderung der Einatmungsfähigkeit auftritt. Diese Atmungsweise zwingt auch in vielen Fällen zu der üblen Angewohnheit des Mundatmens. Der Mensch soll durch die Nase atmen, denn nur die Organisation der Nase ist geeignet, die Luft vorerst von allen schädlichen Keimen zu reinigen.

Eine bessere Methode ist die sogenannte *Bauchatmung.* Anhänger einer naturgemäßen Lebensweise, Menschen, die sich mit Atemgymnastik beschäftigen, aufgeklärte Turner und Sportsleute usw. atmen teilweise auf diese Art. Sie üben einen leichten Druck auf die Unterleibsorgane aus und drängen die Bauchwand nach vorn. Dadurch werden wohl die unteren Lungenpartien stark gefüllt, aber die oberen kommen dabei zu kurz. Das *richtige* Atmen verbindet beide Atmungsarten, es dehnt den Brustkörper nach allen Richtungen gleichmäßig aus, füllt die Lungen vollständig und bringt die Rippenmuskeln in größere Tätigkeit, wodurch eine größere Ausdehnungsfähigkeit der Lungen bezweckt wird. Die für ein solches Atmen, das man an Säuglingen noch beobachten kann, nötigen Muskeln müssen erst gehörig trainiert werden. Das läßt sich durch die nachstehende Übung erreichen. Wir lernen durch dieselbe das richtige *Voll- und Tiefatmen.*

Für diese Übung ist vorerst wichtig, daß man sie in der warmen Jahreszeit meist im Freien oder aber im Zimmer bei weit geöffneten Fenstern und in deren unmittelbarer Nähe vorzunehmen hat. In der kalten Jahreszeit aber soll das Zimmer vor der Übung gut gelüftet und gleichzeitig erwärmt sein. Ist das Zimmer gut gewärmt ist, kann man ein Fenster öffnen, stellt sich aber nicht in die Nähe dieses Fensters, so daß die einströmende kalte Luft nicht unmittelbar die Lungen trifft, sondern im Zimmer erst etwas erwärmt wird, ehe man sie einatmet. Es ist unmöglich, hier eine für alle Umstände passende Regel aufzustellen; man soll nur an dem Grundsatz festhalten, sich vor dem Einatmen des direkten kalten Luftstromes zu schützen, da man sich sonst sehr schädigen würde. Die Übungen können zu jeder Zeit vorgenommen werden, nur soll sich der Anfänger vor der Abendluft hüten. Es ist entschieden abzuraten, in der kalten oder feuchten Jahreszeit den Abend zur Durchführung der Atemgymnastik zu wählen.

Die folgende Übung wird stehend ausgeführt: Die beiden Arme werden waagerecht nach rechts und links ausgebreitet, dann spannt man kräftig alle Armmuskeln an und führt die Arme im Bogen nach aufwärts, um die Hände dann hinter dem Kopf zu schließen. Und nun hebt man die Schulter hoch, legt den Kopf etwas zurück und schließt den Mund. In dieser Stellung atmet man durch die Nase ganz langsam voll und tief, indem man zuerst den unteren Teil der Lunge anfüllt, was durch einen leichten Druck auf die Unterleibsorgane bewerkstelligt wird, wodurch sich die vordere Bauchwand etwas herausdrückt und das Zwerchfell betätigt. Der weitere Teil des Atemzuges soll die mittleren Lungenteile anfüllen, indem man die unteren Rippen und die Brust nach außen drängt. Der Rest des Atemzuges hat die oberen Lungenteile auszufüllen, wozu man den Unterleib etwas einzieht und die obere Brust ausdehnt, indem die oberen Rippenpaare gehoben werden. Diese ganzen Bedingungen müssen während eines Atemzuges ausgeführt werden, eine Bewegung muß in die andere übergehen. Hierauf atmet man langsam aus, indem man den Unterleib ein wenig einzieht und nach oben hebt und die Brust in gehobener Stellung läßt.

Einatmung und Ausatmung dürfen nicht ruckweise vollzogen oder unterbrochen werden, sondern müssen in einem Zug zur Vollendung gelangen. Nach vollzogener Ein- und Ausatmung hat man die Brust und Unterleibsmuskeln wieder abzuspannen. Es ist nicht nötig, dieses Experiment lange auszudehnen. Sieben Atemzüge hintereinander und für jeden Atemzug anfänglich 5 Sekunden zur Einatmung, 5 Sekunden zur Ausatmung, das genügt. Diese Übung wird mindestens 14 Tage lang, und zwar täglich mehrmals durchgeführt. Wenn sie auch dem Schüler schwer erscheinen mag, so darf man doch nicht gleich den Mut verlieren. Es ist ja wahrscheinlich, daß die ersten Übungen nicht gelingen werden, aber der Schüler muß sehr viel Fleiß und Sorgfalt auf die exakte Ausführung dieses Experimentes verwenden, welches die Basis ist für viele Atemübungen höherer Ordnung. Im Atem liegt ein Teil des Geheimnisses der psychischen Kräfte, und darum wird der strebsame Schüler unverdrossen die erwähnte Atemübung so lang vornehmen, bis sie gelingt.

Hat man sich endlich an das *Voll- und Tiefatmen* gewöhnt, muß man lernen, den Atem längere Zeit in der Lunge zurückzuhalten. Die Stellung bei diesem Experiment ist die gleiche wie vorher: Die Hände sind hinter dem Kopf geschlossen und das Rückgrat muß gerade gehalten werden. Nun atmet man auf die beschriebene Weise 8 Sekunden ein, hält den Atem 5 Sekunden lang an und atmet durch 8 Sekunden aus. Es werden wieder sieben solche Atemzüge hintereinander vorgenommen. Hat man diese Übung mehrmals durchgeführt, kann man die Zeitdauer langsam steigern, doch immer so, daß die Dauer des

Anhaltens ungefähr zwei Drittel der Zeit des Einatmens umfaßt. Man vermeide aber sorgfältig jede Übertreibung.

Nach etwa 10 bis 14 Tagen übt man nebenbei noch in der Weise, daß man sich in eine liegende Stellung bringt, die Hände aber bleiben nach wie vor am Nacken geschlossen. Beim Anhalten des Atems dehnt man nun abwechselnd die Magengrube resp. die Gegend zwischen der letzten Rippe und dem Nabel und dann die Brust aus. Das geschieht in der Weise, daß man z.B. die Magengrube, soweit als es möglich ist, einzieht und dabei die Brust kräftig herausdrückt, um in der nächsten Sekunde die Brust einzuziehen und die Magengrube herauszudrücken. An dieser Stelle befindet sich nämlich das sogenannte Sonnengeflecht (Plexus solaris), die Zentralstelle des sympathischen Nervengeflechtes, welche durch diese Übung in eine sehr vorteilhafte Erregung kommt, wodurch ein großer Einfluß auf die psychischen Funktionen des Menschen ausgeübt wird. Alle Mystiker waren und sind sich darüber einig, daß das Sonnengeflecht in engster Verbindung mit dem astralen Menschen und dessen Fähigkeiten steht. Es sei also auf den Wert dieser Übung dringend aufmerksam gemacht.

Man muß den Atem während des Wechsels zwischen Magengrube und Brust streng eingezogen halten und darf erst, wenn das Experiment anfänglich 5 und 6 mal, dann langsam steigend bis zu 10 und 15 mal durchgeführt ist, denselben langsam wieder durch die Nase ausatmen. Die ganze Atemgruppe soll nun jedesmal 7 bis 9 mal hintereinander vollzogen werden. Hat man sich mit dieser Übung ein wenig vertraut gemacht, kann man sie öfters Morgens vor dem Aufstehen und abends vor dem Einschlafen im Bett durchführen. Das gewöhnliche Voll- und Tiefatmen im Stehen wird aber unvermindert täglich vorgenommen. Die Atemübungen in liegender Stellung haben später in Verbindung mit der Gedankenkonzentration eine sehr wichtige Aufgabe zu erfüllen, wie wir im nächsten Kapitel sehen werden.

Nach einiger Zeit wird während des Tages auch folgende Übung vorgenommen. Man senkt den Kopf während des Einatmens vollständig nach rückwärts und läßt ihn während der Dauer des Atemeinhaltens in dieser Stellung, erst beim Ausatmen bringt man den Kopf wieder in seine normale Lage zurück. Es wird dabei dasselbe Zeitmaß eingehalten wie bei der gewöhnlichen Atemgymnastik und die ganze Übung kann 6 bis 10 mal wiederholt werden. Sie wird einige Wochen durchgeführt im Wechsel mit der gewöhnlichen Atemgymnastik und der Plexusmethode.

Es ist ferner sehr anzuraten, nach jeder Mahlzeit einige Tiefatmungen vorzunehmen. Man wird den fördernden Einfluß, den die Verdauung dadurch erhält, sehr bald wahrnehmen. Der Schüler tut gut daran, auch während der Nacht seiner Lunge etwas frische Luft zu gönnen. Allerdings ist hier für diejenigen, die bisher bei geschlossenen Fenstern zu schlafen gewohnt waren, besonders in der kalten Jahreszeit die größte Vorsicht angeraten und solche Personen sollen sich erst nach und nach an die Nachtluft gewöhnen, indem sie Sorge tragen, daß sie nicht der kalte Luftstrom direkt treffen kann. Am besten ist es, wenn man zwei Räume zur Verfügung hat. Man hält im angrenzenden Raum das Fenster offen, dann läßt man die Tür zwischen den beiden Gemächern offen und bewerkstelligt auf diese Art eine Auswechslung der verdorbenen Luft.

Es wurde schon erwähnt, daß das Mundatmen sehr ungünstig und nicht zweckentsprechend ist. Der Schüler muß es sich angewöhnen, stets durch die Nase zu atmen, auch während der Nacht. Wer das durch Willenskraft nicht zustande bringt, kaufe sich eine eigens zu diesem Zwecke konstruierte Binde, die auch gute Dienste gegen das eben durch das Mundatmen verursachte Schnarchen leistet. Diese Binde ist in allen Geschäften, die hygienische Bedarfsartikel führen, zu haben. Der Mundatmer wird anfänglich beim Nasenatmen zu wenig Luft erhalten. Seine Nasenkanäle sind nicht rein genug und mit Abfallstoffen angefüllt. Daher muß für eine peinliche Reinhaltung der Nasenkanäle gesorgt werden. Morgens und abends nehme man

Nasenspülungen vor, indem man Wasser aus der hohlen Hand durch die Nase zieht, bis es beim Munde wieder herauskommt. Man mache diese Spülung mehrere Male hintereinander, zuerst, bis man an diese Spülung gewöhnt ist, mit ein wenig lauem und später mit kälterem Wasser. Die Nasenwege sind durch den Nichtgebrauch ihrer hauptsächlichen natürlichen Bestimmung verstopft und empfindlich geworden. Der Nasenatmer hat immer reine Nasenwege und ist auch viel weniger Erkältungen ausgesetzt.

Besonders während des Aufenthaltes in frischer, warmer Luft atme man beständig voll und tief durch die Nase. Bei Spaziergängen im Grünen, hauptsächlich durch Nadelwälder, nehme man einen Stock oder Schirm so unter die Achselhöhlen, daß der Gegenstand hoch an den Schultern aufliegt und die Oberarme über ihn geschlungen sind. Dadurch wird der Brustkorb herausgedrückt und das Rückgrat eingezogen. In dieser Stellung wandere man und sauge die würzige Waldesluft in tiefen Zügen durch die Nase ein, die Lungen oben und unten füllend; das hat eine zauberhafte Wirkung auf den Organismus und soll so oft als möglich gemacht werden. Später wird an Stelle der morgendlichen Plexus-Bettübung eine andere Übung eingeschoben. Man öffne im Nebenraum ein Fenster, wenn man in einem geschlossenen Raume geschlafen hat, und sorge, daß dieser Raum etwas erwärmt ist, solange die kühlere Jahreszeit vorherrscht, was bei allen Bettübungen berücksichtigt werden muß.

Jetzt beginnt man mit der bekannten Atemübung in liegender Stellung, jedoch diesmal ohne die Hände hinter dem Kopf zu schließen, diese liegen vielmehr ruhig an den Seiten des Körpers an. Während man nun den Atem anhält, werden alle Muskeln des Körpers so straff angezogen, als es dem Schüler nur möglich ist. Aber nicht plötzlich, sondern nur nach und nach. Bei den Hand- und Armmuskeln wird begonnen, und so werden langsam alle anderen Muskeln, die wir unter unserem Willen haben, bis herab zu den Füßen, angespannt. Nur die Kopf- und Halsmuskeln bleiben ausgeschlossen. Wenn man nun nach einiger Zeit fühlt, daß man den Atem nicht mehr länger anhalten kann, entspannt man langsam wieder alle Muskeln und dann erst atme man auf die bekannte Weise aus. Diese Übung ist ebenfalls sehr wichtig und soll nicht versäumt werden, man kann sie auch später unter Tag vornehmen. Die abendliche Plexusübung aber bleibt bestehen. Zur Erleichterung des Schülers sei hier für alle Atemübungen ein kleiner Kunstgriff angegeben, den indes nur diejenigen anwenden sollen, die es absolut nicht zustande bringen, langsam auszuatmen. Man kann nämlich, ehe man den Atem ausströmen läßt, noch rasch eine Kleinigkeit Luft in sich aufnehmen. Also ein ganz kleiner, kurzer Atemzug, dann beginne man auszuatmen, und es wird leichter gelingen, eine gewisse Zeit damit auszuhalten.

Neben den angeführten Übungen müssen auch noch nach Zeit und Gelegenheit, mindestens aber jeden zweiten Tag, abwechselnd folgende Übungen durchgeführt werden:

1. Man zieht den Atem auf die bekannte Weise voll und tief ein, hält ihn einige Zeit an, spitzt sodann die Lippen, wie wenn man pfeifen wollte, und stößt die Luft absatzweise mit ziemlicher Kraft wieder heraus. Also nicht in einem Zuge, sondern stoßweise, bis die ganze Lunge entleert ist. Diese Übung *reinigt die Lungen;* sie wird mehrere Male hintereinander gemacht.

2. Voll- und Tiefatmen, aber den Atem nicht in einem Zug einziehen, sondern ebenfalls ruckweise. Man macht einen kurzen, starken Atemzug, hält einen Augenblick an, atmet wieder und hält abermals an usw., bis die Lungen vollständig gefüllt sind. Dann wird der Atem auf die bekannte Weise angehalten, um hierauf in einem Zug durch die Nase auf die vorgeschriebene Art entfernt zu werden. Auch diese Übung wird einige Male hintereinander gemacht. *Sie stärkt in besonderer Weise die Lungen und den Brustkorb.* Beide Übungen mache man stehend.

Da zu einer späteren Zeit die Atemtechnik mit verschiedenen Körperstellungen verbunden wird, wie es die Ausübung des Hatha-Yoga verlangt, ist es angezeigt, daß der Schüler schon jetzt in seiner freien Zeit einige der bekanntesten Übungen, wie Hantel- und Stabübungen, Rumpfdrehen, Kniebeugen usw., ausführt, um die Muskeln gelenkig zu machen. Es ist gut, wenn der Schüler mit diesen Turnübungen ein Luftbad verbindet, und zwar in der Weise, daß er dabei nur mit einer Badehose bekleidet ist. Natürlich muß der Anfänger sehr auf die Temperatur der Luft achten, um sich nicht zu erkälten. Eine Gruppe solcher Turnübungen soll nur 20-25 Minuten dauern und kann mit einer Voll- und Tiefatmung eingeleitet und abgeschlossen werden.

Es sei nun nochmals vor allen Übertreibungen eindringlich gewarnt. Ein Zuviel kann hier sehr großen Schaden anrichten. Man steigere nur sehr langsam und vorsichtig in der Zeitdauer der einzelnen Übungen. Diese darf auf keinen Fall soweit gehen, daß sich ein schmerzliches Gefühl einstellt, was nicht der Fall sein kann, wenn man vorsichtig ist und nicht plötzlich die Dauer der einzelnen Phasen unverhältnismäßig lange ausdehnt. Die Erfahrung spricht von einem ganz eigentümlichen Zusammenhang des Atemprozesses mit der Willenskraft. Die ägyptischen und persischen Priester hatten die Atemkunst in ihre Tempelgeheimnisse aufgenommen und zu hoher Blüte ge-bracht. Ebenso wissen die indischen Adepten die Atemgymnastik zu würdigen, denn dieselbe spielt bei ihren *Wundern* eine große Rolle. Der Schüler aber wird in dem übernächsten Kapitel sehen, wie wichtig es ist, die Ausbildung der Atemkunst zu erlernen, denn Hand in Hand mit der Gedankenkonzentration wird diese Kunst in ihm eine Kraft erwecken, die ihm, wenn er sie verständig anwendet, viele seiner Wünsche erfüllen hilft.

5. Der magnetische Blick

Im Auge des Menschen liegt eine große und wunderbare Macht. Je ruhiger, je klarer der Blick, ein desto besserer Träger des Willens ist die dem Auge entströmende Odquelle (siehe hierüber das Kapitel „Über das Od" im zweiten Abschnitt des Buches), eine um so größere Kraft kann ein solches Auge auf seine Umgebung werfen. Wir können das im Leben oftmals bemerken. Es gibt Personen, die durch ihren Blick alle Menschen in ihren Bannkreis zwingen. Sie werden sich der mächtigen Wirkung ihres Auges mit der Zeit wohl bewußt, können sich aber keine Rechenschaft darüber geben, wodurch diese Wirkung eintritt, da sie ja ihre Augen genauso organisiert sehen wie die der anderen Menschen. Sie wissen nicht, daß sie die Gabe des konzentrierten odischen Schauens besitzen, denn nur auf dem zentralen, magnetischen Blick beruht ihre Kraft. Menschen, denen diese Gabe angeboren ist, gibt es aber nur wenige. Jeder kann sich diese Macht jedoch durch entsprechende Übungen aneignen. Was der eine durch die Geburt erhielt, das kann der andere durch Fleiß und festen Willen erringen. Die Natur schließt keinen aus und hat ihre Gaben gleichmäßig verteilt. In uns allen ruhen die gleichen Kräfte, nur liegt es im Plan der Allweisheit, daß die meisten Menschen, zum Zweck des ethischen Fortschrittes, sich dieser Kräfte erst nach einem großen Aufwand von Fleiß und Geduld erfreuen dürfen.

Der angehende Magier, der die Absicht hat, auch die anderen Abteilungen dieses Lehrganges durchzunehmen, als auch derjenige, der sich mit der ersten Abteilung begnügt, sollen auch der Ausbildung des *magnetischen Blickes* die größte Sorgfalt zuwenden. Beide brauchen diesen Blick unbedingt, der Magier und auch der, dem es nur um seinen *persönlichen Einfluß* geht, sie können ohne ihn keine Erfolge erzielen. Dem Kaufmann, dem öffentlichen Redner, dem Lehrer und dem Soldaten, ja jeder Berufsart bietet diese Art des Schauens unschätzbare Vorteile. Der Geschäftsmann wird, wenn er Meister dieses Blickes ist, durch den Einfluß, den er dadurch ausübt, seine Konkurrenz leichter besiegen; er wird im Verkehr mit seinen Kunden ganz andere Vorteile erreichen und größere Erfolge erlangen als ein Konkurrent mit einem unsteten, nervösen Blick. Der Pädagoge wird in seiner schwierigen Aufgabe eine hervorragende Unterstützung in diesem Blick finden, dem kein schuldbewußtes Auge ausweichen kann. Aber auch die Massen lassen sich mit dem konzentrierten odischen Blick umfassen und beugen sich der mächtigen Wirkung. Das wird der Pädagoge ebenso zu würdigen wissen wie ein kommandierender Militärpflichtiger.

Verschiedene Männer der Geschichte hatten diesen Blick und verdankten einen großen Teil ihrer Erfolge demselben. Für den tüchtigen Juristen ist das konzentrierte Schauen eine Notwendigkeit. Die Macht dieses Blickes genügt sehr oft, den verstocktesten Verbrecher zu einem rückhaltlosen Bekenntnis zu zwingen. Überall dort, wo es gilt, die Wahrheit an den Tag zu bringen, wird sich der Segen des odischen Schauens geltend machen. Und der Magier kann nicht ohne die Macht seines Auges auskommen. Der magnetische Blick ist es, der dazu beiträgt, tote Gegenstände in Bewegung zu versetzen. Eben dieser Blick ermöglicht ihm zum Teil das Hellsehen, und sein heilmagnetisches, besser benannt *heilodisches* Wirken erhält durch diesen Blick eine sehr große Unterstützung, denn das Auge des Heilmagnetiseurs spielt in der odischen Heilweise eine sehr große Rolle.

Was aber der odische Blick in der Stunde der Gefahr bedeutet, das wird der Schüler ermessen können, wenn er einige Zeit geübt hat und die staunenswerten Erfolge bemerkt, die sich besonders deshalb so großartig äußern, weil dieser Blick in Verbindung mit der Gedankenkonzentration steht. Diese Art zu schauen läßt sich bis zu solcher Vollendung bringen, daß man damit alles, was auf uns feindselig anstürmt, sei es ein wildes Tier oder ein böswilliger Mensch, vor sich niederzwingen kann. Wir haben also hier ein großartiges Bannmittel, mit welchem wir alles Feindliche unschädlich zu machen imstande sind. Die Magier vergangener Jahrhunderte mögen sich dieser Fähigkeit zu ihrem persönlichen Schutz sehr oft bedient haben. Leider aber läßt sich dieser Blick auch mißbrauchen, wie viele okkulte Fähigkeiten, deren Erlangung nicht einer besonderen ethischen Entwicklungsstufe bedarf. Der sogenannte *böse Blick* ist die schlechte Anwendung dieser Fähigkeit.

Der in verschiedenen Lehrbüchern meist amerikanischer Herkunft - so marktschreierisch ausgerufene *Persönliche Magnetismus* ist gar nichts anderes als der konzentrierte Blick in Verbindung mit dem konzentrierten Denken. Die Ausdrücke wie: „magnetischer Blick, odischer Blick, zentraler oder konzentrierter Blick" bezeichnen in der Hauptsache alle ein und dieselbe Methode des Schauens, nur daß man streng genommen unter *magnetischem oder odischem Blick* die Verbindung des zentralen Blickes mit der Gedankenkonzentration versteht. Der odische Blick gründet sich demnach in erster Linie auf die Fähigkeit des zentralen Schauens. Wie unrichtig wir schauen, lehrt uns ein Blick in den Spiegel. Wenn wir genau darauf achten, wie wir uns unser Spiegelbild ansehen, so werden wir bemerken, daß wir die Augen auf jede Stelle, die wir genauer erfassen wollen, erst in diese Richtung dirigieren müssen. Sehen wir z.B. unserem Spiegelbild in die Augen, so werden uns die unteren Partien des Gesichtes etwas unklar und verschwommen erscheinen.

Wenn wir unseren Blick auf die Mitte des Objektes richten, so müssen wir dasselbe, ohne die Stellung der Augen im geringsten zu verändern, in allen seinen Teilen voll und ganz erfassen. Wir müssen unsere Augen unbeweglich in die Augen unseres Bildes versenkt halten und doch zu gleicher Zeit deutlich alle anderen Teile des Gesichtes überblicken. Und zwar muß jeder Punkt der Gesichtskonturen nach und nach in solcher Schärfe und Klarheit gesehen werden, als ob wir die Augen speziell dorthin gerichtet hätten. Das erscheint sehr schwierig, lernt sich aber rasch. Wie es überhaupt schwierig erscheint, dem Auge seine all zu große Beweglichkeit zu nehmen. Dies muß aber sein. Dem Auge entströmt die meiste odische Kraft. Diese Ströme, die durch geeignete Willenskonzentration eine bestimmte Wirkung erzielen können, werden durch die Unstetheit, durch die übertriebene Lebhaftigkeit und Beweglichkeit beständig unterbrochen und in ihrer Kraft gehemmt. Aber nicht nur die Augäpfel allein verursachen eine solche Kraftzersplitterung, es beteiligen sich auch die Augenlider sowie die ganzen Muskeln der Umgebung des Auges daran.

Fast jeder Mensch hat im Auge etwas Nervöses oder Unruhiges. Es liegt scheinbar nur wenig in unserer Macht, die Bewegungen der Augenlider zu regeln. Beinahe bei jeder Bewegung der Augäpfel zucken auch die Augenlider und es gelangen alle benachbarten Muskelpartien in Unruhe, die sich sogar bei vielen Personen auf die Stirnhaut überträgt. Wie majestätisch schön ist das menschliche Auge, wie verheißend und zuversichtlich, wenn es ruhig und klar ist; wie fahrig, unzuverlässig und unschön aber wird es durch das ewige Zucken und Blinzeln. Das also muß vorerst vollständig abgewöhnt werden. Der zentrale Blick ist abhängig von der absoluten Beherrschung des Auges. Um nun die Bewegung der Augen und der sie umgebenden Muskelpartien zu regeln und in unsere Gewalt zu bekommen, haben wir folgende Übungen durchzuführen: Wir malen auf ein weißes Papier eine kreisrunde, schwarze Scheibe in der Größe eines Fünfmarkstückes. Dann messen wir, wie weit unser Kopf vom Fußboden entfernt ist, wenn wir sitzen. In gleicher Höhe befestigen wir nun dieses Papier an die Wand oder an ein Möbelstück. Dann setzen wir uns recht bequem dem Papier gegenüber, ungefähr in einer Entfernung von 2 bis 3 Metern. Jetzt richten wir unseren Blick auf diese Scheibe, und zwar so, daß die beiden Augen gleichmäßig den schwarzen Kreis fixieren. Es ist bei diesem Experiment die Aufgabe zu vollbringen, daß sich die ganze Zeit hindurch weder die Augäpfel noch die Lider bewegen dürfen. Jedes Zucken, jedes Blinzeln ist streng zu vermeiden. Starr und leblos müssen die Augen auf den schwarzen Kreis gerichtet bleiben, als ob sie dort ein Wunder sich entwickeln sehen würden oder sonst eine Merkwürdigkeit, von der sie so gefesselt sind, daß weder rechts noch links mehr für sie existiert. Wem diese Übung zu schwer fällt, dem sei es zu Anfang gestattet, sich den lästigen Zwang durch eine kleine Bewegung der Stirnhaut zu erleichtern, keinesfalls aber darf dabei das Auge seine Stellung verändern oder ein Lid zucken. Lider und Augäpfel müssen unbedingt starr und unbeweglich bleiben; daran darf auch das selbstverständliche Tränen der Augen, das sich übrigens später wieder verliert, nichts ändern.

Man übe in dieser Weise ungefähr 14 Tage täglich einmal und zu beliebiger Tageszeit, niemals aber bei künstlichem Licht, denn sonst würde man die Augen sehr schwächen. Die ersten Tage soll die Übungsdauer 3 Minuten betragen und sich dann jeden zweiten oder dritten Tag um eine Minute steigern. Nach Ablauf dieser 14 Tage wechselt man jeden zweiten Tag mit nachstehender Übung ab. Die Scheibe wird ungefähr 1 bis 1 1/2 Meter von dem ursprünglichen Standort, jedoch in gleicher Höhe, befestigt, und zwar einmal nach rechts, das andere Mal nach links. Der Übende aber sitzt in der gleichen Stellung und Richtung wie früher, so daß seine Blicke genau die Stelle treffen, welche die Scheibe früher eingenommen hatte. Nun dreht er langsam den Blick, bis er die Scheibe erreicht hat, um mit beiden Augen den schwarzen Kreis fixieren zu können. Es ist dabei zu beachten, daß die Stellung des Körpers und des Kopfes nicht verändert werden darf. Der Kopf bleibt dem ursprünglichen Standort der Scheibe (also *geradeaus)* zugewendet und nur die Augen haben unter einem Winkel von ca. 45 Grad unbeweglich auf den schwarzen Kreis zu sehen.

Auch für diese Übung gilt die oben angeführte Übungszeit. Nach und nach soll man den schwarzen Kreis verkleinern, bis man ihn zur Größe einer Erbse reduziert hat. Beide Übungen werden solange abwechselnd durchgeführt, bis es dem Lernenden gelingt, mindestens 10 Minuten vollständig unbeweglich den Kreis zu fixieren. Später kann jeder Gegenstand als Übungsobjekt dienen, so daß wir uns bald von der Scheibe lossagen können. Jede Ruhepause kann verwendet werden, um an irgend einem Gegenstand die Unbeweglichkeit des Auges in der beschriebenen Weise zu üben.

Hat man diesen Grad erreicht, muß man sich den *zentralen Blick* aneignen. Zu diesem Zwecke setzt man sich vor einen Spiegel und fixiert sein eigenes Bild mit derselben marmornen Unbeweglichkeit. Nur müssen jetzt beide Augen zugleich und ausschließlich die Nasenwurzel ansehen. In der ersten Zeit dieser Übung tut der Lernende gut daran, sich mitten auf die Nasenwurzel einen kleinen dunklen Punkt mit einem Farbstift zu malen. Dieser Punkt wird nun durch drei Minuten - und dann nach je 3 bis 4 Tagen um eine Minute steigend bis zu 15 Minuten - derart in vollster Unbeweglichkeit angestarrt, daß es nach einiger Zeit gelingt, das ganze Gesicht und die Umgebung vollständig klar und deutlich zu sehen, obwohl man die Augen nur auf den kleinen Punkt an der Nasenwurzel gerichtet hält. Nach und nach verkleinert man den Punkt und benützt eine weniger aufdringliche, hellere Farbe, die von der Hautfarbe nicht allzusehr absticht, z.B. hellrot, rosa, gelb oder lichtblau.

Nach erreichter Fertigkeit übt man diesen zentralen Blick auch ohne besonders markierten Punkt, nur durch das Ansehen der Nasenwurzel im Spiegelbild. Bei späteren Übungen kann man auf das Spiegelbild verzichten und jede sich bietende Gelegenheit ergreifen, um an den Haustieren oder seinen Mitmenschen den zentralen Blick einzuüben. Die Macht dieses Blickes ist geradezu großartig, wie sich der Lernende bald genug überzeugen kann, wenn er ihn bei seinen Mitmenschen anwendet. Besonders dann wird dieser Blick ihm gute Dienste leisten, wenn er die Absicht hat, einen bestimmten Wunsch bei seiner Umgebung durchzusetzen. Der Lernende kann viel eher auf die Erfüllung seines Wunsches rechnen, wenn er diesen durch die Anwendung des zentralen Blickes unterstützt und ihm damit eine zwingende Gewalt gibt. Man verwende diesen Blick jedoch nur, wenn man selbst zu einer Person spricht. Während man sie anhört, soll man es tunlichst vermeiden, sie zentral anzuschauen, da die betreffende Person sonst verwirrt werden würde und sich nur mangelhaft ausdrücken könnte. Außer man beabsichtigt ein Geständnis zu entlocken, dann wird der zentrale Blick ein Zwang zur Wahrheit. Dieser Blick muß aber auch mit einem sehr deutlichen, klaren und ruhigen Sprechen verbunden sein, wenn man eine vollendete Wirkung erzielen will. Eine hastige, unruhige und undeutliche Sprechweise kann die Kraft des Blickes sehr beeinträchtigen. Man gewöhne sich deshalb an, seinen Gedanken einen klaren, ruhigen und bestimmten Ausdruck zu geben.

Wenn auch in der ersten Zeit dieser Übungen die Augen tränen und brennen, so darf man ja nicht glauben, daß die Augen unter den Übungen leiden. Im Gegenteil, sie gewinnen sogar dadurch, und in einem fortgeschritteneren Stadium verlieren sich diese Übel durch die erreichte Kräftigung der Augen von selbst. Tägliche Augenbäder von anfänglich lauem, später aber kaltem Wasser sind dabei sehr zu empfehlen. Man taucht das Gesicht täglich morgens und abends in eine Schüssel mit Wasser und versucht nach und nach darin die Augen zu öffnen, bis man einen Gegenstand am Boden des Gefäßes erblicken kann. Die Schüssel soll ziemlich tief sein, damit das ganze Gesicht bedeckt ist und nur der Hinterkopf mit den Haaren trocken bleibt. Die Zeitdauer dieser Übung ist von der individuellen Fähigkeit des Atemanhaltens unter Wasser abhängig und kann leicht bis zu einer Minute ausgedehnt werden. Das Eintauchen kann man während jeder Übung 6 bis 7 mal wiederholen. Hier also leistet uns die Atemgymnastik schon die ersten großen Dienste, denn es ist verständlich, daß der Atemkünstler dieses Augenbad in kürzester Zeit sehr leicht zustande bringen wird.

Für schwache, angegriffene Augen lasse ich hier ein selten versagendes, höchst einfaches und von unseren Großeltern sehr geschätztes Mittel folgen. Man bereite einen Absud aus einer Hand voll *Augentrost* (Euphrasia offizinalis) und vermenge denselben, wenn er lau oder kalt geworden ist, mit dem Wasser des Augenbades, um dann, wie es oben beschrieben wurde, zu verfahren. Außerdem kann man täglich die Augen zwei- bis dreimal mit diesem Tee gut auswaschen, ferner kann man abends auch kleine Stoffteilchen (weißes Leinen) in den Tee eintauchen, die man über Nacht aufs Auge legt und mit einer Binde befestigt. Das Auge wird dadurch sehr frisch und klar, und die Sehkraft stärkt sich. Es ist ein ganz kleines Blümchen, dieser *Augentrost,* das nicht umsonst diesen vielversprechenden Namen trägt und fast auf jeder Wiese zu finden. Der Landwirt ist ihm allerdings nicht sehr hold, da es häufig in so großer Menge auftritt, daß es das andere Futter verdrängt. Es ist im getrockneten Zustand in jeder Apotheke erhältlich, jedoch tut man gut, es im Sommer, besonders im August, in großer Menge selbst einzusammeln. Bei allen Augenbädern aber hüte man sich sorgfältig vor jedem Luftzug. Sehr zu empfehlen ist es auch, wenn man nach jeder Übung mit den Augen einige Minuten in die Ferne sieht, ohne einen Gegenstand besonders ins Auge zu fassen. Das stärkt die Augen wunderbar und sollte nach jeder Arbeit, bei welcher unsere Augen stark in Anspruch genommen waren, also z.B. nach anhaltendem Lesen und Schreiben stets vorgenommen werden.

Der zentrale Blick darf in seiner Anwendung nicht erst vorbereitet werden. Wenn er in seiner mächtigen Wirkung nicht geschwächt werden soll, dann muß er unvermittelt und in vollster Klarheit *plötzlich* auf sein Objekt fallen können. Um dies zu erreichen gibt es eine vorzügliche Übung. Man suche einen Raum auf, in welchem mehrere Bilder hängen, die ziemlich lebensgroße Porträts männlicher und weiblicher Personen zeigen. Dann setze man sich ihnen gegenüber und fixiere diese Bilder mit dem zentralen Blick, jedes während je einer Minute. Die Hauptsache bei dieser Übung ist das rasche Wechseln. Hat man das Bild eine Minute lang fixiert, so wirft man den Blick rasch und unvermittelt, ohne sich inzwischen von einem andern Gegenstand gefangennehmen zu lassen, auf ein gegenüberhängendes Bild (oder auf eines, das von dem ersten durch einige andere Bilder getrennt ist), mit vollster Klarheit und Sicherheit und fixiert nun dieses während einer Minute, um sich dann in derselben Weise blitzschnell einem anderen Bilde zuzuwenden. Der Wechsel muß also kreuz und quer und äußerst rasch vor sich gehen. Es ist selbstverständlich, daß man nicht bis zur Ermüdung üben darf. Dieses Experiment soll nicht länger als 10 bis 15 Minuten dauern. Auch soll man diese Übung, sowie die Augenbäder, stets neben den anderen Übungen vornehmen, um rascher vorwärts zu kommen.

Es tritt nun die Aufgabe an uns heran, den erlangten *vollen zentralen Blick* auf den *konzentrierten odischen Blick* auszudehnen. Zu diesem Zweck wird das zentrale Fixieren des Spiegelbildes fortgesetzt. Nur haben wir dabei unser konzentriertes Denken und Fühlen in das Auge zu versetzen. Leicht gelingt es uns bereits, die Augen starr und unbeweglich längere Zeit hindurch auf einen Punkt zu richten, nun aber müssen wir lernen, dem starren Auge gleichzeitig den nötigen Ausdruck zu verleihen, indem wir in dasselbe verschiedene Gefühle hineinlegen. Liebe, Güte, Heiterkeit, Haß, Zorn, Trauer und Schmerz müssen wir in die Augen legen und in odischen Strömen dem Spiegelbild zusenden. Also scharfe Gedankenkonzentration. Man stelle sich z.B. vor, daß das Spiegelbild ein wirklich lebender, körperlicher Mensch sei, den man sehr gut kennt und zu welchem man die größte Liebe und Zuneigung empfindet. Man muß sich die starke Suggestion erteilen, daß man nicht sein eigenes Spiegelbild vor sich habe, sondern eine andere reale Persönlichkeit, die man mit dem zentralen Blick anzusehen hat und der man bestrebt ist, wohlwollende Gefühle durch das Auge zuzusenden. Oder man erblickt in dem Spiegelbild seinen Feind. Man denke sich dann, dieser Feind habe seit längerer Zeit versucht und vielleicht auch durchgeführt, uns heimlich zu schaden, wo immer es ihm nur möglich war. Nun haben wir ihn endlich in unserer Gewalt und jetzt sollen ihn unsere Blicke strafen. Wir sagen ihm durch dieselben, wie sehr wir ihn verachten und daß wir jetzt seine Bosheiten bestrafen werden usw.

Je mehr man seine Gedanken auf die betreffende Gemütsbewegung zu konzentrieren imstande ist, desto kräftiger ist die Wirkung, die sich ja an dem Spiegelbild ganz leicht kontrollieren läßt. Man darf sich aber auf keinen Fall zu unnötigen Erregungen der Gesichtsmuskeln verleiten lassen. Es muß stets darauf geachtet werden, daß sämtliche Gesichtsmuskeln, selbst beim Ausdruck der größten Gemütsbewegung, der stärksten Leidenschaft, vollständig ruhig und unbewegt bleiben. Von den Augen gilt das als selbstverständlich.

Wenn man nun nach längerer Übungszeit dieser Aufgabe vollkommen gerecht geworden ist versuche man, die beginnende Macht seiner Augen und des damit verbundenen konzentrierten Willens an lebenden Objekten zu üben. Zuerst an kleineren Tieren, an Vögeln, Katzen, dann an Hunden, Pferden usw. Fühlt man sich stark genug, so kann man auch böse Hunde auf sich hetzen lassen, um sie mit der Macht des Blickes zu bändigen.

Wer nur einmal diese Macht erprobt hat, wird sich schon von selbst alle nur erdenklichen Gelegenheiten ausdenken, um die magnetische Kraft der Augen immer mehr zu verstärken und zu vertiefen. Er wird sich absichtlich in verschiedene unbequeme, vielleicht auch gefährliche Situationen bringen, z.B. mit rohen, ungebildeten Personen, um seine Macht an ihnen zu üben und sich auf den Standpunkt zu stellen, die erweckten Kräfte vorteilhaft gebrauchen zu lernen. Überhaupt steht es dem Lernenden frei, alle diese Vorschriften zu ergänzen, abzuändern oder seiner Individualität anzupassen. Die Wege mögen noch so verschieden sein, zum Ziel kommt jeder, der nur den ernsten, festen Willen hat. Der Schüler wird sich leicht selbst verschiedene Übungen konstruieren, die seiner Natur besser angepaßt sind. Er wird in der Wahl dieser Übungen nicht irren, da er nur das Ziel kennt; er kennt die Richtung und es wird ihm nicht verwehrt bleiben, seine eigenen Wege zu gehen, wenn er nur an den wenigen grundlegenden Übungen, die dieses Lehrbuch anführt, festhält. So werden manche, die einen guten Freund besitzen, oder Eheleute, die ein gleiches Interesse an ihrer okkulten Ausbildung haben, bald darauf kommen, sich gegenseitig zu fördern, indem sie nach den vollbrachten Übungen an dem Spiegelbild den zentralen und später den magnetischen Blick aneinander üben.

Sie werden sich beispielsweise zum Zweck der Abgewöhnung des Blinzelns und ähnlicher Untugenden dadurch helfen, daß sie folgende Übung vereint durchführen. Sie setzen sich einander gegenüber und sehen sich scharf an. Der eine Teil hat nun die Aufgabe, den Blick des andern fortwährend abzulenken, er beschreibt mit seinen

Händen allerlei Figuren in der Luft oder er klatscht plötzlich. Ab und zu fährt er auch mit den gespreizten Fingern rasch und unerwartet an den Augen seines Gegenübers in einer Entfernung von nur einem Zentimeter vorbei oder tut so, als wollte er ihm mit den Fingerspitzen ins Auge fahren. Das wird so oft wiederholt, bis es dem anderen Partner gelungen ist, bei den scheinbaren Angriffen seines Helfers die Augen vollständig ruhig zu halten, ohne zu zucken, ohne zu blinzeln. Natürlich werden nach einer Viertelstunde die Rollen vertauscht, und der Angreifer wird zum Übenden, vorausgesetzt, daß beide Teile die okkulten Fähigkeiten in sich zur Entwicklung bringen wollen.

Mancher wird z.B. als Einleitung zu jener Übung, die ein Ansehen der Scheibe aus einem Winkel von 45 Grad fordert, passend für sich finden, folgende Übung durchzuführen. Er wird - der Scheibe gegenübersitzend - dieselbe geradeaus starr anblicken und dann, ohne seine Körperstellung im geringsten zu verändern, den Kopf fortwährend im Kreis herum bewegen. Die Hauptsache dieser Übung liegt darin, daß man den schwarzen Kreis trotz der Bewegung des Kopfes nicht aus den Augen läßt. Wieder ein anderer wird es leichter finden, daß er, ehe er die Übung mit dem Fixieren der Bilder beginnt, sich an eine Wand stellt und die Blicke umherschweifen läßt, von einem Gegenstand zum andern, rasch und unvermittelt, nach rechts und nach links, nach oben und nach unten, im Zickzack und im Kreis usw. Sein Bestreben bei dieser Übung wird darin liegen, jeden Gegenstand sofort voll und ganz zu erfassen und mit der größten Klarheit. Und so wird vielleicht jeder noch eine kleine Ergänzung der angegebenen Übungen finden. Hauptsache ist, daß er das Ziel erreicht, die ganze Kraft seines Willens in seinen Blick zu legen. Aus dem schüchtern und demütig Dreinschauenden, aus dem Unsicheren, Scheuen und Unruhigen muß eine selbstbewußte, energische Persönlichkeit werden, die machtvoll in die Welt hinaus blickt, geistige Kraft erzeugend und ausstrahlend.

6. Die Wunschkraft

Diese Bezeichnung stammt von den *Neu-Psychologen* Amerikas. Es wird darunter die Verbindung aller bisher erlernten Fähigkeiten verstanden, eine konzentrierte Willenskraft, die sogar das scheinbar Unmögliche, Unerreichbare zur Erfüllung bringen kann. Der Name *Wunschkraft* ist eigentlich nicht ganz angebracht. Es ist kein Wünschen mehr, das solche Kräfte auslöst, sondern ein entschiedenes, ernstes Wollen, das durch Gedankenkonzentration und Atemgymnastik, und in vielen Fällen auch durch den odischen Blick zu einer bezwingenden Macht anwachsen kann. Es ist aber nicht so leicht, diese Faktoren zu verbinden, um einen gewissen Zweck zu erreichen, sondern alles muß erst geübt werden. Und zu Anfang dürfen es nur ganz kleine, leicht zu erfüllende Wünsche sein, die man zu Übungszwecken verwenden soll; Wünsche, von deren Erfüllung man von vornherein ohnedies überzeugt ist. Würde man sich, wenn die Kraft noch nicht genügend geschult ist, an Größeres wagen, könnte es leicht sein, daß der zu erwartende Mißerfolg der Größe des Wunsches entsprechend zu stark hervortritt, so daß das Vertrauen des Lernenden sehr erschüttert werden würde. Allerdings muß es vorerst Mißerfolge geben, aber diese sind leicht zu überwinden, sobald sie nur Nebensächlichkeiten betreffen. Wenn aber die Kraft durch die vollbrachten Übungen wächst, wird sich auch der Erfolg einstellen und mit ihm das Bewußtsein des Könnens, das zur Meisterschaft führt.

Diese Kraft eigentlich ist es, die den Menschen dem Zufall entreißt und ihn, das ausgleichende Karma abgerechnet, zum Herrn seines Schicksals macht. Mit dieser Kraft ist es ihm gegeben, sein materielles Dasein zu erleichtern und es so angenehm als möglich zu gestalten. Mit dieser Kraft kann er allen Übeln, mit welchen unser freundlicher Planet seine Geschöpfe quält und martert, erfolgreich die Stirn bieten. Diese Kraft vermag unsere Krankheiten zu heilen. Jeder wird sein eigener und unfehlbarer Arzt. Er hat es nicht mehr nötig, seinen ohnedies geschwächten Körper mit Giften aller Art zu überladen oder einer allzu frühen Auflösung entgegenzuführen. Diese Kraft vermag es ferner, unsere materielle Lage günstiger zu gestalten. Die systematische Anwendung der Wunschkraft wird Umstände in unserem Berufsleben herbeiführen, die uns Glück und Wohlstand bringen. Wer sich in dienender Stellung befindet, wird bald wohltuend feststellen, daß er sich von seinen Vorgesetzten einer gewissen Auszeichnung, eines gestiegenen Vertrauens erfreut; er wird sich bald vor Aufgaben gestellt sehen, deren Lösung ihm Ehre und Anerkennung, sowie ein besseres materielles Los, eine angenehmere Lebensstellung einbringt. Der selbständige Handwerker, der Kaufmann, der Künstler und Gelehrte, kurz alle Berufsarten werden sich durch den Segen dieser Kraft zu ungeahnten Leistungen befähigt fühlen, sie werden imstande sein, im allgemeinen Wettbewerb die öffentliche Aufmerksamkeit in der günstigsten Weise auf sich zu lenken.

An Stelle der Unsicherheit, der Mutlosigkeit und des wirtschaftlichen Niederganges wird Tatkraft und Wohlstand treten. Und welch ein großer Bundesgenosse ist diese Kraft demjenigen, dessen Streben auf die ethische Höherentwicklung gerichtet ist. Seine Kämpfe gegen die Leidenschaften und Untugenden seines Körpers und seiner Seele werden ihm viel leichter fallen und viel rascher Erfolg bringen, als ohne Anwendung dieser Kraft. Im Verein mit derselben werden sich nur wenig Rückfälle einstellen und ein siegreiches Vordringen auf dem Wege der *wahren* Tugenden bringen Seelenfreude und ein großes Glücksgefühl. Die Gattin und Mutter, welchen großen Nutzen kann sie durch die beständige Anwendung der Wunschkraft ihren Schutzbefohlenen bereiten. Wie vermag sie dadurch einzuwirken auf die Gesundheit und das körperliche Wohlergehen ihrer Umgebung, wie leicht gelingt es ihr, Trübsinn und Disharmonie aus ihren Wohnräumen, ihrer kleinen Welt, zu verbannen und Sonnenschein, Frohsinn und Glück herbeizuzwingen durch die Kraft ihres geschulten Willens. Und ein Leichtes ist es ihr auch, sich dadurch selbst zu schützen vor müßigen, törichten Gedanken, Wünschen und Taten.

Den größten Segen aber wird sie empfangen, wenn sie die Wunschkraft geübt hat und richtig anzuwenden versteht, sobald sie sich in anderen Umständen befindet. Der Segen wird sich ihr und dem keimenden Leben bald fühlbar machen, und so wird sie schon vorgeburtlich an dem künftigen Wohlergehen und dem Glück ihres Kindes arbeiten. Aber noch ein großer Segen entsprießt der Wunschkraft. Sie besitzt eine vorzügliche Eigenschaft. Die Wunschkraft bleibt jeden Erfolg schuldig, wenn man versucht, sie zu allzu egoistischen Zwecken zu mißbrauchen, oder wenn man die Absicht hat, seinen Mitmenschen zu schaden. Weder der Geizhals noch der Bösewicht werden durch die Anwendung der Wunschkraft ihre Ziele erreichen. Der Wunsch, durch den diese Kraft in Tätigkeit gesetzt wird, muß stets, auch wenn er bescheidenen materiellen Interessen dient, einen ethischen Hintergrund besitzen. Der Wunsch nach Reichtum bleibt ohne Erfolg, dagegen kann der Wunsch nach einem bescheidenen Wohlstand, nach einem gesicherten Auskommen gewiß in Erfüllung gehen. Der Wunsch, daß man endlich Erwiderung seiner reinen, selbstlosen Liebe bei dem angebeteten Menschen findet, wird sicher Tatsache werden; sehr täuscht man sich aber, wenn man glaubt, durch die Wunschkraft Leidenschaften niederer Art erwecken zu können.

Wer aber die Wunschkraft dazu benützen will, seine Mitmenschen an Leib, Ehre oder Gut zu schädigen, hat nicht nur von vornherein mit einem unbedingten Mißerfolg zu rechnen, sondern er muß sich auch hüten vor den Rückstrahlungen seiner bösen Wünsche und Hoffnungen. So mancher Mystiker früherer Zeiten mußte diese Tatsache an Leib und Leben erfahren. Das Sprichwort: „Wer andern eine Grube gräbt, fällt selbst hinein!" ist hier eine Tatsache. Es ist noch zu erwähnen, daß Fälle vorkommen können, in welchen trotz der Moralität des Wunsches jede Erfüllung auch bei der exaktesten Durchführung der Übungen versagt bleibt. In solchen Fällen hat man es sicher mit dem *Karma* zu tun. Ein gewisses Schicksal im Menschenleben ist feststehend und kann mit allen Kräften der Welt nicht geändert werden. Das kann nur der Mensch selbst und nur dadurch, daß er sich durch sein *ethisches Höherstreben* über sein Schicksal erhebt. Der Mensch ist nur dann seines Schicksals Schmied, wenn er imstande ist, alles Üble und Böse aus seiner Seele herauszuhämmern mit gewaltiger Kraft und eisernem Willen.

Um nun zur richtigen Anwendung der Wunschkraft zu gelangen, muß man sich folgenden Übungen unterziehen. Man nehme eine Art Lesepult oder verfertige sich ein solches auf die einfachste Weise, indem man an einem nicht zu großen Brett - vielleicht 25 mal 30 Zentimeter - mittels Scharnieren an der Rückseite ein kleineres Brett zur Stütze anschraubt. Dieser einfache Apparat ist von jedermann beinahe kostenlos und sehr leicht herzustellen und erfüllt seinen Zweck vollkommen. Auf die Vorderseite befestigt man mit Heftnägeln ein Blatt Papier, auf welchem man vorher mit großer, deutlicher Schrift seinen Wunsch aufgeschrieben hat, etwa in folgender Art: „Ich will meine böse Laune verlieren. Ich will von nun an immer, auch im Mißgeschick, heiter sein und es auch bleiben. Ich will jede Disharmonie in mir sofort energisch bekämpfen und nie mehr anwachsen lassen. Ich nehme mir fest vor, von jetzt an stets harmonisch zu sein." Oder: „Ich will, daß meine geistigen Fähigkeiten an Kraft und Stärke zunehmen. Ich will eine rasche und sichere Auffassung haben und ein vorzügliches, absolut sicheres Gedächtnis. Meine geistige Trägheit und Schwerfälligkeit wird verschwinden und meine inneren Fähigkeiten werden heraustreten und sich in der günstigsten Weise zur Geltung bringen usw". Es sollen zum Anfang nur Wünsche geistiger Natur gewählt werden, denn Wünsche, die auf ein materielles Interesse abzielen, brauchen schon eine geübte Kraft und einen sehr geschulten Willen.

Täglich zu einer bestimmten Zeit suche man nun seinen Raum auf, sorge dort für frische Luft für die Dauer der Übung und befreie sich von den Oberkleidern, so daß man in keiner Weise beengt ist. Im Winter muß natürlich der Raum geheizt sein, obwohl auch dann auf irgend eine Weise, entsprechend der Örtlichkeit, für frische Luft gesorgt sein muß. Jedenfalls sei man dann beim Ablegen der eng anliegenden Kleidungsstücke sehr vorsichtig und hülle sich sofort in ein weites Kleidungsstück, das weder das Atmen noch die freie Bewegung hemmt. Man lege sich dann auf ein Sofa oder aufs Bett. Man soll eine ausgestreckte, möglichst bequeme Lage einnehmen, doch muß man sich so legen, daß die Augen leicht auf die Schrift gerichtet sein können. Man kann auf dem Rücken liegen und nur der Kopf darf seitlich dem Pult zugedreht sein, das auf dem nebenstehenden Tisch liegt. Gegebenenfalls richte man das Pult so, daß die Seitendrehung des Kopfes nur sehr gering zu sein braucht und keine Muskelanspannung erfordert. Nun werden auf die schon bekannte Weise alle Muskeln vollkommen entspannt, dann müssen die Gedanken mit der größten Schärfe und in der erlernten konzentrierten Weise auf den Inhalt unseres Wunsches gerichtet werden, während die Augen ohne abzuschweifen unverwandt auf dem Geschriebenen haften bleiben müssen. Gleichzeitig aber wird die Atemgymnastik durchgeführt, und zwar so, daß man den ganzen Wunsch beim Atemeinziehen, beim Anhalten und beim Ausatmen je einmal auf die erwähnte konzentrierte Art durchdenkt.

Wir machen dieses Experiment vorerst 6 bis 8 mal hintereinander, steigern aber schon nach einigen Tagen langsam bis zu einer 15 maligen Wiederholung. Wenn man imstande ist, auch diese Übung ohne jede Ablenkung durchzuführen, kann man einen Schritt vorwärts gehen und die Übung im *Stehen* vor dem Tisch ausführen. Es ändert sich dadurch an der ganzen Übung nur, daß die ruhende Lage aufgegeben wird. Auch im Stehen läßt sich eine Muskelentspannung erzielen. Das Pult soll dann natürlich durch eine Unterlage, beispielsweise durch einige Bücher, entsprechend erhöht werden, so daß der Kopf nicht geneigt werden muß und die Augen leicht hinuntersehen können. Wenn man nach einiger Zeit auch diese Übung gemeistert hat, so entledigt man sich schließlich auch noch von dem Pult und der Schrift und konzentriert während der Atemübung bloß seine Gedanken auf den Wunsch, dessen Erfüllung uns am Herzen liegt.

Dies ist nun die gewöhnliche Form, die der Geschulte anwendet, wenn er die Wunschkraft in Tätigkeit setzen will. Von früheren Übungen her ist man ja gefestigt gegen jede Inanspruchnahme unserer Sinne durch die Außenwelt, also werden wir auch die Wunschkraft in jeder Lebenslage durchführen können, in jeder Umgebung und zu jeder Zeit. Aber da die Wirkung dieses Experiments nicht sofort eintritt oder doch nur in seltenen Fällen raschen Erfolg bringt – man also oft viele Wiederholungen braucht, ehe sich der Wunsch zur Tat umsetzen kann - werden wir, um diese Kraft einzusetzen, meist die Stille unseres Kämmerleins aufsuchen. Liegt uns ein Wunsch besonders am Herzen und wollen wir eine sehr große Kraft zu dessen Erfüllung aufwenden, müssen wir sogar die liegende Körperstellung wählen, weil wir so eine vollkommenere Muskelentspannung bewirken, wodurch die Konzentration an Intensität gewinnt. Eine Hauptaufgabe des Schülers ist es, wenn er von dem Erlernten den richtigen Nutzen ziehen will, die Wunschkraft zur Besserung und Erhaltung seiner Gesundheit und zur Reinigung seines Körpers einzusetzen.

„In einem gesunden Körper wohnt eine gesunde Seele", heißt es. Wollte man dieses Sprichwort dem bloßen Wortlaut nach begreifen, so dürfte man es allerdings nicht bedingungslos unterschreiben, denn dann müßte jeder äußerlich ganz gesund erscheinende rohe Kraftmensch der Träger einer vornehmen, edlen Seele sein. Die Erfahrung lehrt uns, daß dies nicht immer der Fall ist. Es werden auch Mörder abgeurteilt, die sich einer ganz vortrefflichen Gesundheit erfreuten. Scheinbar. Denn ein wirklich gesunder Menschenkörper darf nicht durchseucht sein von rohen Begierden und Leidenschaften. Diese sind nämlich sehr oft das Produkt eines kranken Körpers, der äußerlich gesund und kräftig aussieht, aber einem faulen Apfel mit roten Backen gleicht.

Haben wir durch die Wunschkraft unsere Körperfunktionen geregelt und den Körper von allen schlechten Säften gereinigt, so werden wir bald den Einfluß der Gesundheit auf unser Gemüt wahrnehmen und unser gesunder Körper wird langsam auch der Träger einer gesunden Seele werden. Und das ist besonders nötig für alle die, sich zum Gehilfen oder gar zum Meister aufschwingen wollen. Wir müssen also täglich am Abend, etwa kurz vor dem Zubettgehen, die Wunschkraft zu Hilfe nehmen, um volle körperliche Gesundheit zu erlangen.

Unser Gedankengang bei der Konzentration sollte etwa folgender sein: „Ich will jetzt ganz gesund, stark und kräftig werden. Alle Organe meines Körpers werden von nun an exakt und ordnungsgemäß funktionieren. Alles Schlechte und Fremde wird sich ausscheiden und einer guten Säfte- und Blutbildung Platz machen. Alle meine Übel und Schmerzen werden sich vollständig verlieren, Jugend und Frische werden von mir Besitz ergreifen und mein Gemüt wird heiter und harmonisch sein usw".

Wer ein bestimmtes Leiden hat, muß natürlich den Gedankengang auf die Beseitigung desselben richten. Die rationelle Sauerstoffzufuhr, die durch die Wunschkraft und Atemgymnastik herbeigeführt wird, läßt den Körper mit der Zeit schon eine Fülle von Kraft und Gesundheit erlangen. Die Brust wird sich wölben, die Glieder sich dehnen und das Antlitz wird sehr bald die blühende Farbe der Gesundheit zeigen. Allerdings muß darauf aufmerksam gemacht werden, daß es vorerst vorkommen kann, daß scheinbar plötzlich das Gegenteil eintritt. Das ist aber nur für kurze Dauer. Der Körper wird nämlich durch die tägliche Übung des „Wunsches nach Kraft und Gesundheit" vor eine Krisis gebracht und beginnt auf irgend eine Weise, sei es durch Geschwüre oder starkes Schwitzen unter Schwächesymptomen oder durch irgend eine reinigende Krankheit, ganz energisch die angehäuften schlechten Stoffe auszuscheiden.

Die vis medicatrix (Lebenskraft) wird durch diese Wunderkraft zu erhöhter, kräftigerer Tätigkeit angespornt. Das ihr durch das tägliche Experiment aufgezwungene Ziel muß sie erreichen und sie beginnt, die Hindernisse im Körper, die der Gesundung, der natürlichen Kraft und Frische entgegenstehen, kurzer Hand zu beseitigen. Durch die Wunschkraft aus ihrer im kranken Körper trägen Tätigkeit aufgerüttelt, wird sie zum Diener der all die ungebetenen Gäste, die es sich in unserem Körper haben gut gehen lassen und sich darin breit gemacht haben, ihn aber dabei einem vorzeitigen Siechtum ausgeliefert haben, ohne viel Aufwand beseitigt. Ist der Körper gereinigt, ist er auch gesund und damit ermöglicht das Experiment ein besseres Ausnützen der Nahrungsmittel, was eine ungeahnte Kraftfülle zur Folge hat, die wieder Heiterkeit und Schaffenskraft nach sich ziehen. Das Vertrauen in unsere

Kräfte wächst, wir werden selbstbewußter und freier und sind jetzt erst geeignet, wirklich nützliche Mitglieder der menschlichen Gesellschaft zu werden.

Ebenso wichtig für den Lehrling, der Gehilfe zu werden beabsichtigt, ist es, täglich die Wunschkraft zum Zweck der leichteren Erlangung aller anderen okkulten Fähigkeiten anzuwenden. Die Zeit früh am Morgen, direkt nach dem Aufstehen, ist am besten dazu geeignet. Der Lernende soll sich auf folgenden Gedankengang konzentrieren: „Ich will, daß meine Übungen zur Erlangung okkulter Kräfte und Fähigkeiten so rasch wie möglich Erfolg zeigen. Meine astralen Kräfte sollen sich entfalten und entwickeln. Es wird mir gelingen, meine Konzentrationen immer mehr zu vertiefen und den negativen Zustand immer reiner und ungetrübter zu beherrschen. Die erworbenen Fähigkeiten werden mir dauerhaft erhalten bleiben und sich segenbringend erweisen, indem sie mein geistiges und materielles Sein glücklicher gestalten."

Diese Übung, mit etwas abgeänderter Gedankenrichtung, muß aber auch derjenige, der nicht weiterschreiten will und sich mit den Errungenschaften des ersten Grades begnügt, fortgesetzt täglich vollziehen, wenn er die erlangten Fähigkeiten behalten, beziehungsweise verstärken will. Als Hauptgrundsatz gilt, daß alle Übungen, auch wenn sie beschwerlich und unangenehm sind, dennoch freudig und ohne Widerwillen gemacht werden müssen. Ein fester Glaube an das bestimmte Erreichen des Ziels muß den Lernenden erfüllen, da Zweifel und Unlust alle Anstrengungen illusorisch machen können.

Man soll auch soweit wie möglich sein Studium geheim halten. Das fördert den Erfolg. Der Schüler beauftrage auch seine nächste Umgebung, der selbstverständlich seine Anstrengungen zur Ausbildung seiner okkulten Kräfte nicht verborgen bleiben werden, da er ja stellenweise sogar ihrer Mithilfe bedarf, niemandem etwas darüber zu sagen. Die Übungen des ersten Abschnitts, an dessen Ende wir nun angelangt sind, sollen hauptsächlich, eine richtige Verbindung herbeizuführen zwischen Seele und Körper, die nur dann stattfindet, wenn der Seele ein Übergewicht über die Materie eingeräumt wird. Diese Übungen sind keinesfalls ermüdend, sie sind auch nicht unvernünftig, sondern wohl durchdacht und gut erprobt. Sie nehmen so wenig Zeit in Anspruch, daß selbst der mit Berufsgeschäften überladene sich ihnen widmen kann. Von Geschlecht und Alter werden die Übungen nicht beeinflußt. Das weibliche Geschlecht wird aus ihnen ebensoviel Nutzen ziehen können wie das männliche. Die Jugendjahre eignen sich ebenso gut zur Entwicklung der okkulten Kräfte als das höhere Lebensalter. In jedem Alter kann man mit Fleiß und Ausdauer günstige Resultate zu erzielen. Gewisse Übungen der Konzentration und der Atemgymnastik sowie auch des magnetischen Schauens können schon von Kindern mit gutem Erfolg angewendet werden und dienen dann sehr zur Erleichterung der erzieherischen Arbeit.

Der Lernende wird bald, oft schon nach den ersten Übungen, ein merkliches Gefühl von Kraft und Sicherheit in sich verspüren, ein gewisses Selbstvertrauen, einen gesteigerten Mut. Diese befreienden Gefühle werden sich nach und nach steigern, bis es der Lehrling in seiner Macht hat, durch die Wunschkraft seine Armut, seine Traurigkeit, seine einer allzu großen Unterschätzung entspringenden Hilflosigkeit oder endlich seine schlechte Gesundheit zu überwinden. Er wird dann erfahren, wie töricht es ist, seine Gedanken so nutzlos zu verschleudern, denn dadurch wird viel Kraft zersplittert.

Gedankenkonzentration ist eine Kraftansammlung. Er wird dann wissen, daß der Gedanke ein weiterlebendes, reales Ding ist, das, kaum geboren und seiner Hülle entflohen, auch schon schafft und bildet, unhörbar und unsichtbar, aber stetig und sicher. Es wird ihm dann bewußt sein, daß die Rückstrahlungen seiner Gedankenwelt, je nach der Natur derselben, glückliche oder unglückliche Stimmungen und Verhältnisse fördern und somit zu einem bestimmten Teil an der Entwicklung seines Schicksals arbeiten. Diese Tatsache ist leider nur wenig bekannt. Im ersten Kapitel des nächsten Abschnittes wird davon noch die Rede sein. Je nach der freien Zeit, die dem Schüler zur Verfügung steht, bleibt es diesem überlassen, mehrere Übungsgruppen gleichzeitig in Angriff zu nehmen, so daß er neben den Konzentrationsübungen auch gleichzeitig die Atemgymnastik oder den magnetischen Blick ausbilden kann. Natürlich darf dabei in keiner Weise die eine Gruppe zugunsten einer anderen geschmälert werden. In jeder Gruppe muß der Schüler das Ziel erreichen, das in der höchsten Beherrschung und sicheren Anwendung der erstrebten Fähigkeit liegt. Erst dann darf er zur Übung der eigentlichen Wunschkraft übergehen.

Am Schluß dieses Abschnittes sei der Lehrling noch eindringlich darauf aufmerksam gemacht, sich nach erfolgter Ausbildung gewissenhaft zu prüfen, ob er nicht doch versteckt in der Tiefe seines Gemütes den Wunsch vorfindet, weiter zu schreiten und den Grad eines Gehilfen zu erringen. Um dieses Ziel zu erreichen, muß er natürlich emsig an sich arbeiten, um ein anderer, viel besserer Mensch zu werden. Neben dem erhebenden Bewußtsein der Macht, die er durch die Übungen des zweiten Abschnittes erhält, ist der Gedanke an die eigene ethische Höhe, das Gefühl einer bisher nicht gekannten Seligkeit, die nur durch den Besitz der wahren Tugend errungen wird, wohl nicht der geringste Lohn. Wer sich aber zu einer teilweisen Verneinung des Lebens, wie es für die Übungen der höheren Stufe gefordert wird, noch nicht entschließen kann, der strebe wenigstens danach, sich der errungenen Kräfte würdig zu erweisen und sich ihren Besitz durch einen einwandfreien, moralischen Lebenswandel zu erhalten.

Der Gehilfe

Die Entfaltung von okkulten Fähigkeiten, die eine gewisse ethischen Höherentwicklung voraussetzen

7. Selbsterkenntnis und Befreiung

Die Schulung des Wissens - Die Harmonie.
Mit flammenden Lettem steht an der Pforte des Tempels für den angehenden Adepten folgende ernste Mahnung geschrieben: „Wer da eingehen will, der suche harmonisch zu werden und reinige sein Herz! Nur wer den Frieden in sich trägt, wird schauen. Wer sich aber noch bedeckt weiß vom Staub der Erde, der wage es nicht hereinzutreten, denn nutzlos ist für den Blinden das Licht. Er würde sich - einer Motte gleich - daran versengen!"

Tritt näher heran, der du den Mut hast und den festen Willen, dich herauszuringen aus der Nichtigkeit deines gegenwärtigen Lebens, der du den Drang in dir fühlst, endlich einen großen Schritt vorwärts zu tun in deiner sittlichen Entwicklung; tritt näher heran und sieh dich in diesem Spiegel. Fährst du nicht entsetzt zurück? Oder siehst du nichts? Wie traurig für dich, wenn das letztere der Fall wäre. Wohl dir aber, wenn deine Eigenliebe nur mehr ein so dünnes Gewebe ist, daß du dein Spiegelbild deutlich hindurch sehen kannst. Und nun blicke dorthin. Dort stehst du abermals, aber wie anders, wieviel schöner, wieviel reiner. Das ist das Bild deines zukünftigen Menschen. Hier, dein gegenwärtiges getreues Spiegelbild wird dir jetzt zeigen, was du alles abzulegen und zu überwinden hast, um so zu werden wie es dort das Bild deiner Zukunft zeigt. Erschrecke nicht zu sehr vor dem großen Kampf, der dir bevorsteht. Es sind nur die ersten Waffengänge, die dich hart treffen werden, die deiner ganzen Kraft und deines ganzen Mutes bedürfen. Der Kampf- und Sieggewohnte freut sich seines Kampfes, der ihm bereits zum Inhalt seines Lebens geworden ist.

Jeder wird an seinem Spiegelbild einen besonders häßlichen Fleck vorfinden, der bei dem einen kleiner und weniger sichtbar, bei vielen sich aber wie ein großes, dichtes Spinngewebe ausbreitet. Das ist der Egoismus, und die dunklen Stellen dieser Verunstaltung zeigen sich uns als die Genußsucht. Der ernstlich strebende Schüler, der den Grad als Gehilfe erringen will, muß die Genußsucht, seinen größten Feind, ganz energisch bekämpfen. Die Genußsucht hindert die Entwicklung der Harmonie, sie verhärtet das Gemüt, verdunkelt die Nächstenliebe und legt sich wie eine eherne Kette um unsere Füße, mit welcher sie uns an die Materie fesselt und unseren Blick trübt, so daß wir uns wohl fühlen im Staub. Die Genußsucht ist die große, tyrannische Feindin des psychischen Sinnes, die ihn mit Macht gefangen hält, zugunsten der vergänglichen körperlichen Sinne, zugunsten des großen, grobstofflichen Blendwerkes: des körperlichen Lebens, dessen Zweck von den meisten Menschen so sehr verkannt wird. Der Genuß lähmt, schwächt und entnervt, macht also untätig; Leben aber heißt kämpfen, erringen und vorwärtsschreiten. Die grobe Hülle umkleidet unsere Seele nicht des Sinnenkitzels halber, sondern sie soll ein Mittel sein, den geistigen Menschen an ihren Versuchungen erstarken zu lassen. Diese körperliche Scheinwelt ist nichts anderes als eine große, gleichartige Massensuggestion, der sich unsere unsterblichen Teile hingeben zum Zweck des ethischen Vorwärtsschreitens, das ohne die Vorstellung einer Materie nicht möglich ist. Jedenfalls aber ist es ein großes Unrecht, dem Stoff eine so große Bedeutung beizulegen, wie es der moderne Genußmensch tut. Warum sich selbst so fest an die Freuden des Staubes kleben, wo wir doch Flügel besitzen, die uns emportragen können in eine *wirkliche* Glückseligkeit?

Der Schüler wird also mit den schärfsten Waffen, die ihm zu Gebote stehen, dieses Bollwerk, das seinen psychischen Sinn an der höheren Entwicklung hindert, tapfer angreifen und den Feind, so hartnäckig er auch ist, besiegen. Viele starke, der gesamten Menschheit gefährliche Feinde sind es, die dieses Bollwerk verteidigen. In der vordersten Reihe steht der Dämon Alkohol. Es ist nicht unbedingt nötig, daß der Schüler ein absoluter Abstinenzler ist, obwohl er, je mehr er vorwärtsschreitet, schon von selbst darauf kommen wird, daß es würdiger ist, nur soviel zu sich zu nehmen, wie er zu seiner Erhaltung unbedingt nötig hat, und daß jedes Mehr in dieser Beziehung ein Zeichen von Willensschwäche ist. Der Aufwärtsstrebende handelt nicht gegen die Natur. Er wird mit voller Energie dem unnatürlichen Drang nach Alkohol entgegenarbeiten. Der Schüler nehme seine ganze Willenskraft zusammen und sage sich: „Ich will mir den Alkoholgenuß nach und nach abgewöhnen. Ich weiß ganz genau, daß die alkoholhaltigen Getränke mich anregen, aber auch aufregen, daß selbst nach mäßigen Genuß später eine Erschlaffung und ein Mißbehagen folgt, wie bei jeder Versündigung gegen die Natur. Und zum übermäßigen Genuß will ich mich auf keinen Fall mehr verleiten lassen. Ich nehme mir vor, meine gewohnte Alkoholzufuhr so sehr einzuschränken, daß ich nur noch zwei Glas Bier oder Wein täglich zu mir nehmen will, und zwar zu verschiedenen Zeiten des Tages. Später will ich mich auf ein Glas beschränken und versuchen, mich vom Alkohol vollständig unabhängig zu machen." Ein plötzliches Abgewöhnen des Alkohols ist nur bei den ganz Willensschwachen nötig. Derjenige, der sich eines geschulten Willens erfreut, wird sich auf die erwähnte Weise langsam freimachen können. Als Regel ist zu merken, daß mindestens drei Stunden vor jeder Übung und auch vor jeder Anwendung der höheren astralen Kräfte kein Alkohol genossen werden darf, wenn nicht aller Erfolg illusorisch sein soll.

Seite an Seite mit dem Alkohol kämpft gegen jede Entwicklung astraler Fähigkeiten ein anderes Gift, das *Nikotin!* Wie vernichtend dieses Gift auf alle Äußerungen der feinstofflichen Welt einwirkt, beweist der Umstand, daß die spiritistischen Medien sich sofort jeder Beeinflussung aus dem Jenseits - sobald dieselbe anfängt, ihnen lästig zu werden - auf Stunden entziehen können, indem sie ein wenig rauchen. Sie machen sich dadurch vollständig unfähig, der feinstofflichen Welt als Mittler zu dienen. Der Mißbrauch dieses Genuß- und Reizmittels kann ebenfalls zu schweren Erkrankungen führen. Man mag für den Tabakgenuß noch so viel Günstiges ins Feld führen, die Tatsache ist doch nicht zu leugnen, daß der fortgesetzte Genuß des

Nikotins einer langsam wirkenden Vergiftung gleicht. Freilich behaupten alle Raucher, daß ihr Vergnügen am Rauchen eben ein Zeichen ihrer Gesundheit sei, denn wenn sie sich unwohl fühlen, so schmeckt ihnen in erster Linie ihre Zigarre oder ihr Pfeifchen nicht mehr. Also kann der Tabak nicht ungesund sein. Daß diese Argumentation falsch ist, lassen sie sich nicht nehmen.

Viele behaupten, daß sie nur durch den Tabakgenuß arbeitsfähig sind. Rauchen sie, dann fühlen sie sich erfrischt und zu erhöhter geistiger Tätigkeit fähig, ihre Phantasie wird angeregt, die Nerven angespornt. Auch der physisch Arbeitende erklärt, widerstandsfähiger zu sein, wenn er seine Zigarette rauchen kauen kann. Dann weiß er sich allen Strapazen und körperlichen Anstrengungen gewachsen. Diese künstliche Anregung und Belebung ist aber nicht nötig, wenn man naturgemäß lebt. Ein gesunder Organismus benötigt keine künstliche Auffrischung. Die Freunde des Alkohols und des Nikotins bedenken nicht, daß gerade diese beiden Gifte sie nach und nach so herunter brachten, daß sie nun gezwungen sind, ihr *erschlafftes* Nervensystem durch den fortgesetzten Genuß solcher Reizmittel immer und immer wieder anzuregen. Doch stets nur auf kurze Zeit, denn die so gerühmte, künstlich hervorgerufene Wirkung hält nicht lange an. Sie ist überhaupt meist nur eine Ausrede, mit der man vor sich selbst und anderen den wahren Grund, die Genußsucht, verdecken will. Salz erzeugt Durst, und wer seinen Durst mit Salzwasser stillen will, wird beständig Durst leiden. Der künstlichen Anregung durch Alkohol und Nikotin folgt bald darauf eine um so tiefere, quälende Abspannung und Erschaffung, die nur durch den neuerlichen Genuß eines dieser Gifte behoben werden kann. Das Rauchen ist ein absolut unnötiger und schädlicher Genuß. Die Entwicklung der okkulten Kräfte erfordert die vollständige Enthaltsamkeit vom Nikotin und erlaubt, vielmehr duldet nur einen spärlichen Genuß des Alkohols.

Der aufwärtsstrebende Schüler hat hier nun wieder - sofern er ein Raucher ist - die schönste Gelegenheit, einen Kampf mit dem in seinem Innern hausenden Drachen auszufechten. Meint er es ernst mit seiner

Ausbildung, so wird er diesen Kampf bestehen und Sieger bleiben. Damit hat er sich aber schon einen großen Schritt vorwärts gebracht, denn wer seine Leidenschaften abtöten kann, statt ihnen zu frönen, der erreicht sicher den Gipfel. Freilich wird es nicht jeder fertigbringen, plötzlich auf den Tabakgenuß zu verzichten. Manche werden durch ein zu plötzliches Entsagen sogar eine gelinde Revolution in ihrem Körper hervorrufen, die vielleicht in einer heilsamen Krankheit endet, denn der Körper will sich von den Giften reinigen, sobald er merkt, daß ihm Gelegenheit dazu gegeben wird. Wer aber nicht den Mut und die Kraft hat, sich sofort frei zu machen, der gewöhne sich den Tabakgenuß langsam ab. Wer bisher 5 Zigarren täglich rauchte, der zwinge sich jetzt durch einen Monat nur noch 3 Stück, den nächsten Monat 2 Stück und den dritten Monat bloß 1 Stück zu rauchen. Zu Beginn des vierten Monats wird er wohl stark genug sein, auch die letzte Zigarre zu meiden. Sollte das aber nicht der Fall sein, so kann man im vierten Monat sich jeden zweiten oder dritten Tag noch eine Zigarre gestatten; im fünften Monat muß man sich jedoch auf jeden Fall des Rauchens vollständig entwöhnen können. Das absolute Verbot des Nikotingenusses bezieht sich selbstverständlich auch auf das Tabakkauen und das Schnupfen. Beide Unarten hemmen in gleicher Weise jede Entwicklung der astralen Kräfte.

Aber auch die anderen modernen Genuß- und Reizmittel, wie Kaffee und Tee, sollen nur in sehr bescheidenem Maße genossen werden. Kaffee wenn möglich gar nicht oder doch nur sehr selten, Tee nur als schwacher Absud und keinesfalls täglich. Man halte sich sehr streng an diese Vorschriften, denn nicht nur, daß die beiden Gifte *Koffein und Teein* ebenfalls hemmend auf die okkulten Übungen wirken, sondern sie beeinflussen auch bei regelmäßigem Gebrauch das Gemütsleben in sehr störender Weise. Wir haben uns aber, wenn wir uns die Fähigkeiten dieses Abschnittes aneignen wollen, der größten Harmonie und Seelenruhe zu befleißigen, denn diese sind ebenfalls eine Hauptbedingung für die Erzielung günstiger Resultate. Die Erfahrung hat gelehrt, daß regelmäßiger Kaffee- und Teegenuß zu stark erregt und mit der Zeit verstimmend wirkt. Man wird launisch und unruhig und kommt dann sehr leicht in eine disharmonische Gemütsverfassung, in dem man zur Entwicklung oder Ausübung der astralen Kräfte vollständig unfähig ist.

Noch eine Leidenschaft ist geeignet, unsere Übungen negativ zu beeinflussen. Dies ist ein Übermaß im sexuellen. Die Befriedigung des Geschlechtstriebes ist ja ein natürliches Bedürfnis für beide Geschlechter, und wenn dieselbe nicht allzu häufig vorgenommen wird, auch der Gesundheit zuträglich. Aber was wird auch in dieser Beziehung von der unvernünftigen Menschheit gesündigt! An sich selbst und an den kommenden Geschlechtern. Freilich, unsere scharfen, erregenden, nur für den Gaumen berechneten Nahrungs- und Reizmittel, darunter nicht zum kleinsten Teile der Alkohol, treiben uns in ein derart starkes sexuelles Genußleben, daß wir - bei ehrlicher Prüfung unser ganzes Wesen davon gefangen fühlen. Das Sinnen und Trachten, das Streben und Kämpfen der meisten Menschen dreht sich schließlich nur um die ausgiebige Befriedigung ihrer Leidenschaften, unter welchen die tierische Liebe die höchste Stelle einnimmt. Der Zweck der sexuellen Liebe ist die Fortpflanzung des Geschlechtes. Weiter hatte die Natur nichts im Sinne gehabt, als sie diesen Trieb in uns legte, der gewiß keine größere Bedeutung haben sollte als alle anderen Funktionen des menschlichen Körpers. Der die Ausübung dieses Triebes begleitende Sinnenrausch ist nur das Mittel zum Zweck, gleichsam wie die prächtigen Farben der Blumen wie auch ihr starker Geruch nur Lockmittel sind, mit welchen blühende Pflanzen die Insektenwelt anziehen, damit diese ihnen den Botendienst der Samenübertragung verrichten, wofür sie mit Blütenstaub, Honig und Nahrung belohnt werden. Die Menschheit hat aber von jeher das Mittel als Zweck angesehen. Die Befriedigung der Sinnenlust wird für den Zweck gehalten, und die damit verbundene Fortpflanzung gilt nur als lästige Beigabe.

Die allzu häufige Befriedigung des Geschlechtstriebes muß aber auch vom Standpunkt der okkulten Wissenschaften verworfen werden, da dadurch dem Körper zu viel Od entzogen wird. Jede geschlechtliche Erregung löst eine vermehrte Odausstrahlung aus. Läßt man es aber zur Befriedigung kommen, so verschleudert man damit eine gewaltige Menge dieses Lebenselements, über dessen Wesen an anderer Stelle ausführlich gesprochen werden wird. Das Od aber ist die physische Grundlage für die Betätigung der okkulten Kräfte.

Wer nun durch einen Geschlechtsakt eine große Menge Od verloren hat, kann auf kein Resultat hoffen, wenn er astrale Fähigkeiten üben oder ausüben will. Er muß mindestens einige Tage warten, bis er das erforderliche Odverhältnis in seinem Körper wieder hergestellt hat. Vollständig unmöglich für die Ausbildung der okkulten Fähigkeiten macht sich derjenige, der in sexueller Hinsicht der modernen Auffassung huldigt, nämlich sein Leben voll und ganz *auszuleben.* Wir werden in einem späteren Kapitel zeigen, daß das Od der Träger der Lebenskraft, aber auch der Leitungsdraht für psychische und körperliche Zustände aller Art ist. Bei jeder sexuellen körperlichen Vereinigung entsteht auch eine Vermischung des ausströmenden Od's und somit eine Überleitung gewisser psychischer und körperlicher Zustände von einem Menschen zum andern. Dieser Prozeß führt bei Eheleuten die bekannte Tatsache herbei, daß sie sich gegenseitig mit der Zeit ausgleichen, sowohl körperlich als auch seelisch. Der eine Gatte übernimmt von dem andern einen Teil seiner Neigungen, Fähigkeiten, seelische Zustände und körperlichen Veranlagungen und gibt dafür sein eigenes Wesen teilweise an den anderen Gatten ab. Das kann soweit kommen, daß beide Ehegatten im Laufe der Jahre auch äußerlich in der Bildung ihrer Gesichtszüge sich ausgleichen, d.h. einander sehr ähnlich werden können.

Diese odische Vermischung, die schon zum Teil bei der bloßen Berührung der beiden Körper eintritt, also schon bei einer Umarmung, hat ja in einer gewissen Beziehung auch seine gute Seite. Einsichtsvolle Eheleute, die vorwärtsstreben wollen, werden diesen Prozeß benützen, um sich gegenseitig das sittliche Emporklimmen zu erleichtern. Gefährlich aber kann diese Vermischung für diejenigen werden, die gewöhnt sind, ihre sexuellen Befriedigungen in der Abwechslung zu suchen. Wenn diese Leute, die sich heute mit dieser und morgen mit jener Person einlassen, wüßten, was sie alles mit der Zeit schon aufgenommen haben an fremden Influenzen, bösen Neigungen, Lastern und körperlichen Übeln! Je größer die Leidenschaft, desto größer ist auch die Ausstrahlung des Odstoffes, und so kann es bei einer großen sexuellen Erregung schon bei einer einzigen Vermischung vorkommen, daß man von seinem Lustgenossen die bösesten Instinkte übernimmt, ohne davon eine Ahnung zu haben. Nach einiger Zeit sieht man sich plötzlich zu Neigungen und Handlungen gedrängt, die man mit seinem bisherigen Denken und Fühlen nicht in Einklang zu bringen vermag. Man fragt sich dann vergebens, woher denn diese bösen Triebe kommen, welche man doch früher nicht hatte.

Im ehelichen Leben ist - vom Standpunkt der odischen Vermischung betrachtet - die allzu häufige Geschlechtsbefriedigung schädlich, denn wenn z.B. die eine Ehehälfte eine sehr disharmonische Natur ist, die andere aber noch einen sehr schwachen, unentwickelten Willen hat, so wird der letztere Teil mit der übernommenen Disharmonie nicht fertig werden, um so weniger, als ihm durch die vielleicht allnächtlich vor sich gehende Übernahme des disharmonisch durchseuchten Od's keine Zeit gelassen wird, sich desselben wenigstens langsam zu erwehren. In diesem Falle wird es dazu kommen, daß der bislang harmonischere aber willensschwache Ehepartner nach und nach selbst Veranlagung zur Disharmonie zeigt. Glücklicherweise sind dabei psychische Defekte nicht so leicht auf andere Seelen zu übertragen, somit bleibt eine solche übernommene Veranlagung auf das körperliche beschränkt, die aber zur Qual des unglücklichen Geschöpfes für dessen ganze Lebenszeit anhalten kann, wenn es ihm nicht möglich wird, sich eine größere Willenskraft anzueignen, mit welcher es dann leichter gelingt, der aufgezwungenen Disharmonie Herr zu werden. Solche Eheleute sollten sich nur dann zu dem Geschlechtsakt entschließen, wenn sich der mit der Neigung zur Disharmonie behaftete Teil so ruhig und harmonisch, als es seine Natur überhaupt zuläßt, fühlt. Aus Rücksicht für den unschuldigen Teil aber sollte er auf keinen Fall den Sexualverkehr ausüben, wenn er zornig, aufgeregt oder unruhig ist. An anderer Stelle wird gezeigt, was Harmonie und

Disharmonie eigentlich bedeuten und mit welchem Einfluß sie auf den Menschen wirken.

Absolute Gemütsruhe, beste Gesinnung und vollste Zuneigung für den anderen Teil sind für jeden Vorwärtsstrebenden unerläßliche Bedingungen, unter welchen erst er sich eine Befriedigung seines Geschlechtstriebes gestatten soll. Denn er muß stets darauf bedacht sein, daß eine Empfängnis stattfinden kann, und daß infolge des Gesetzes der odischen Vermischung seine augenblickliche Gemütsstimmung sich auch auf das werdende Leben überträgt. Wenn Ehegatten sich gegenseitig ihr ethisches Vorwärtsstreben erleichtern wollen und der eine Teil sich bereits willenskräftiger und fortgeschrittener fühlt, so hilft ihnen die odische Vermischung mit Ausschluß des Geschlechtsverkehrs ganz vorzüglich. Am Morgen, wenn die Körper völlig ausgeruht sind, etwa eine halbe Stunde vor dem Aufstehen, legen sich die beiden Partner zusammen und umarmen sich in vollster Liebe, indem sie sich so eng wie möglich umschlingen. In dieser innigen Verbindung verharren sie eine halbe Stunde vollständig ruhig und bekämpfen mit ihrer ganzen Willenskraft jede sinnliche Regung. Wenn sie fühlen, daß die Leidenschaft sie zu überwältigen droht, dann sollen sie das Experiment sofort abbrechen und sich voneinander entfernen. Sie müssen unbedingt jeder Versuchung widerstehen und tapfer auf die augenblickliche Befriedigung ihrer entfachten Leidenschaft verzichten. Am nächsten Morgen wiederholt man das Experiment, und dann so fort jeden Tag, bis man imstande ist, ohne jedes sinnliche Gefühl, ohne alle sinnlichen Gedanken und Regungen, angeschmiegt an den warmen Körper der Gattin oder des Gatten, die vorgeschriebene Zeit ruhig auszuhalten.

Man glaube aber ja nicht, daß man seine Entsagung, wenn sie einmal voll und ganz gelungen ist, zum Schluß mit der Sinnenbefriedigung belohnen darf. Das wäre ganz verkehrt und würde alle Wirkung aufheben, die darin besteht, daß der kräftigere, ethisch höherstehendere Teil seine besseren Qualitäten auf den minder entwickelteren Teil überstrahlt, die diesem zum leichteren Vorwärtskommen verhelfen, indem sie in ihm entsprechende günstige Stimmungen hervorrufen, während er seinerseits eine Menge seiner schlechteren Qualitäten auf den anderen Gatten überträgt. Dieser aber wird durch seine Willensstärke, die seine höhere ethische Entwicklungsstufe bedingt, sehr bald mit dem übernommenen fertig werden. Er wird es mit einiger Mühe sicher überwinden. Nach ein bis zwei Monaten wird der sittlich niedriger stehende Partner die günstige Wirkung dieser Übung - die sehr schwierig ist, empfinden. Dann setze man wieder einen Monat aus, um nach Ablauf dieser Zeit auf's neue damit zu beginnen. Es ist ganz individuell, wie lange man diese Übung überhaupt fortsetzen muß, ehe man ganz abbrechen kann; es läßt sich hier keine allgemein gültige Norm aufstellen. Die beiden Partner werden den richtigen Zeitpunkt wohl selbst herausfinden, denn nur sie selbst werden beurteilen können, ob der eine Teil bereits die sittliche Höhe des anderen erklommen hat. Nur soll man im Interesse des willensstärkeren Gatten eine einmonatige Ruhepause einhalten, die nach jeder sechs- bis achtwöchentlichen Übungsperiode unbedingt eingehalten werden muß.

Das Experiment wird sehr erleichtert durch die geistige Ablenkung, die man durch ein Gespräch über hohe und edle Dinge, über erhabene Vorstellungen, über den ethischen Fortschritt als hauptsächliche Bestimmung des Menschen usw. hervorrufen kann. Es ist selbstverständlich, daß die Ausübung des Geschlechtsaktes ab und zu gestattet ist, doch soll das nur abends geschehen und man soll sowohl vor als auch nach dem Akt die morgendlichen Übungen mit keinem Worte erwähnen oder an sie denken. Außer zum Zweck der leidenschaftslosen odischen Vermischung dient diese Übung auch vortrefflich der Schulung der Willenskraft. Um diese Willenskraft dreht sich die ganze ethische Entwicklung. Der eigenwillige, selbstsüchtige Genußmensch hat in Wirklichkeit ja keinen eigenen Willen. Er ist der willenlose Sklave seiner Sinne und seiner Leidenschaften. Seinen Willen gebrauchen, heißt seinen Leidenschaften Halt gebieten, heißt der Herr des Fleisches zu sein und heißt vollständig unabhängig von dessen Trieben und Begierden zu sein.

Der Ehrsüchtige, der Habgierige, der Sinnliche, der Zornige, und wie sie alle heißen mögen, diese armen Menschen haben keinen Willen, denn sie werden gequält, gestoßen und getrieben von ihren Leidenschaften. Man sollte meinen, daß der Ehrgeizige ehrgeizig, der Habgierige habgierig und der Sinnliche sinnlich sein *will,* also mit voller Überlegung, ein kräftiger Wille zum Bösen. Aber das sieht nur so aus. In Wahrheit gibt es nur einen Willen, und das ist der Trieb zum Guten, zur Erkenntnis und zur Alliebe, also zum wahren Fortschritt, alles andere ist Schwäche. Der Habgierige vermag nicht anders zu handeln, obwohl er weiß, daß er damit gegen das Gebot der Nächstenliebe verstößt; der Zornige vermag seinem Zorn nicht zu gebieten und der Mörder tötet sein Opfer, obwohl er genau weiß, daß der rächende Arm der Gerechtigkeit ihn über kurz oder lang treffen wird, wie er es an vielen Beispielen sieht. Der Sinnliche muß seiner Leidenschaft nachgehen, obwohl er weiß, daß er auf einige seiner Mitmenschen Schmach, Schande und Verderben weitergibt. In den Stunden der unausbleiblichen Gewissensregung überkommt wohl die meisten dieser Genußmenschen eine Art Mitleid mit ihren Opfern und ein leises Schuldbewußtsein verursacht ihnen seelisches Unbehagen. Aber kaum ist die Mahnung überwunden, so wird das alte Leben fortgesetzt. Sie alle haben ihren Leidenschaften nichts entgegenzustellen, da sie noch keinen Willen besitzen - ihr scheinbarer Wille ist eben nur die unumschränkte Vorherrschaft ihrer Leidenschaften. Diese Leidenschaften sind aber vernichtet, wenn der wahre Wille - der in jedem Menschen lebt, wenn er auch latent ist - erweckt und durch zweckmäßige Übungen stark und kräftig geworden ist.

Die stärkste menschliche Leidenschaft ist wohl die Sinneslust, daher ist sie auch der beste Schleifstein für den Willen, und es ist ja die vornehmste Aufgabe des die Meisterschaft erstrebenden Schülers, seinen Willen zu stählen und zu schärfen. Wer nur einigermaßen fühlt, daß er nicht der unbedingte Herr seines Fleisches ist, der vermeide nicht ängstlich den Kampf, sondern suche seinen Feind, erspähe seine Blößen und setze ihm so hart zu als er nur kann. Nicht wollüstig feige nachgeben, sondern trotzig die Fäuste zeigen! Ein häufigeres

Versagen stärkt ungemein und macht unabhängig vom Fleisch. Je öfter man dem Fleisch ein „Ich will nicht!" zuruft, desto kräftiger wird der Wille, und die Seele jubelt. Zur Bekämpfung der allzu großen Sinnlichkeit ist das Fliehen vor der Sünde nicht angezeigt. Man denke an Georg Ebers' Roman: *Homo sum.* Die höchste Adeptschaft ist, mitten im Leben zu stehen und das Leben zu verneinen. Es ist angebracht, an sinnlichkeitserweckenden Bildern oder an entblößten Körperteilen des anderen Geschlechtes seine Willenskraft zu stählen. Auch die bessere erotische Literatur kann diesem Zweck dienen.

Wer seinen Willen schulen will, muß in sinnlicher Beziehung sowohl seine Phantasie als auch seinen Körper voll und ganz in die Gewalt bekommen. Ein erotisches Buch darf uns nicht mehr erregen, ein obszönes Bild muß uns kalt lassen können, und ein entkleideter Körper des anderen Geschlechtes darf nicht auf unsere Sinne einwirken, wenn wir es nicht wollen. Und je öfter wir das nicht wollen, desto großartiger werden die Resultate unserer Übungen sein, desto kräftiger werden sich die astralen Fähigkeiten manifestieren. Nur muß man durch fortgesetzte Übung, durch größte Wachsamkeit und äußerste Strenge gegen sich selbst dahin gelangen, daß uns sogar die stärkste Versuchung ruhig, fest und standhaft läßt. Damit ist keineswegs gesagt, daß von dem Schüler eine absolute Verneinung des Lebens gefordert wird. Er muß nur jede Leidenschaft beherrschen; er darf nicht *genießen* wollen, sondern nur in weisester Mäßigung den natürlichen Trieben den Ausgang gestatten. Hat er sich erst einmal zu dem Weg der Erkenntnis durchgerungen, wird er von selbst manches vermeiden, was ihm vorher unentbehrlich erschien und das sich dann als Ballast zu erkennen gibt. Der Schüler halte sich stets vor Augen, daß sein fleischliches Dasein nicht dem Genuß, sondern der Überwindung dienen soll; das ist der Zweck seiner Einkörperung, und nur wer diesen Zweck vollständig erreicht, kann sich von dem Fluch der irdischen Inkarnation freimachen. Es ist gerade die Fleischeslust das größte Band, das die noch unentwickelten Geistwesen beständig wieder zur Erde zieht. In der Fleischeslust macht sich der größte Egoismus geltend, darum muß sie auch von dem Vorwärtsstrebenden am meisten bekämpft werden. Wer hinauf sehen will, muß jene große Liebe verstehen lernen und empfinden können, jene Liebe, die frei ist von dem egoistischen Trieb des Alleinbesitzes, die nicht gebunden ist an die Schönheit der Körperformen und an die Leidenschaft; jene Liebe, die uns verbindet mit dem ganzen Universum, mit der Gottheit.

Wohl werden sich an dieser Stelle viele des bekannten Bibelspruches erinnern: „Der Geist ist willig, aber das Fleisch ist schwach." Darin liegt aber ein Widerspruch. Der Geist ist nicht willig, wenn das Fleisch schwach ist. Die Schwäche des Fleisches zeugt von der Schwäche und Unwilligkeit des Geistes. Der Geist ist allmächtig in seinem Vorwärtsschreiten zum Licht. Er muß nur den festen Willen haben, und es wird ihm leicht sein, das schwache Fleisch erstarken zu lassen, denn dieses Fleisch ist seinem Willen untertan, sobald er ihn nur einsetzt. Sein Fleisch ist gewissermaßen sein Ebenbild. Dieses Fleisch ist Wachs in seinen Händen, und von seinem Willen hängt die Form ab, die er daraus kneten wird. Gewiß, es gibt Mittel, die dem zum Licht strebenden Geist die Arbeit erleichtern können. Das Wachs läßt sich weicher, geschmeidiger und bildungsfähiger gestalten.

Wenn wir zu einer vernünftigen Lebensweise zurückkehren und dadurch unser Blut reinigen und unsere aufgeregten Nerven beruhigen und stärken, wenn wir aufhören, unseren Körper täglich drei bis viermal mit tierischen Influenzen zu überladen, wenn wir endlich den ganzen Organismus frei halten, von allen erregenden Giften, dann haben wir uns empfänglicher gemacht und williger für die Arbeit des Geistes. Der Schüler soll kein Vegetarier der strengen Ordnung sein, der sich nur ausschließlich von Pflanzenkost ernährt, noch weniger muß er sich zu jenen gesellen, die nur von Rohkost, also ungekochten Wurzeln und Früchten leben. Er kann ganz gut Nahrungsmittel zu sich nehmen, die das lebende Tier liefert, also Eier, Butter, Milch usw. Für unsere Zwecke kommt hauptsächlich in Betracht, daß wir alle Reizmittel vermeiden. Bei dem Schüler kommt es hauptsächlich darauf an, sich so reizlos als möglich zu ernähren. Er will ja den

Genüssen der Erde langsam entsagen, also will er auch nur essen, um sich zu nähren, und nicht des Gaumenkitzels halber. Wer reizlose Speisen zu essen gewöhnt ist, findet dieselben ebenso schmackhaft wie der, der nur von scharf gewürzten Speisen leben zu können glaubt. Die Pflanzenkost, und auf eine solche sind wir von der Natur aus eingestellt - schon aufgrund unseres Gebisses - ist dem Körper am zuträglichsten. Sie vermag ihn ganz gut zu ernähren, kräftig, gesund und arbeitsfähig zu erhalten. Das animalische Eiweiß wird vollständig durch das vegetarische ersetzt. Der Mangel an Nährsalzen in den verschiedenen Nahrungsmitteln macht sich bei den Kulturvölkern in erster Linie durch Blutarmut und Knochenschwäche bemerkbar. Im Fleisch und der Kartoffel, als der Hauptnahrung der zivilisierten Menschheit, ist ein besonders geringer Gehalt an den so wichtigen Nährsalzen enthalten, während man sich durch Pflanzenkost diese Blut und Knochen bildenden Salze in genügender Menge zuführen kann.

Für den Schüler kommt aber noch ein anderer Faktor hinzu, der das Fleischessen als nicht zulässig erklärt. Er muß nämlich die Aufnahme tierischer Influenzen so weit wie möglich vermeiden. Gewisse odische Stoffe bleiben für längere Zeit an die fleischliche Materie gebunden und werden nur teilweise durch den Verwesungsprozeß frei. Die Brat- oder Siedehitze kann diese Verbindung nur wenig lösen. Also genießen wir mit der Leiche des Tieres auch dessen odische Substanzen und damit auch einen großen Teil der tierischen Begierden, mit welchen dann unsere Leidenschaften gefüttert werden. Zornige, sexuell ausschweifende und rohe Genußmenschen, sowie die meisten disharmonischen Naturen sind in der Mehrzahl starke Fleischesser. Je höher der Schüler in der Entwicklung seines inneren Menschen und dessen Kräfte aufsteigen will, um so mehr muß er der Aufnahme niederer, tierischer Influenzen entsagen, denn als Fleischesser wird er niemals Herr über seinen Körper werden. Was aber verstehen wir in unserem Falle unter vegetarischer Ernährung? Eine gemischte Kost, bestehend aus Produkten des lebenden tierischen Körpers, sowie aus Pflanzen und Obst.

Alles so ungewürzt als möglich! Die Natur hat ja ohnehin allem den nötigen Wohlgeschmack verliehen, und von dem künstlichen Anreiz zur Verdauung sollen wir lassen. Man ernähre sich also von Butter, Käse, Milch und Eiern, von geschrotenem Brot aus Roggen oder Weizen, von Gemüsen aller Art, Hülsenfrüchten, Mehl, Hafer und Milchspeisen und von Obst. Letzteres sowohl roh als gekocht. Es sei besonders auf Haferspeisen aufmerksam gemacht, die das Fleisch in jeder Beziehung zu ersetzen imstande sind. Kein Vegetarier sollte es unterlassen, Hafer in jeder Zubereitung in ausgiebiger Menge zu genießen. Auch soll bei keiner Mahlzeit das Obst fehlen. Hauptsächlich auch nicht das Obst der wärmeren Länder, wie Datteln, Feigen, getrocknete Bananen usw. Die sogenannten *Südfrüchte* sind unter Umständen allein imstande, den Menschen zu ernähren. Es gibt südliche Völker, die sich für ihre Mahlzeiten mit einer Handvoll Datteln oder Feigen und ein wenig Reis begnügen, dabei aber immer kräftig und gesund sind. Man soll auch viel Orangen essen, denn diese üben einen sehr nervenberuhigenden Einfluß aus.

Neben der naturgemäßen Ernährung muß der Schüler sein Augenmerk auch noch auf andere hygienische Erfordernisse richten. Er soll sich angewöhnen bei offenem Fenster zu schlafen. Das erzeugt ein gesundes Od und ein gesundes Od wiederum ist die Grundlage der astralen Kräfteäußerung. Wer sich nicht sofort der direkten Nachtluft aussetzen will, der öffne - wie schon an anderer Stelle angegeben - die Fenster eines Nebenzimmers und lasse die Verbindungstür offen stehen. Nach und nach wird er sich schon an die frische Nachtluft gewöhnen und schließlich die Fenster des Schlafzimmers öffnen. Man kann auch hier einen Übergang bewerkstelligen, indem man sich durch einen Wandschirm, der vor dem Bett aufgestellt wird, vor dem direkten Luftstrom schützt oder indem man anfänglich nur die Oberflügel der Fenster öffnet. Die naturgemäße Lebensweise soll nur durch langsame Übergänge bewerkstelligt werden. An dieser Stelle sei eindringlich gewarnt vor einer allzu plötzlichen Aufgabe der bisher gewohnten Lebensweise. Eine solche Handlungsweise wäre sehr töricht und führt meist zu schädlichen Erschütterungen des

Organismus. Ein plötzliches Aufgeben schlechter Gewohnheiten ist nur dann gutzuheißen, wenn diese ihre Wurzel in psychischen Leidenschaften haben und zu einer langsamen Abgewöhnung die Willenskraft noch zu schwach ist.

Man soll ferner vermeiden, sich beim Schlafen mit den so sehr schwächenden Federdecken zu beschweren. Auch hier muß der Übergang vorsichtig bewerkstelligt werden, indem man sich vorerst mehrerer dicker und kräftiger Wolldecken bedient und mit der gewohnten Federdecke nur noch den Unterkörper bedeckt. Später wird man die Federdecke ganz weglassen und sich nur auf ein oder zwei Wolldecken - der Jahreszeit entsprechend - beschränken müssen. Das Lager soll im allgemeinen härter sein und man darf auf keinen Fall auf Federn liegen. Der Vormitternachtsschlaf kräftigt bekanntlich den Körper am meisten; man vermeide daher alles Lesen und nächtliches Arbeiten und begebe sich stets vor 10 Uhr zu Bett, so daß man um 10 Uhr bereits schläft. Dann wird man den Körper gesund und kräftig erhalten und auch ein brauchbares Od produzieren. Zu diesem Zweck müssen wir aber auch auf die notwendige Bewegung in frischer Luft bedacht sein. Jeder Mensch sollte sich unbedingt täglich mindestens zwei Stunden in der frischen Luft bewegen. Das gilt um so mehr für den Schüler. Es ist die so notwendig Odentwicklung, die unter einer von der frischen Luft abgeschlossenen Lebensweise zu leiden hat. Wer durch seinen Beruf tagsüber an das Zimmer gefesselt ist, muß unbedingt entweder früh am Morgen oder abends für ausgiebige Bewegung in der frischen Luft sorgen. Einen halb stündigen Morgenspaziergang und dazu noch eine Stunde Spaziergang am Abend kann sich mit einigem guten Willen täglich auch der noch so sehr Beschäftigte leisten.

Der Schüler muß auch auf eine rationelle Hautpflege sehen. Luft-Sonnen- und Wasserbäder sind unbedingt nötig. Nicht nur, daß man dadurch sehr vielen Krankheiten vorbeugt, den Körper erfrischt, ihn stählt, kräftigt ihn widerstandsfähig macht und unempfindlich gegen jeden Witterungswechsel, auch der astrale Mensch gewinnt durch

Luft- und Sonnenbäder, da ihm feinstoffliche Substanzen zugeführt werden, die zu seiner Betätigung nach außen unbedingt erforderlich sind und vom bekleideten Körper nur in ungenügender Menge aufgenommen werden. Luftbäder sind leicht zu bewerkstelligen. Im abgeschlossenen Zimmer entkleidet man sich vollständig und führt gymnastische Übungen aus. Vorerst bei geschlossenen Fenstern, später jedoch muß für den Zustrom frischer Luft gesorgt werden, indem man die Fenster öffnet. Wer genügend abgehärtet ist, kann dieses Luftbad auch im Freien nehmen, wenn es die Umstände erlauben. Anfangs darf das Luftbad nur eine halbe Stunde dauern, kann aber später nach Belieben ausgedehnt werden, nur soll jedem Luftbad stets eine Abwaschung des Körpers mit vorerst 15 Grad warmem und nach und nach kühlerem Wasser folgen.

Sonnenbäder sind allerdings nur in der ganz warmen Jahreszeit zu nehmen, vom Monat Juli angefangen bis Ende September. In jeder größeren Stadt befinden sich Badeanstalten, die für Sonnenbäder eingerichtet sind. An anderen Orten muß man sich im Freien einen wenig besuchten Platz auswählen, an dem man sich eine Stunde (nach Gefühl und Umständen auch länger) so wenig bekleidet als möglich den Sonnenstrahlen aussetzt. Gut ist es auch, den Platz in der Nähe eines Flusses oder Teiches zu wählen, damit man schließlich das Sonnenbad mit einem erfrischenden Wasserbad abschließen kann. Der Schüler soll sich mit Mäßigung in der Sonne aufhalten; er wird den wohltuenden Einfluß ihrer Strahlen bald in der günstigsten Weise empfinden und sich in der kürzesten Zeit einer großen und gesunden Odstrahlung erfreuen können.

Ebenso wichtig sind die Wasserbäder. Warme Bäder sind zur Reinigung des Körpers gewiß nötig, schwächen aber, wenn sie zu oft genommen werden. Den günstigsten Einfluß auf die so wichtige Hauttätigkeit übt aber das kalte Wasser. Im Wasser ist Heil, das wußten schon die Alten. Es fehlt hier an Raum, um dem Wasser das gebührende Loblied zu singen, doch mag der Schüler versichert sein, daß das Waschen und Baden ebenso nötig ist zur Erzeugung eines gesunden Od's als alle sonstigen hygienischen Vorschriften. Man gewöhne sich *langsam* daran, den Körper zu jeder Jahreszeit mit kaltem Wasser zu waschen. Der Schüler soll es dahin bringen, daß er selbst im Winter kalte Bäder nimmt. Freilich darf die Dauer eines solchen Bades nur eine Minute sein. Zu Anfang genügen 10 bis 20 Sekunden. Auch muß man, wenn man noch nicht genügend abgehärtet ist, etwas vorsichtig sein und das Wasser auf 15 Grad erwärmen. Später gehe man dann langsam zu ganz kaltem Wasser über. Nach jedem Bad muß man den Körper tüchtig mit einem Tuch frottieren. Es sei hier dringend darauf aufmerksam gemacht, daß bei aller Harmonie, bei aller Abstinenz und Einhaltung aller sonstigen Vorschriften die Übungen vollständig nutzlos sind, wenn die Oderzeugung durch eine verkehrte Lebensweise gehindert wird. Wer aber andererseits diesen Geboten vollständig genügt, sich aber nicht zur Ruhe und Harmonie bringen kann, wird ebenfalls erfolglos experimentieren.

Es müssen also alle Bedingungen mit gleicher Gewissenhaftigkeit erfüllt werden. Diese Bedingungen lassen sich in drei Worten zusammenfassen: Willenskraft, naturgemäße Lebensweise und Harmonie. Die unterschiedlichen Lebensverhältnisse der Schüler müssen selbstverständlich berücksichtigt werden. Um diese richtig zu treffen, soll man sich also in solchen speziellen Fällen nur an diese drei Hauptfaktoren halten. Wir wollen uns nun eingehend mit dem dritten Hauptaktor, mit der Harmonie, beschäftigen. Der Schüler wurde schon im ersten Kapitel darauf aufmerksam gemacht, daß er, wenn er seine Lehrlingszeit überstanden hat und weiterschreiten will, sein altes Gewand ablegen muß. Weiße Kleider müssen ihn umhüllen. Weiß ist die Farbe der Reinheit und Tugend. Das alte, graue Kleid voll Löcher und Flicken muß fallen, Stück um Stück. Der, dem wir uns nähern wollen, duldet nur ein reines, weißes Kleid; je blendend weißer, desto lieber ist es seinem Angesicht. Doch nicht jeder vermag es anzulegen. Ein Zauber haftet nämlich an ihm. Das weiße Kleid bleibt nur dem am Leibe, dessen Körper und dessen Seele rein ist. Das weiße Kleid, die Reinheit, die Harmonie, ziert nur den, der sich Leib und Seele gereinigt hat von allen Fehlern und Leidenschaften, den die

Luft der Erde nicht mehr zu verlocken imstande ist einen falschen Weg zu gehen, und den auch der Schmerz ruhig läßt. Den Weg zur Harmonie zeigt uns die Selbsterkenntnis. Aber das ist ein steiler, dornenvoller Weg. Und wir sind noch beladen mit allen möglichen Lasten. Schwere Bündel, größere und kleinere, tragen wir, angefüllt mit schlechten Gewohnheiten, Fehlern, Leidenschaften und Lastern.

Wir haben Selbsterkenntnis geübt, das heißt, wir haben am Ende des bequemen Weges, den wir bisher gegangen sind, Halt gemacht und eine kurze Rast eingelegt. Dabei besichtigten wir den Inhalt unserer Gepäckstücke und waren entsetzt darüber, daß wir so viel und so schwer zu tragen haben und noch dazu solch eine unheimliche Last. Und nun, da wir weiter wandern wollen, fängt das Gewicht dieser Last an uns fürchterlich zu drücken. Wir wissen jetzt, daß wir zu tragen haben und was wir tragen. Und aufwärts sollen wir damit, den steilen, mühevollen und gefährlichen Pfad aufwärts! Es wäre zum Verzweifeln, wenn uns nicht ein tröstender Umstand zu Hilfe kommen würde. Nur der Anfang ist so schwer; je höher wir steigen, desto mehr macht sich zu unseren Gunsten ein Wunder geltend. Die Last wird immer kleiner und leichter, Bündel für Bündel entfällt uns von selbst, und wenn wir oben angelangt sind und zurückschauen in die fürchterliche Tiefe, dann sehen wir sie unten liegen, die verlorene Last, alle unsere Fehler und Leidenschaften. Wir aber sind frei und fühlen uns so leicht und so froh, eine nie geahnte Seligkeit durchzieht uns. Wir sind harmonisch geworden.

Es war nicht leicht gewesen, den schweren Weg, den wir erstiegen haben, immer genau einzuhalten, denn links und rechts bogen bequeme Wege ab und lockten und wollten uns verführen in das alte Elend, dem wir kaum entronnen sind. Es waren gleißende Scheinwege, die niemals zur Höhe führen. Der kräftige Stock in unserer Hand war uns sowohl Stütze als auch Wegweiser. Merkwürdig! Auch er, der sich anfangs nur als ein leichtes Rohr, das man ohne Mühe biegen konnte, erwies und gar oft zu zerbrechen schien, wenn wir uns darauf stützen wollten, wurde mit jedem Schritt aufwärts stärker und widerstandsfähiger. Jetzt aber läßt er sich wohl nicht mehr zerbrechen, denn nun ist er härter geworden als Stahl und Stein. Dieser Stock ist unsere Willenskraft. Es überfällt uns ein leichter Schauer, wenn wir an unser Wagnis zurückdenken. Denn ein solches ist jedes ethische Höherstreben.

Wir lassen zur besseren Illustrierung dieser Wahrheit einen kleinen Auszug aus dem Buch *Das Lebenselixier* von C. M. folgen und bemerken dabei, daß unter einem *Chela* in der indischen Adeptschaft ungefähr das gemeint ist, was wir unter einem Gehilfen verstehen. Auf Seite 10 dieses Buches heißt es: „Erinnert sich der Leser des alten Sprichwortes: Laßt schlafende Hunde in Ruhe?" Eine ganze Welt okkulter Bedeutung liegt darin. Kein Mann und kein Weib kennt seine oder ihre moralische Würde, bis sie erprobt worden ist. Tausende gehen sehr ehrsam durchs Leben, weil sie niemals der Versuchung ausgesetzt gewesen sind. Dies ist unleugbare Wahrheit, die besonders auf den gegenwärtigen Fall ihre Anwendung findet. Wer die Probe seiner Fähigkeiten zur *Chelaschaft* versuchen will, erweckt gerade durch diese seine Tat jede schlummernde Leidenschaft seiner tierischen Natur und treibt sie zur Raserei. Denn dies ist der Anfang eines Kampfes um die Herrschaft, in welchem kein Pardon gegeben oder genommen wird. Hier heißt es ein für allemal „Sein oder Nichtsein". Siegen bedeutet Adeptschaft, Unterliegen ein unedles Märtyrertum; denn als Opfer der Begierde, des Stolzes, der Habsucht, der Eitelkeit, der Selbstsucht, der Feigheit oder irgend einer anderen der niederen Neigungen zu fallen, ist in der Tat unedel, wenn mit dem Maßstab wahren Menschentums gemessen. Der Chela wird nicht nur dahin gebracht, allen verborgenen schlechten Neigungen seiner Natur, sondern außerdem noch dem Hochdruck der böse wirkenden Kräfte, die durch die Gemeinschaft und Nation, zu welcher er gehört, angehäuft sind, gegenüber zu treten. Denn er ist ein integrierender Teil dieser Anhäufung von Kräften, und was entweder das Individuum oder die Gruppe (Stadt oder Nation) berührt, wirkt eins auf das andere zurück. Und in diesem Falle rüttelt sein Streben, gut zu sein, die ganze Masse des Schlechten in seiner

Umgebung auf und zieht deren Wut auf sich. Wenn er es zufrieden ist, friedlich mit seinen Nachbarn zu leben und ungefähr so zu sein, wie sie es sind - vielleicht etwas besser oder etwas schlechter als der Durchschnitt - wird niemand ihm besondere Aufmerksamkeit schenken. Aber laß es bekannt werden, daß er fähig geworden ist, den hohlen Schein des sozialen Lebens mit seiner Heuchelei, Selbstsucht, Sinnenlust, Begierde und anderen schlechten Seiten zu entdecken, und daß er sich entschlossen hat, sich zu einer höheren Ebene zu erheben, sofort ist der Haß da, und jede schlechte, scheinheilige oder boshafte Natur sendet ihm einen Strom entgegenwirkender Willenskraft zu. Wenn er innerlich stark ist, schüttelt er dies ab, wie der kraftvolle Schwimmer den Strom, der einen schwächeren hinwegreißen würde, zerteilt. Wenn der Chela einen einzigen verborgenen Fehler hat, *soll und wird derselbe,* er mag tun, was er wolle, in diesem moralischen Kampfe an die Oberfläche gebracht werden.

Der Firnis der konventionellen Formen, mit dem uns die *Zivilisation* überzieht, muß herunter bis auf die letzte Schicht, und das innere Selbst steht da, nackt und ohne die geringste Umhüllung, die sein wirkliches Wesen verbergen könnte. Die gesellschaftlichen Formen, welche auf die Menschen bis zu einem gewissen Grade einen moralischen Zwang ausüben und sie nötigen, der Tugend Tribut zu zollen dadurch, daß sie gut scheinen, ob sie es nun sind oder nicht, diese Gewohnheiten werden vergessen und dieser Zwang schnell gebrochen unter dem Drucke der Chelaschaft. Er befindet sich in einer Atmosphäre der Illusionen - Maya. Das Laster setzt sein verlockendstes Gesicht auf, und die ihn verführenden Leidenschaften ziehen den unerfahrenen Schüler zu den Tiefen psychischer Erniedrigung. Das ist nicht etwa jenem Bilde eines großen Künstlers ähnlich, auf welchem man Satan mit einem Manne um den Preis seiner Seele spielen sieht, während des letzteren guter Engel neben ihm steht, um ihm zu raten und zu helfen. Denn in unserem Falle handelt es sich um den Kampf zwischen dem Willen des Chelas und seiner niedrigen Natur, und Karma läßt nicht zu, daß ein Engel oder Guru dazwischen tritt, bis das Resultat bekannt ist. Mit der Lebendigkeit poetischer

Phantasie hat Bulwer Lytton diesen Kampf für uns in seinem *Zanoni* idealisiert, ein Werk, welches von jedem Okkultisten geschätzt werden wird, während er in seiner *Seltsamen Geschichte* mit gleicher Kraft die schwarze Seite okkulten Forschens mit seinen tödlichen Gefahren gezeigt hat. Chelaschaft wurde vor einiger Zeit von einem Mahatma als ein „psychisches Auflösungsmittel, welches alle Schlacke wegfrißt und nur das reine Gold zurückläßt" bezeichnet. Wenn der Schüler noch im geheimen am Gold hängt, an politischer Spitzfindigkeit, materialistischer Zweifelsucht, eitlem Wesen, unehrlicher Sprache, Grausamkeit oder an sinnlichen Freuden aller Art, so wird der Keim sicherlich hervorsprießen. Dasselbe wird auf der anderen Seite mit den edlen Eigenschaften der menschlichen Natur der Fall sein. Der wirkliche Mensch kommt zum Vorschein. Ist es also nicht der Gipfelpunkt der Torheit, wenn einer den glatten Weg des gemeinen Lebens verläßt, um die Klippen der Gesellschaft zu erklettern, ohne ein einigermaßen klares Gefühl der Gewißheit zu haben, daß er das rechte Zeug dazu hat? Wie richtig sagt die Bibel: „Wer da steht, sehe zu, daß er nicht falle"; ein Wort, das die, welche Chelas werden möchten, reiflich überlegen sollten, bevor sie sich kopfüber in den Kampf stürzen."

Gewiß, auch wir haben an anderer Stelle den Lehrling gewarnt, sich genau zu prüfen, sind aber der Meinung, daß, wenn er nach ehrlicher Prüfung immer noch ein Drängen, ein Vorwärtsstreben, einen Trieb zum Besserwerden, zur Erlangung einer höheren Erkenntnisstufe in sich empfinden sollte, er furchtlos den Aufstieg wagen kann. Wozu hätte er denn seine Stütze, die Willenskraft, die ihn durch alle Prüfungen, und dauerten sie noch so lange, unversehrt zu geleiten vermag? Und wie schon erwähnt, gestaltet sich der Kampf nur zu Anfang so schwer. Wer aber will ohne Kampf siegen? Und was nützt uns das Zögern? Für jeden kommt die Zeit, da er diesen Weg gehen muß! Will er sich nicht in diesem Körperdasein dazu aufraffen, so wird er es ein nächstes Mal vielleicht unter viel ungünstigeren Umständen tun müssen. Dem ewigen Fortschritt kann sich niemand auf Dauer entziehen, und alle müssen wir vollkommen werden. Was du aber heute kannst besorgen, das verschiebe nicht auf morgen.

Es mag ja sein, daß die ersten Versuche mißglücken, daß der Schüler schon nach kurzem Aufstieg immer wieder herunterfällt. Sein Kampf wird dadurch schwerer und mühseliger, aber er denke an die Ameise. Wer sich die Mühe nimmt und einem solchen Tierchen zusieht, wie es arbeitet, wird viel lernen. Einen Holzsplitter, wohl zweimal so groß als sie selbst, der ihren Verhältnissen entsprechend einem schweren Klotze zu vergleichen ist, schleppt sie vorwärts. Oben auf dem Gipfel ihres Baues wird er gebraucht. Wie oft fällt sie mit ihrer schweren Last wieder herab, aber sie läßt sich nicht entmutigen, stets wird das Werk aufs neue begonnen. Endlich aber gelingt es ihr. Mitleidige Gefährten haben ihr ab und zu geholfen, jedoch die größte Arbeit hatte sie allein zu bewältigen. Wer wollte sich von diesem kleinen Tier beschämen lassen? Also mutig ans Werk! Schon während der Zeit, als sich der Schüler von seiner naturwidrigen Lebensweise befreite, was er, wenn er die Wunschkraft zu Hilfe nimmt, viel leichter erreichen wird, ziehe er sich öfters in seinen Übungsraum zurück und versuche sich zur Selbsterkenntnis durchzuringen.

Man halte diesen Schritt nicht für einfach oder gehe leichtsinnig an diese Aufgabe heran. Die Selbsterkenntnis stärkt den Willen, den wir so sehr nötig haben, um vorwärts zu kommen. Es wird ein ehrliches Prüfen verlangt, ohne Eigenliebe, ohne egoistische Beschönigung. Es ist ganz heilsam, wenn man sich vor sich selber schämen muß. Alles soll vor dem prüfenden Auge fallen, was den inneren Menschen verhüllt. Man muß ihn sehen, wie er aussieht ohne den Schliff der Kultur, ohne die anerzogene gesellschaftliche Form, die so manche Roheit verdeckt. Und da zeigt sich uns meist ein Bild, mit welchem wir gar nicht zufrieden sind. Was war das für ein artiger, netter, gut erzogener Mensch, wie höflich, wie zuvorkommend und wie liebenswürdig, und nun als er uns seinen wahren Menschen zeigen muß, erschrekken wir vor ihm. Das ist nicht mehr derselbe, an dem wir früher so viel Freude hatten. Da finden wir Fehler und Leidenschaften, die nur mühsam niedergehalten werden. Sie lauern auf die Gelegenheit, um dann mit elementarer Gewalt hervorzubrechen. Da thront in der Brust die Selbstsucht und um sie herum ihre vielen Kinder, die Unwahrheit, die Sinneslust, die Ungeduld, der Zorn, und wie sie alle heißen, diese verschworenen Feinde des wahren Fortschrittes. Gegen sie alle muß der Kampf eröffnet werden.

Mit rücksichtsloser, unbarmherziger Strenge durchleuchte man sich vollständig und mache sich Notizen von dem Resultat. Und so oft als möglich überlese man dieselben. Man lasse dabei jede eigene Meinung, die sich bei diesem Experiment gern aufdrängen und entschuldigen und beschönigen will, unberücksichtigt und halte sich bloß an die nackte, unangenehme Wahrheit. Man sei gerecht gegen sich selbst. Unsere Selbsterkenntnis sagt uns z.B.: „Ich leide an diesen und jenen Fehlern. Es ist fürchterlich, daß ich davon belastet bin; ich weiß, daß diese Fehler meinen ethischen Fortschritt hemmen, und ich will alles aufbieten, mich von ihnen zu befreien."

Wenn man das täglich liest, wird sich die Wirkung bald zeigen. Es muß soweit kommen, daß uns diese Selbstanklage nicht mehr verläßt, daß sie eine heilsame Reaktion in uns hervorruft und sich als bestimmend und günstig beeinflussend auf alle Gedanken, Worte und Handlungen konzentriert, der ganze Mensch fühlt sich dann nur von dem einen glühenden Wunsch beseelt, der sich immer dringender, immer gebieterischer bemerkbar machen wird: „Ich will besser werden!" Ich will! Daran liegt es. Dieses „ich will" muß erst verfestigt werden.

Man mache täglich eine Atemübung mit der Konzentration des Gedankens, daß sich die Willenskraft in der Richtung zum Guten stärkt, daß man sie stets und bei jeder Gelegenheit in Anwendung bringen will, daß man alles schwächliche Nachgeben gegen sich selbst verbannt. Nach und nach wächst dann die Willenskraft und es beginnt nun der große Kampf mit dem unwahren Menschen, dem Menschen einer Afterkultur, der in der selbstsüchtigen, sinnlichen und verlogenen Welt groß gezogen wurde. Alle schlechten Gewohnheiten, alle Fehler und Untugenden, die uns die sogenannte Zivilisation unter der Maske der geselligen Formen aufzwingt, müssen weichen und man muß bestrebt sein, wahr zu denken, zu sprechen und zu handeln, einerlei, welche Konsequenzen man damit auch heraufbeschwört. Man muß ferner bestrebt sein, gerecht zu sein. Wer es sich zur Gewohnheit macht, andere Menschen nur nach ihrem Standpunkt zu beurteilen und dabei sein eigenes Ich ausschaltet, wer die fremden Gedanken nachzuempfinden und zu verstehen versucht, wer die Beweggründe des andern zu erkennen bestrebt ist, wird gerecht werden, nachsichtig und menschlich gegen alle, dafür aber um so strenger gegen sich selbst.

Man muß weiter hartnäckig daran arbeiten, so weit wie möglich selbstlos zu werden. Alle Handlungen, die man begehen will, überdenke man zuvor von dem Standpunkt der Nützlichkeit für die Mitmenschen. Nicht die Frage, was wird mir diese Handlung für Nutzen, für Vorteile bringen oder welche Annehmlichkeit, welchen Genuß wird sie mir verschaffen, soll jeder Handlung zugrunde liegen, sondern die Erwägung: Was hilft sie meinem Mitmenschen? Die wahre Nächstenliebe begnügt sich nicht mit schönen Worten, sondern sie handelt. Man versuche deshalb, jede Handlung in einen Akt der Nächstenliebe umzugestalten. Das gibt der Selbstsucht einen argen Stoß. Sogar unsere Gedanken müssen immer mehr und mehr frei werden vom Egoismus. Die Reinheit des Herzens muß sich auch der Gedankenwelt bemächtigen, denn die Gedanken sind - wie schon an anderer Stelle erwähnt wurde - reale, stoffliche Dinge, die fortexistieren, unhörbar, unfühlbar und unsichtbar für die körperlichen Sinne, die aber verbunden bleiben mit unserem inneren Wesen und auf uns einwirken und sinnverwandte Gedanken beleben.

Dieser Prozeß des Weiterbildens eines ursprünglichen Gedankens setzt sich solange fort, bis die Hochflut einer nach und nach entstandenen Gedankengruppe endlich mit elementarer Gewalt auf uns einstürmt und zu einer Auslösung, zu einer Handlung drängt. Also ein böser Gedanke erzeugt fortwährend neue böse Gedanken und die treiben uns endlich zu einer bösen Tat. Ist dies geschehen, ergreift uns ein Unbehagen, das Gewissen macht sich durch Reue geltend, und die unbestimmte aber quälende Vorahnung eines schweren

Karmas, mit dem wir die gestörte Harmonie auszugleichen haben, erfüllt unser ganzes Sein und macht uns unglücklich. Umgekehrt erzeugt jeder gute Gedanke eine ganze Kette anderer guter Gedanken und aus ihnen entspringt dann eine gute Tat. Ein Gefühl reinster Befriedigung, ein wahres Glücksempfinden ist der Lohn. Aber nicht nur auf den Verursacher wirkt die Gedankenwelt zurück, sondern auch alle anderen Menschen, die in ihre Sphäre geraten, werden von ihnen beeinflußt. So schädigt ein böser Mensch nicht nur durch seine sichtbaren Taten, sondern auch durch die Ausstrahlung seiner niedrigen Influenzen, während der Gute seine Harmonie auf seine Umgebung wirken läßt und dadurch bei seinen Mitmenschen ebenfalls, wenn auch meist unbewußt, den Anstoß zu einer edlen Gedankenrichtung und mit dieser auch zu guten Handlungen gibt. Nur dadurch, daß wir unsere Gedankenwelt beherrschen lernen, können wir unsere Fehler bezwingen. Gedanken sind zukünftige Taten, das halte man sich stets vor Augen, und man wird sich dadurch das Vorwärtskommen erleichtern.

Die sichtbaren Folgen unserer Fehler, unserer Leidenschaften entspringen einer Reihe gleichartiger Gedanken. Der ursprüngliche leise Gedanke war ja nur ein Funke, aber in unseren Fehlern und Leidenschaften fand er einen nur zu guten Brennstoff; sofort begann es zu glimmen, neue Gedankenfunken entstanden eiligst, und plötzlich befand sich alles in hellen Flammen. Ein Brand war entfacht, den der Willensschwache nicht mehr löschen konnte. Erst nachdem das Unglück geschehen war, kehrte die Besinnung und mit ihr die Reue zurück. Wie leicht aber wäre es gewesen, den ersten Funken zu ersticken. Aber den meisten Menschen geht es wie den Kindern: Sie haben Freude am Feuer und spielen solange mit ihm, bis sie selbst in hellen Flammen stehen.

Der Schüler merke sich: „Man löscht böse Gedanken am besten durch das Hervorrufen einer ihnen entgegengesetzten Gedankenkette aus." Das wirkt unfehlbar, aber nur solange, wie nicht der Dachstuhl in Flammen steht, denn dann ist auch meist das ganze

Haus den gefräßigen Elementen verfallen. Unsere ehrliche Selbsterkenntnis, die wir uns sowohl theoretisch durch oftmalige strenge Innenschau als auch praktisch durch scharfes kritisches Beobachten unserer Handlungen und Taten aneignen müssen, hat uns gesagt und sagt uns täglich, wie sehr wir noch an schlechten Gewohnheiten, Fehlern und wohl auch Leidenschaften zu tragen haben. Nur ein rücksichtsloses Vorgehen gegen uns selbst kann uns Hilfe bringen. Der Mensch, der harmonisch werden will, wird also vor allem anderen seinen Willen stärken und seine sinnlichen Triebe meistern müssen. Dann aber wird er versuchen ruhig zu werden. Er wird sich vorstellen, daß alle Dinge der Erde viel zu nichtig sind, als daß er sich darum in eine unharmonische Regung versetzen läßt. Unharmonisch macht jedes allzu heftige Verlangen und jedes quälende Begehren.

Man wird die Welt mit ihrem einfältigen Getriebe auf ihren *wahren Wert* einschätzen lernen, wenn man sich jetzt und immer vor Augen hält, daß wir nur einer großen Selbsttäuschung bezüglich des Stoffes unterliegen. Für den Hypnotisierten entsteht auf Befehl des Hypnotiseurs eine reale stoffliche Mauer an der Stelle, wo sich für alle anderen Menschen, die nicht dem Willen des Hypnotiseurs unterliegen, nur Luft befindet. Diese Mauer ist für den Hypnotisierten so wahrhaftig, daß er imstande ist, sich daran zu verletzen. Für uns ist die Stelle leer oder mit einem Möbelstück ausgefüllt, für den Hypnotisierten bedeutet sie eine Mauer und für einen dritten, der einer anderen Suggestion unterliegt, vielleicht ein aufgeregtes, wogendes Meer. Jeder empfindet aber seine Vorstellung plastisch, greifbar deutlich. Ein geübter Hypnotiseur erteilt der hypnotisierten Person die Suggestion, daß er ihr einen süßen Apfel reiche. Seine Handbewegung ist derart, daß er scheinbar einen Apfel in der Hand hält, während in Wirklichkeit die Hand leer ist. Die hypnotisierte Versuchsperson wird in den imaginären Apfel hineinbeißen und die Empfindung des Essens eines süßen Apfels haben. Ein echter Yogi (wir meinen nicht die herumziehenden Fakire und indischen Gaukler) ist imstande, infolge seiner über alles entwickelten Willenskraft und seiner das Stoffproblem erfassenden Erkenntnis uns durch eine wirkliche Mauer hindurchgehen zu lassen, ohne daß wir ein Hindernis empfinden. Die Mauer existiert für uns nicht mehr oder sie öffnet sich uns zum Durchlaß, ganz nach dem Willen des Yogis.

Im ersten Beispiel haben wir es mit der Vortäuschung von Materie und im zweiten mit der Aufhebung von Materie zu tun. Wenn aber der Stoff überhaupt erst durch die Suggestion entsteht, sich umformen läßt oder verschwinden kann, was liegt dann näher als die berechtigte Annahme, daß die ganze stoffliche Welt nur eine große, *gleichartige Massensuggestion mit bestimmten gleichartigen Gesetzen, Wirkungen und Erscheinungen* ist, der wir alle von dem Augenblick unserer Evolution an in gleichem Maße unterliegen? Welch ein überlegenes Lächeln haben wir aber für einen Hypnotisierten der sich mit Behagen in eingebildeten Freuden glücklich fühlt oder der bei den ihm suggerierten Schmerzen in Jammer und Wehklagen ausbricht. Wir wissen, daß seine Empfindungen nur eingebildet sind, daß sie in dem Augenblick vergehen, in dem die Suggestion aufhört zu wirken, und daß er, wenn er erwacht ist, selbst über sein törichtes Verhalten, etwas ernst genommen zu haben, was gar nicht existiert, lachen wird. So werden auch wir unser Tun einst belächeln, wenn wir erwacht sind, d.h. wenn wir der Suggestion, die für die Erdsphäre nötig ist, entwachsen sind. Wir werden dann einsehen, daß das ganze Heer unserer eingebildeten Leiden und Freuden und all diese tausend und abertausend nichtigen Dinge, die uns Menschen so unendlich wichtig erscheinen, nicht wert waren, unsere ethische Entwicklung auch nur eine einzige Stunde aufzuhalten, geschweige denn so viele tausend Jahre, wie es leider bei den meisten der Fall ist. Und wie viel früher könnten wir diesen erhabenen Standpunkt schon erreichen, wie viele qualvolle Inkarnationen (Einkörperungen) weniger würden dazu nötig gewesen sein, wenn wir rechtzeitig die Wahrheit erkannt hätten. Wie treffend sagt der Dichter:

„Hast du auch einer Welt Besitz gewonnen,
Sei nicht erfreut darüber - es ist nichts!
Und ist dir einer Welt Besitz zerronnen,

Sei nicht im Leid darüber - es ist nichts!
Vorüber gehn die Schmerzen, Wonnen,
Geh an der Welt vorüber - es ist nichts!"

Eines nur ist: der ringende Geist, der zur Erkenntnis seiner göttlichen Wesenheit kommen muß. Dazu braucht er die Vorstellung des Stoffes. Je mehr er sich aber von dieser Vorstellung zu lösen vermag, desto freier wird seine Erkenntnis, desto näher kommt er seinem Ziel, desto glücklicher wird er.

Das Erdenleben mit einem Traum zu vergleichen. Welche tragischen Schicksale erleben wir oftmals im Traum; Schicksale eines ganzen Menschendaseins, die uns in einer einzigen Nacht mit ebenso großer Intensität erschüttern wie im wachen Zustand. Wenige Zeit aber nach dem Erwachen belächeln wir schon die geträumten Erlebnisse, und es fällt niemandem ein, sie ernst zu nehmen. *Träume sind Schäume* sagt man, was allerdings nicht in jedem Sinn richtig ist, wie wir in einem anderen Kapitel sehen werden. Was anders als ein Traum ist für die Psyche solch ein eingekörpertes irdisches Dasein. Doch ist die Nacht vorbei und ist die Seele erwacht aus ihrem *Schlummer in Fleischesbanden,* dann stellt sie unaufhörlich die Frage: „Was hat mir mein Traum geholfen? Hat er mich vorwärts gebracht? Oder muß ich mich auf's neue dem Stoffe gefangen geben, auf's neue mich einem wüsten Erdenleben aussetzen, das mich diesmal noch viel ärger quält als früher - und wie oft noch - wie oft -„Bis du während des Traumes die volle Erkenntnis in dein Wesen aufgenommen hast - würde ein fortgeschrittenerer Geist ihr antworten - daß du träumst! Dann wirst du aufhören, deinem Traum eine so große Bedeutung zu geben, dann wirst du dadurch die Nichtigkeit des fleischlichen Lebens einsehen und den Traum nicht mehr um des Traumes halber träumen, sondern nur zum Zweck deiner ethischen Höherentwicklung. Dann löst du dich langsam von den Banden, die dich immer und immer wieder zur Erde ziehen, weil mit der wachsenden Erkenntnis deine Schlafsucht mehr und mehr schwindet; dann ist es dir endlich möglich, deine göttliche Herkunft zu begreifen. Du stehst dann nicht mehr im Finstern, sondern im fernen Nebelgrauen dämmert dir bereits das Licht der Wahrheit entgegen."

Darum seien wir also den Versuchungen des fleischlichen Lebens gegenüber stark, seien wir ruhig und harmonisch. Zu diesem Zweck müssen wir streben, so wunschlos als möglich zu werden. Kein großes Sehnen, kein eitles Hoffen, kein törichtes Verlangen!

Und kommt der Schmerz, so setzen wir ihm eine stoische Ruhe entgegen. Kein Seufzen und Klagen, kein Zorn und kein Fluchen, kein nutzloses Locken gegen den Stachel und kein verhärtendes Erbittern. Im Leid ist mehr Liebe als in der Freude. Nur ein geduldiges Ertragen des Unabänderlichen edelt uns und bringt der Seele Gewinn. Lächelt uns aber die Freude zu, müssen wir um so ruhiger sein und uns um so sorgsamer hüten. Kein Überschwang, keine tolle Lust, kein allzu intensives Genießen! Denn hinter der Freude stehen die Genußsucht und die Leidenschaft und lauern auf Augenblicke unserer Schwäche, um uns dann wieder tyrannisieren zu können. Leerst du den Becher schäumenden Weines öfters male, hastig und auf einen Zug, so trübst du dir die Sinne und verlierst den klaren Blick. Die Geister des Weines bekommen dich dann in ihre Gewalt und treiben dich in einen Zustand, über welchen du erröten mußt, wenn du die Besinnung wieder erlangt hast. Es ist nicht so leicht durchs Leben zu gehen, ohne sich vom Leben besonders berühren zu lassen. Das muß erst erlernt werden und braucht eine bestimmte Zeit, aber es gelingt, wenn man den starken Willen hat und die Wunschkraft dazu aufwendet. Folgende Übung wird uns die schwere Arbeit etwas erleichtern.

Man imaginiere, so intensiv wie nur möglich, die Vorstellung einer großen Freude, die uns plötzlich überrascht, etwa daß ein Los, daß wir besitzen, den Haupttreffer gezogen hat, oder daß wir plötzlich eine geliebte Person wiedersehen, von der wir schon seit langer Zeit getrennt sind, oder ein ähnliches freudiges Ereignis. Die Vorstellung muß während einiger Minuten bis zur größten Deutlichkeit, bis zur vollsten Glaubwürdigkeit gesteigert werden, sie muß uns vollständig einnehmen und unser Inneres so bewegen, daß die Illusion für uns zur plastischen Wirklichkeit wird. Wir müssen sie bis in das kleinste Detail erleben, und zwar so, daß wir uns vorstellen, wie wir das Geld in Empfang nehmen, was wir damit beginnen, welche Freuden wir uns damit verschaffen wollen u.ä. Dann aber setzen wir, vollständig unvermittelt, mit der ebenso starken Gegenvorstellung ein, daß wir uns getäuscht haben. Ein anderes Los hat den Haupttreffer gewonnen, wir haben uns nur in der Nummer geirrt. Jetzt aber beginnt die moralische Seite der Übung. Wir müssen die Enttäuschung blitzschnell zu überwinden suchen. Wir müssen uns vorstellen, daß uns der Reichtum vielleicht gar nicht dienlich ist, daß er uns wahrscheinlich abhalten würde von unserem Vorwärtsstreben, daß der innere und unvergängliche eigentliche Mensch meist zu kurz kommt, wenn der vergängliche Körpermensch im scheinbaren Glück schwelgt, und daß es viel vernünftiger ist nach dem Cato'schen Grundsatz zu leben, der uns lehrt, daß wir entbehren lernen sollen, damit wir nicht zu entbehren brauchen. Man sage sich ferner, daß nichts so trügerisch ist, als das Glück der Erde. Der Mensch ist nicht geschaffen, sich dauernd mit ihm zu verbinden, solange er sich nicht zu einer höheren Erkenntnis durchgerungen hat, denn Überdruß, Langeweile und die Sucht nach Abwechslung und Veränderung lassen ein reines, dauerndes Glücksgefühl nicht aufkommen. Mit solchen und ähnlichen Vernunftgründen versuche man die gestörte Harmonie wieder herzustellen.

Ein anderesmal stelle man sich ein sehr tragisches Ereignis vor, einen großen Unglücksfall, der für unser Leben von einschneidender Bedeutung wäre. Wenn wir uns nun so recht in die seelischen Schmerzen versenkt haben, versuche man sich durch eine ebenso starke Gegenvorstellung wieder aufzurichten, indem wir uns sagen, daß in jedem Leid, das uns widerfährt, ein großes Heil für uns enthalten ist, daß das Kreuz die Liebe bedeutet, daß es edel ist, Ungemach und rauhes Schicksal mit Würde und Ruhe zu ertragen, und daß alles Wehklagen und Jammern nichts hilft, sondern nur noch größeres

Unheil nach sich zieht. Im Schmerz eigensinnig verharren ist töricht und ist damit vergleichbar, daß man ein Messer, das einem in der Wunde sitzt, statt herauszuziehen, in selbstquälerischer Absicht hin und her dreht.

Am Ende der beiden Übungen aber halte man sich stets vor Augen, daß es keinen Schmerz für uns gibt, wenn wir ihn nicht wollen, und daß die ganzen flüchtigen Freuden der Erde uns keine Enttäuschung und keine Übersättigung bringen können, wenn wir sie auf ihren wahren Wert einschätzen und entbehren gelernt haben, denn Freud und Leid sind alles nur Einbildungen.

Der Zweck dieser Übung, uns ruhig und harmonisch zu erhalten in allen Lagen des Lebens, so daß gar nichts mehr imstande sein kann, uns aus unserem Gleichgewicht heraus zu reißen, kann nur durch fortwährende Wiederholung erreicht werden. Bereits nach kurzer Zeit wird es für uns leichter, unserem wirklichen Schicksal die Stirne zu bieten, wenn wir uns auf die beschriebene Weise täglich für alle Vorkommnisse des Lebens sozusagen vorbereiten. Wer gewöhnt ist, das Glück mit Gleichgültigkeit zu betrachten, den wird es nicht berauschen, der wird auch ruhig bleiben, wenn er es wieder verliert. „Hänge dein Herz an nichts, und du wirst nichts zu verlieren haben. Damit aber ersparst du dir viele Qualen und viele bittere Stunden. Hör auf, für dich selbst zu leben, - du dienst dir mehr, wenn du in selbstlosester Pflichterfüllung, in reinster Betätigung der Nächstenliebe deinen Mitmenschen dienst. Übe dich, um höher zu kommen, an allem, was dir begegnet, an großen und kleinen Geschicken, und sieh mit Strenge darauf, daß du dein allzu eitles Wünschen und Hoffen abtötest. Wenn du dies gelernt hast, was kann dich dann noch in Unruhe versetzen? Lerne freiwillig entsagen. Verzichte aus eigenem Antrieb auf kleine, dir liebgewonnene Annehmlichkeiten, auf gewöhnte Bequemlichkeiten, auf Dinge, die dich besonders erfreuen, und es wird dir nicht mehr schwerfallen, wenn das Schicksal ein großes Opfer von dir fordert. Ertrage aber auch geduldig jeden physischen Schmerz. Nirgendwo kann man Geduld besser lernen als bei den Schmerzen des Körpers.

Kräftige deinen Willen. Der Schmerz, ob seelisch, ob physisch, kann dich nur solange quälen' wie du willensschwach bist!" So spricht die wahre Weisheit zu uns. Sie zeigt uns deutlich, wie wir unser Erdendasein aufzufassen haben.

Auch die Wunschkraft kann uns kräftig unterstützen, ruhig und harmonisch zu werden. Jeden Morgen, unmittelbar nach dem Erwachen, konzentrieren wir unsere Aufmerksamkeit auf folgenden Gedankengang' dessen Wortlaut man nach Belieben ändern kann, wenn nur die Richtung eingehalten wird. ,,Ich werde jetzt sehr ruhig, friedlich und vollkommen harmonisch sein und es auch für immer bleiben. Ich werde keinen Rückfall mehr haben. Mein ganzes Wesen wird durchströmt sein von Harmonie und wird Ruhe und Frieden auf meine Umgebung ausströmen. Ich will jetzt nicht mehr rechthaberisch sein. Auch werde ich jetzt sehr geduldig sein und alles ruhig hinnehmen, wie es kommt. Ich werde mich nicht mehr aufregen und auch nicht mehr zornig sein. Ich will gegen jedermann nachsichtig und gefällig sein und will von nun an jeden Widerspruch ruhig ertragen. Es soll in Zukunft in mir ein Zustand der absoluten Ruhe herrschen, und ich werde mir diese Ruhe, dieses Gleichgewicht durch nichts mehr stören lassen. Ich will keine Disharmonie mehr haben. Jede Disharmonie, die in mir entstehen sollte oder die ein anderer auf mich überträgt, werde ich sofort im Keim ersticken und nicht mehr anwachsen lassen. Ich will auch nicht mehr so sehr empfindlich sein. Mein Wille wird sich jetzt in die Richtung zum Guten lenken und sich sehr festigen. Ich will diesen Willen von nun an stets in Anwendung bringen, wo es gilt, meine ethische Entwicklung zu fördern. Ich will mein Ziel in dieser Inkarnation noch vollständig erreichen, will allen Egoismus, alle Eitelkeit und die vielen Kleinlichkeiten, die mir anhaften, ablegen und mich ganz von Nächstenliebe erfüllt sein lassen. Beim Verfechten meiner Ansichten werde ich die vollste Ruhe bewahren, ohne Zögern die von mir erkannte Wahrheit bekennen und sie mit mildem Wort verkünden. Ich will jetzt vollständig in allem überwinden und in jeder Beziehung leidenschaftslos sein für immer."

Diese Konzentration soll 20 bis 30 Minuten dauern. Hierauf folgt die Atemübung mit dem kräftigen Wunsch, harmonisch zu werden. Der Wortlaut des Wunsches muß das oben Gesagte möglichst kurz zusammenfassen, etwa in der folgenden Art: „Ich werde heute den ganzen Tag friedlich, ruhig und harmonisch sein und mich durch nichts aus meinem seelischen Gleichgewicht bringen lassen. Ich werde in allem, was mir heute begegnet, stets auf den Fortschritt meiner Seele bedacht sein und Sorge tragen, daß ich nicht rückfällig werde." Abends, unmittelbar vor dem Einschlafen, meditiere man, ob man den Tag über so gedacht und gehandelt hat, wie man es sich Morgens durch die Wunschkraft vorgenommen hatte. Man übe also strenge Selbstkritik über sein Verhalten während des vergangenen Tages. Diese Selbstkritik ist ein wundertätiges Gebet und wird immer Erhörung finden, besonders wenn man es fertig bringt, stets mit dem einen und letzten Wunsch einzuschlafen und am Morgen heiter und harmonisch zu erwachen (siehe Kapitel 11 über Monoideismus). Der Schüler merke sich genau, daß es bei seiner Entwicklung besonders darauf ankommt, mit welchen Gefühlen er einschläft, denn mit denselben Gefühlen wird er erwachen, nur daß diese während der Nacht stärker geworden sind und er sich ihrer nun viel schwerer wird erwehren können. Nichts ist gefährlicher, als eine Sorge, einen Ärger oder eine Disharmonie in den Schlaf hinüber zu ziehen. Darum sorge man stets, mit heiteren, fröhlichen Gedanken, mit Betrachtungen über sein Vorwärtsstreben einzuschlafen, einerlei, welche schlechten Umstände man den Tag über durchzumachen hatte. Dann nehme man sich für jeden Tag wenigstens eine einzige gute Tat vor, die unseren Mitmenschen hilft, uns selbst aber in der Ausführung schwer fällt und absolut keinen Vorteil bringt, eher das Gegenteil. Man vermeide es aber damit zu prunken. Niemand als wir selbst und derjenige, dem wir auf irgend eine Art eine Wohltat erweisen wollen, darf darum wissen. Auch verlange man keinen Dank.

Der Schüler sei gewarnt vor Ärger und übler Laune. Derlei quälende Stimmungen darf man absolut nicht aufkommen lassen. Sobald sie entstehen, müssen sie sofort niedergekämpft werden, indem man mit

Hilfe der Konzentration seine Gedanken beharrlich auf das Gegenteil dieser Gefühle richtet, also auf Heiterkeit und Frohsinn. Ein gutes, erprobtes Mittel ist auch, nebenbei ein lustiges Lied zu singen. Das hilft ausgezeichnet. Man singe nach vorangegangener Konzentration solange, bis man sich vollständig ruhig und vor einem Rückfall sicher fühlt.

Freilich muß man seine üble Stimmung auch vertreiben wollen. Dann wird es immer gelingen. Ebenso darf man keine Sorgen und keinen Kleinmut aufkommen lassen. Man muß daran denken, daß man durch solche Stimmungen einen ganzen Kreis von niedrigen feinstofflichen Wesen um sich versammelt, die sich, durch die Gleichartigkeit der Gefühle angezogen, mit uns verbinden und uns immer tiefer in unser Elend treiben. Wer aber allen trüben Anfechtungen durch Heiterkeit und Ruhe widersteht, zieht vollkommenere Wesen an sich, die ihm helfen sich emporzuarbeiten durch alle seelischen Bedrückungen, allen Gram und Kummer.

Durch die tägliche Selbstkritik wird der Schüler auf alle seine Fehler aufmerksam werden. Er wird einsehen lernen, daß er rechthaberisch und unverträglich ist. Das sind nämlich die meisten Menschen. Sie geben sich erst dann zufrieden, wenn man ihnen unter allen Umständen Recht gibt, obwohl sie oft selbst von der Unrichtigkeit ihrer Meinung oder von der Ungerechtigkeit ihres Verhaltens überzeugt sind. Dieser Fehler stammt aus der uns innewohnenden Herrschsucht und kann, wenn man ihn zuläßt, zu einer großen Qual für die Umgebung werden. Der Schüler muß seine Rechthaberei energisch bekämpfen, da er sonst aus der andauernden Aufregung nicht herauskommt. Er muß den Widerspruch der andern ruhig ertragen lernen, er muß die Vernunft zu Hilfe nehmen und sich von ihr sagen lassen, daß auch die anderen etwas wissen und gelernt haben, daß jeder Mensch ein mit Vernunft und freiem Willen begabtes Individuum ist und daß er, wenn er von seiner Umgebung verlangt, daß sie ihm stets Recht geben soll, er diese zu einer sklavischen Abhängigkeit verdammt. Das aber darf sich ein Aufwärtsstrebender nicht zu schulden kommen lassen. Die Menschen sind alle gleichberechtigt. Es gibt in Wirklichkeit keine sozialen und auch keine geschlechtlichen Unterschiede. Die verwerfliche und leider immer noch verbreitete Anschauung, daß die Frau dem Mann untertan sei, daß sie in physischer und intellektueller Beziehung den Mann nicht erreichen kann, ist ein grober Irrtum, der unserer sich so aufgeklärt haltenden Zeit den Stempel der Unvernunft und der Gewalt aufdrückt. Man erziehe die Frau nicht zu Puppen, man impfe ihr nicht schon im frühesten Alter das Gefühl der Abhängigkeit und der körperlichen und geistigen Unterlegenheit ein, sondern bereite sie in entsprechender Weise auf den Kampf des Lebens.

Um sich die Rechthaberei abzugewöhnen, darf man dann natürlich nicht wieder in das entgegengesetzte Extrem verfallen und zu allem „ja" sagen, selbst zum Unsinn oder gar zum Unrecht. Wir müssen uns von der Vernunft leiten lassen, dabei aber bedenken, daß wir auch diese nicht für uns allein gepachtet haben. Auch vor jeder Heftigkeit und vor dem Zorn sei gewarnt. Sobald es heiß in uns aufsteigt und ein böses Wort sich auf die Lippen drängen will oder unsere Muskeln wollen sich zu einer unbesonnenen Tat zusammenziehen, halte man sich augenblicklich folgenden Gedankengang vor Augen: „Was ich jetzt begehen will, ist meiner unwürdig! Ich liebe alle Menschen und habe mir vorgenommen, ihnen nur Gutes zu tun. Mein Herz ist erfüllt von dem heißen Drang allen zu dienen. Wie töricht wäre es von mir, meinen heftigen Gefühlen Raum zu geben! Und warum bin ich so erregt? Mein Nachbar hat mich gekränkt, er wollte mir Böses zufügen, ich will es mit einer guten Tat vergelten. Gewiß wird er da viel eher sein Unrecht einsehen, als wenn ich meiner Erregung Raum geben und ihm Gleiches mit Gleichem vergelte."

Wer sich in Augenblicken des Zorns zu solchen oder ähnlichen Erwägungen zwingt, wird in den meisten Fällen das böse Wort unausgesprochen und die Zornestat ungeschehen sein lassen. Je mehr man Geduld übt, desto mehr wird auch der Zorn schwinden. Geduld übt man aber auch sehr gut an den vielen kleinen Widerwärtigkeiten des

Tages, in der Ausübung des Berufes, im Verkehr mit seiner Familie, seiner nächsten Umgebung. Geduld erlernt sich nur durch fortwährende Übung und durch fortwährende Wachsamkeit. Geduld ist die Schwester der Liebe. Liebst du deinen Nächsten, dann wirst du auch Geduld mit ihm haben und mit seinen Fehlern und Schwächen. Du wirst ihn nicht als schlecht ansehen, sondern nur als irrend. Du selbst bist es ja auch noch und bedarfst der Geduld im reichsten Maße von seiten der andern.

Der Schüler befreie sich auch von aller Eitelkeit, dies gilt für beide Geschlechter. Eitelkeit entsteht aus Egoismus und Hoffart. Die Eitelkeit ist lächerlich, denn sie zeigt nur die eigene Einfalt und Oberflächlichkeit. Was hat der Schüler davon, wenn man ihn für schön, für geistreich, für geschmackvoll oder für gelehrt ansieht. Was sind das für kindische Torheiten. Besser, man hält ihn für gut und ehrlich. Besser, für einen Menschen gehalten zu werden als für einen Modeaffen. Wer nach dem Beifall der Menge strebt, ist vom richtigen Wege abgekommen. Die Wahrheit, die Liebe und die Güte wandelt im schlichten Gewand einher. Der Schüler, der diesen Tugenden nachstreben soll, kleide sich sauber und nett, aber einfach und zweckentsprechend, ohne Rücksicht auf die Torheiten der Mode. Die Kleidung ist nicht da, um den Menschen zu *machen,* sondern um ihn vor den Einflüssen der Witterung zu schützen. Wer ein reiches Wissen hat, der sei bescheiden und prunke nicht damit wie ein Pfau, denn über allem menschlichen Wissen steht der Friede der Seele, die Güte des Herzens.

Es ist hier nicht der Raum, auf die vielen Kleinlichkeiten, aus welchen sich der Schüler herauszulösen hat, einzugehen. Unsere moderne Zivilisation umgibt uns mit so viel törichten Gewohnheiten, mit so viel kleinlichen Sorgen und Zeitzersplitterungen, daß man darüber allein ein ganzes Buch schreiben könnte. Dem Schüler wird es mit der wachsenden Selbsterkenntnis gelingen, das Lächerliche dieses Ballastes einzusehen und sich nach und nach von ihm zu befreien.

Noch eine, den Erfolg nie versagende, höchst wichtige Übung sei vor Schluß dieses Kapitels dem Schüler dringend empfohlen. Jeden Morgen, knapp bevor er an seine Berufsgeschäfte geht, mache er vor geöffnetem Fenster noch eine Voll- und Tiefatmung, dann stelle er sich in eine stramme Haltung, mit angezogenen Muskeln, erhebe die Arme und strecke sie waagrecht nach rechts und links aus, spanne nochmals alle Muskeln an, atme tief durch die Nase und gehe in dieser strammen Haltung mit erhobenem Haupt und herausgedrückter Brust siebenmal durch das Zimmer. Dabei sage er sich mit großer Willenskraft, Selbstbehauptung und innerster Überzeugung: ,,Ich bin eins mit der Allkraft. Ich bin ein Teil des Allwillens und darum gibt es für mich kein Hindernis, keinen Mißerfolg. Die Allmacht ist weise, gut und edel und auch ich will weise, gut und edel werden. Ich bin ein Teil des Allwillens, darum verbanne ich jede Schwäche aus mir, jeden Kleinmut; Ich bin Kraft, ich bin Gesundheit, ich bin Harmonie und nichts kann meinem guten Streben widerstehen." Dann gehe man sogleich an seinen Beruf. Die wohltätige Wirkung dieser Übung wird der Schüler sehr bald empfinden und zu schätzen wissen.

Es entspricht dem Sinn der erwähnten Tugenden und der ethischen Fortentwicklung, wenn der Schüler am Schluß dieses Kapitels noch darauf aufmerksam gemacht wird, daß alle astralen Fähigkeiten, die in den nächsten Kapiteln gelehrt werden, nicht so sehr zum Nutzen des eigenen diesseitigen Körpers als vielmehr zum Nutzen der Mitmenschen und zu Gunsten des unsterblichen, aufwärtsstrebenden Geistes errungen werden sollen.

8. Die höhere Atem-Technik

Prana und das *psychische Atmen*
Wenn der Schüler die Vorschriften und Belehrungen des vorigen Kapitels so in sich aufgenommen hat, daß sie ihm in Fleisch und Blut übergegangen sind, darf er sich getrost mit einer höheren Phase der *Wissenschaft vom Atem* bekannt machen. Er wird sich jetzt okkulten Gesetzen nähern, deren Erkenntnis und Beachtung für seinen Körper und seine Seele von großer Wichtigkeit sind. Jetzt erst beginnt der Schüler mit Macht die Bande zu lockern, die seine okkulten Kräfte bisher gefesselt hielten. Und er sei auf seiner Hut vor dem schlafenden Riesen, den er jetzt zu wecken im Begriff steht. Dieser kann zum Segen oder zum Verderben werden, je nachdem, ob ihm der Schüler gerüstet oder nicht gegenübersteht. Er kann der Herr dieser Kräfte werden, wenn er Willenskraft, Harmonie, Selbstlosigkeit und Alliebe in sich entwickelt hat. Er wird sich aber zum Sklaven dieser Kräfte machen und an Leib und Seele Schaden erleiden, wenn er noch nicht rein ist, wenn auch nur die leiseste Spur von Egoismus ihn verleitet, jenes geheimnisvolle Tor zu durchschreiten. Der Schüler ist gewarnt - sein Wille geschehe.

Für die folgenden Übungen ist es ratsam, wenn der Schüler über einen vom Lärm der Straße geschützten, gut zu lüftenden Raum verfügt, in welchem er unter allen Umständen völlig ungestört sein kann. Dieser Raum soll nicht allzu viel Einrichtungsstücke und möglichst keine Bilder haben, damit dem Auge so wenig wie möglich Anlaß zu Zerstreuungen gegeben ist. Es genügt, wenn sich in ihm ein bequemes Sofa befindet, auf welchem sich der Schüler lang ausstrecken kann, ferner ein bis zwei Stühle, ein Tisch und ein Schrank mit einer polierten Fläche, der Fußboden soll weich ausgelegt sein. Unbedingt notwendig ist strenge Abgeschlossenheit und Ruhe. Von jetzt an muß sich der Schüler vor jeder Übersättigung (besonders abends) hüten. Fasten soll einstweilen vermieden werden. Man esse nur bis zum Gefühl der leichten Sättigung. Der Schüler meide vorläufig soviel wie möglich *alle* Gesellschaft, lebe keusch und zurückgezogen und achte sehr auf Harmonie und Seelenfrieden. Er halte den Körper innen und außen besonders rein.

Zur inneren Körperreinigung hilft ihm vorerst folgende Übung, die er wöchentlich einmal durchführen soll. Er lege sich auf das Sofa auf den Bauch und führe sich ein lauwarmes Wasserklistier durch den After ein, aber nicht mit der Spritze, sondern mit einem Irrigator, wie ihn die Frauen zu ihren Ausspülungen benützen. Wegen des nachfolgenden Experimentes darf aber das Gefäß mit dem Wasser nicht zu hoch über dem Sofa hängen, vielleicht nur einen halben Meter höher, damit das durch den Schlauch in den After eindringende Wasser keinen allzu starken Druck erhält. Denn des Schülers Aufgabe ist es, das Wasser mit Willenskraft teilweise selbst in die Gedärme einzuziehen. Mit einiger Übung wird das schon gelingen. Sind die Gedärme angefüllt, so gebe der Schüler vorläufig dem Zwang der Stuhlentleerung noch nicht nach, sondern schüttle das Wasser durch Einziehen und Losschnellen, sowie durch eine kreisende Bewegung des Leibes, ferner durch eine mehrmalige Veränderung seiner Lage tüchtig im Leibe hin und her. Dann erst vollziehe er die Stuhlentleerung, welcher jedesmal die Aufnahme eines kleinen, etwas kühleren Bleibeklistieres (höchstens 1/8 Liter Wasser) folgen muß. Wie schon der Name Bleibeklistier besagt, muß dieses Wasser im Leibe behalten und von den Gedärmen aufgesogen werden. Man erreicht diesen Vorgang, indem man sich einige Minuten ruhig hinlegt und regungslos verhält. Dann stehe man auf und nehme eine siebenmalige Voll- und Tiefatmung vor.

Die Nase muß auf die bekannte Weise täglich gereinigt werden. Wenn die Nasenschleimhäute das von der hohlen Hand eingezogene Wasser vollständig aufgesogen haben, mache man folgende Übung. Man stehe stramm und halte die Hände wie bei der Voll- und Tiefatmung hinter dem Nacken zusammen. Dann atme man schnell durch die Nasenlöcher ein und ebenso schnell wieder aus. Es müssen kurze, kräftige Züge sein, die sich immer rascher wiederholen. Man übe in dieser Weise zwei bis drei Minuten lang.

Je nach Zeit und Gelegenheit wähle der Schüler tagsüber eine halbe Stunde (am besten vor der Mittagmahlzeit, jedoch muß zwischen dem Abschluß der Übung und dem Essen eine viertelstündige Ruhepause sein), die er zur Verbindung der Fitnessübung mit der Atem-Gymnastik verwendet.

1. Armstoßen nach vorn, oben und seitwärts. Der Schüler zieht die Arme an die Brust, atmet voll und tief durch die Nasenlöcher ein und hält den Atem zurück. Dann stößt er die Arme kräftig dreimal nach vorn, dreimal nach oben und dreimal seitwärts. Langsam durch die Nasenlöcher ausatmen.

2. Beine heben und waagrecht strecken. Der Schüler steht stramm, die Hände an den Hüften. Er atmet voll und tief ein, hält den Atem an, zieht abwechselnd das rechte Bein zur Brusthöhle und stößt es kräftig waagrecht nach vorn und danach das gleiche mit dem linken Bein. Dies wird sechsmal gemacht, so daß jedes Bein abwechselnd dreimal diese Bewegung ausführt. Hierauf langsam durch die Nasenlöcher ausatmen.

3. Kniebeugen. Voll und tief einatmen (Hände an den Hüften), den Atem anhalten. Bei geschlossenen Fersen und aufrechter Haltung die Knie beugen und den Oberkörper langsam herunter sinken lassen, bis das Gesäß die Fersen berührt, dann sich wieder langsam erheben. Diese Bewegung wird bei angehaltenem Atem zwei- bis dreimal ausgeführt, dann darf man durch die Nase ausatmen.

4. Rumpf heben. Der Schüler legt sich auf den Boden, kreuzt die Arme hinter dem Nacken und atmet voll und tief ein. Nun hält er den Atem an und hebt den Oberkörper vom Boden bis zur sitzenden Stellung, ohne jedoch diese Bewegung durch die Hände, die immer am Nacken geschlossen bleiben müssen, zu unterstützen. Dann läßt er den Oberkörper auf die gleiche Art langsam zurücksinken. Der Schüler versuche die Bewegung zweimal durchzuführen und dann erst atme er in liegender Stellung durch die Nase aus.

5. Schwebeübung. Der Schüler lege sich zu Boden, mit dem Gesicht nach unten. Die Arme sind an die Rippen gezogen und die Handflächen ruhen auf der Erde. Er atmet in dieser Stellung voll und tief ein und hält den Atem zurück. Nunmehr versteift er den Körper und erhebt sich langsam durch die Kraft seiner Arme, bis der Körper vollständig auf den Händen und Zehen ruht. Hierauf läßt er sich wieder langsam niedersinken. Diese Bewegung mache er ein- bis dreimal, je nach seiner Kondition, und atme dann langsam durch die Nase aus.

Diese fünf Übungen bilden eine Gruppe und sollten der Reihe nach und hintereinander durchgeführt werden mit einer kurzen Pause zwischen den einzelnen Übungen. Auch das Luftbad sollte damit verbunden werden, darum übe der Schüler nur mit einer Turnhose bekleidet. Wenn die Übungsgruppe durchgeführt ist, soll sich der Schüler rasch und kräftig frottieren und dann ankleiden. Jetzt erst beendet er die ganze Übungsreihe mit einem dreimaligen Voll- und Tiefatmen, um sich danach für einige Minuten der Ruhe hinzugeben.

Alles was harmonisch ist, ist Rhythmus. Daher muß der Schüler jetzt lernen rhythmisch zu atmen. Wir haben schon an anderer Stelle gehört, daß sich der Mensch seines Atemprozesses bewußt sein soll. Und wer es sich zur Gewohnheit gemacht hat, rhythmisch zu atmen, der ist sich dieses wichtigsten Lebensvorganges jederzeit bewußt. Das *rhythmische Atmen* erzeugt Kraft, Ausdauer, Energie. Die Soldaten marschieren im Takt und in gleicher rhythmischer Bewegung. Und das ist kein bloßes Spiel, sondern hat einen tieferen Sinn. Wer in geschlossener Reihe mit anderen marschiert, gleichen Schritt hält und sich ihren Bewegungen anpaßt, wird viel länger marschfähig bleiben und viel weniger ermüden, als wenn er allein geht. Das rhythmische Atmen erzeugt Harmonie, Seelenfrieden und Heiterkeit. Wer sich geärgert hat, wer in Disharmonie geraten ist, lege sich für eine Viertelstunde auf das Sofa und zwinge sich rhythmisch zu atmen, er wird ruhig und harmonisch aufstehen. Der Erfolg wird um so großartiger sein, je mehr der Experimentierende imstande war, seine Aufmerksamkeit ausschließlich nur auf die rhythmische Aufeinanderfolge der Atemzüge zu richten.

Die Grundlage für das rhythmische Atmen ist der normale Herzschlag, der ja bei allen Personen verschieden ist. Der Schüler lege, so oft er Gelegenheit dazu besitzt, die Hand auf seinen Puls und zähle. Dadurch wird er die Zeit, die zwischen zwei Pulsschlägen liegt, geistig abmessen lernen und sozusagen in das Gefühl übernehmen; er wird sich den Rhythmus der Aufeinanderfolge der Pulsschläge nach und nach vollständig in sein Gedächtnis einprägen, so daß er ihn schließlich in seiner Atemtechnik anwenden kann. Die Zeit von einem normalen Pulsschlag zum andern gilt als Einheit. Nach solchen Einheiten wird nun beim rhythmischen Atmen das Einatmen als auch Anhalten und Ausatmen bemessen. Auch die Zeit zwischen zwei vollendeten Atemzügen zählt nach Pulseinheiten. Es gilt als Vorschrift, daß das Einatmen und Ausatmen die gleiche Zahl der Pulseinheiten zählt, während das Anhalten und der Zwischenraum zwischen zwei vollständigen Atemzügen nur die Hälfte jener Pulseinheiten einnehmen sollen.

Wenn der Schüler nach ca. acht Tagen der Beobachtung seiner Pulsschläge deren Rhythmus in sich aufgenommen hat, soll er jeden zweiten Tag folgende Übung vornehmen. Er lege sich auf sein Sofa und entspanne langsam alle Muskeln des Körpers, von oben beginnend bis hinab zu den Füßen. So bleibe er ruhig einige Minuten liegen und konzentriere seine Gedanken auf sein ethisches Höherstreben, auf die Erhaltung seiner Harmonie und seines seelischen Gleichgewichtes. Hierauf ziehe er den Atem durch 8 Pulseinheiten voll und tief ein, halte ihn durch 4 Pulseinheiten an und atme (selbstverständlich stets durch die Nase) durch 8 Pulseinheiten wieder aus. Dann läßt er während 4 Pulsschlägen eine Pause eintreten und beginnt dann von neuem durch 8 Pulsschläge einzuatmen, usw. Also stets 8 Pulsschläge einatmen, 4 anhalten, 8 ausatmen und 4 Pause; immer so fort im gleichen Rhythmus, 15 bis 20 Minuten lang.

Am Schluß der Übung atme er 10 bis 12 mal durch die Nase ein und aus, ohne den Atem anzuhalten, und zwar so, daß je 5 Pulseinheiten auf Ein- und Ausatmen kommen. Nach einigen Übungen kann der Schüler die Intervalle langsam steigern. Nach ungefähr 14 Tagen ist es für den Schüler ratsam, seinen Atmen überhaupt rhythmisch zu regeln. Sein Ein- und Ausatmen soll stets die gleichen Pulseinheiten haben. Atmet er z.B. durch 3 Pulsschläge ein, so soll auch sein Ausatmen stets 3 Pulsschläge zählen. Dann muß er aber unbedingt an dieser Zeit festhalten, er darf nie schneller und nie langsamer atmen. Dies lernt sich durch Übung und stetige Beobachtung. So atmet ein Yogi. Die Wirkung dieser Atmungsweise ist wunderbar. Die dadurch erzeugte Harmonie und der große Seelenfriede beeinflussen auch das Äußere des Schülers. Gang und Haltung werden rhythmisch und harmonisch, das Auge erhält einen leuchtenden Glanz, das Antlitz verklärt sich und die Bewegungen werden rund und maßvoll.

Nach wie vor muß der Schüler an den im 1. Abschnitt angegebenen Übungen der Augengymnastik, der Konzentration usw. festhalten. Was nicht ständig geübt wird, verliert sich wieder. Dadurch aber, daß er dabei rhythmisch atmet, werden sich seine Fähigkeiten vertiefen. Das rhythmische Atmen soll nur zum Zweck besonderer Atmungsübungen unterbrochen werden. Unser Atem strömt nicht stets auf beiden Nasenlöchern in gleicher Stärke. Das ist eine große Wahrheit, die den Kulturmenschen nur wenig bekannt ist. Der Atem strömt entweder auf der linken oder auf der rechten Seite mit größerer Kraft.

Man versuche, den Atem durch die Nase auf eine ungetrübte Spiegelfläche zu leiten, und man wird sich von dieser Tatsache leicht überzeugen. Oder man halte abwechselnd das eine und dann das andere Nasenloch zu und man wird merken, daß der Luftstrom beim Atmen durch das eine Nasenloch freier und unbehinderter fließt, während man beim anderen Nasenloch Atmungsbeschwerden hat. Nach zwei Stunden wiederhole man den Versuch. Vorausgesetzt, daß man ganz gesund ist, weder Erkältung noch Fieber hat und sich in ruhiger Gemütsstimmung befindet, wird man die Entdeckung machen, daß nunmehr der Atem in dem anderen Nasenloch, welches beim ersten Versuch verstopft war, leichter und kräftiger strömt. Daraus folgt die Tatsache, daß der Atemstrom alle zwei Stunden von einem zum anderen Nasenloch übergeht. Wir kommen an anderer Stelle noch genauer auf diesen geheimnisvollen Vorgang zurück.

Vorerst kann der Schüler an sich selbst durch Prüfung des Atmens diese Tatsache feststellen, wozu er sicherlich tagsüber Gelegenheit hat. Er muß es dahin bringen, mit Leichtigkeit, unauffällig und sicher die rechte oder linke Atemströmung festzustellen. Die indische Philosophie nennt den linksströmenden Atem *Ida* oder *Chandra,* auch *Mondatem,* und den rechtsströmenden Atem *Pingala* oder *Surna,* auch *Sonnenatem.* Während des Wechsels, stets nach zwei Stunden, strömt der Atem etwas schwächer und danach für einige Minuten durch beide Nasenlöcher. Dieser Vorgang heißt *Susumna.* Wohl schon nach wenigen Tagen wird es dem fleißigen Schüler gelingen, seinen jeweiligen Atemstrom festzustellen. Nun mag er an eine sehr interessante wichtige Übung gehen, an das rhythmische Gehen. Dazu soll jede längere Bewegung im Freien, jeder Spaziergang genutzt werden. Der Schüler soll dieses rhythmische Gehen zunächst in seinem Zimmer üben und dabei seinen Nasenstrom kontrollieren. Mit demselben Fuß muß er beginnen, auf welcher Seite sein Atem strömt.

Nehmen wir an, es wäre links der Atem. In aufrechter Haltung, Schultern zurück und den Rücken gerade, tritt er nun mit dem linken Fuß an. Gleichzeitig beginnt er rhythmisch zu atmen, indem er durch sechs Pulseinheiten den Atem durch die Nase einzieht und bei jeder Pulseinheit einen Schritt macht. Dann atmet er wieder durch sechs Pulseinheiten aus, dabei wieder sechs Schritte machend. Darauf hält er durch vier Pulseinheiten bzw. vier Schritte den Atem an, um beim nächsten Schritt sofort wieder sechs Pulseinheiten bzw. sechs Schritte einzuatmen usw. Die Schritte müssen natürlich dem Pulsrhythmus angemessen sein. Bei Personen mit normalem Pulsschlag wird sich daraus eine mäßige und langsame Vorwärtsbewegung ergeben. Ein Yogi hastet nicht.

Die höhere Atemtechnik verlangt eine volle Meisterung des Atmungsprozesses nach allen Richtungen. Der Schüler muß lernen, den Atem durch ein längeres Zeitmaß anzuhalten, als er zum Ein- und Ausatmen verwendet. Er nehme zu diesem Zweck besondere Atemübungen vor, bei welchen er die Zeit des Atemanhaltens jedesmal um einige Sekunden steigert. Man kann es nach und nach dahin bringen, den Atem ein bis eineinhalb Minuten anzuhalten, ohne besondere Beschwerden. Allerdings muß man bei dieser Übung sehr vorsichtig sein und darf nichts erzwingen. Beim Atemanhalten muß jeder Blutdruck nach dem Kopf hin streng vermieden werden, das Zurückhalten muß ohne jede Anstrengung vor sich gehen. Man würde sich sonst sehr leicht der Gefahr aussetzen, ein Blutgefäß zu zerreißen. Sobald man merkt, daß sich der Atem ohne besondere Anstrengung nicht mehr zurückhalten läßt, beginne man unverzüglich mit der Ausatmung. Der Erfolg wird sich ganz von selbst einstellen, aber man muß Geduld haben und diese Übung ziemlich oft vornehmen.

Ferner soll der Schüler versuchen, mehrere *wichtige Stellungen* zu erlernen. Dieselben sind aber für den Europäer ziemlich schwierig auszuführen, da hierzu eine besonders Gelenkigkeit gehört.

1. Man setze sich auf den teppichbelegten Boden, aber in der Art der Orientalen mit gekreuzten, an den Leib herangezogenen Beinen. Die Ferse des einen Beines muß unter den Damm zu liegen kommen oder aber an den Damm gepreßt werden, während die andere Ferse oben aufliegt. Dabei muß man völlig aufrecht sitzen mit eingezogenem Rückgrat. Der Kopf ist so geneigt, daß das Kinn an der Brust aufliegt. Diese Stellung verleitet den Übenden, mit gebogenem Rücken zu sitzen, was aber unbedingt vermieden werden muß. Die Augen halte man während der ganzen Übung auf die Nasenwurzel, also auf den Punkt zwischen den Augenbrauen, an welchem die Nase entspringt, gerichtet. Der Yogi nennt diese Stellung *Siddhasana.* In dieser Positur vollführe er die Voll- und Tiefatmung siebenmal und versuche das Anhalten

des Atems solange auszudehnen, wie es ohne besondere Beschwerden möglich ist. Die Einatmung und Ausatmung bewerkstellige man vorläufig durch beide Nasenlöcher, damit die Hände aufeinander auf dem Schoß liegen können. Wir wollen die drei Teile des Voll- und Tiefatmens nunmehr mit dem indischen Namen bezeichnen, und zwar benennen wir das Einatmen oder des Körpers mit Luft *Puraka,* das Anhalten des Atems *Kumbhaka* und das Ausatmen *Rechaka.*

2. Stellung wie vorhin, nur wird die rechte Ferse an jene Stelle des linken Oberschenkels angelegt, wo dieser mit dem Gesäß zusammentrifft. Die linke Ferse wird am rechten Oberschenkel in der Gesäßgegend angelegt. Diese Stellung ist nur dann vollkommen, wenn man imstande ist, mit den auf dem Rücken gekreuzten Händen die Zehen zu ergreifen, und zwar die rechte Zehe mit der rechten Hand und die linke mit der linken. Bevor man in dieser Stellung eine Atemübung durchführt, soll man diese Stellung erst oftmals üben, bis sie leicht gelingt.

3. Wenn man nach einigen Tagen diese ungleich schwerere Stellung gemeistert, so führt man die Übung folgendermaßen durch. Man sitzt in dieser Stellung, die *Padmasana* heißt, völlig aufrecht, hat die Hände aufeinander im Schoß liegen, neigt den Kopf so, daß das Kinn auf der Brust ruht, legt die Zunge oben am Gaumen, knapp hinter die Vorderzähne an und vollführt in dieser Stellung siebenmal das Voll- und Tiefatmen. Kumbhaka wird ziemlich lange angehalten und Puraka und Rechaka geschieht mit beiden Nasenlöchern. Die Augen bleiben diesmal bei dem ganzen Atemprozeß auf die Nasenspitze gerichtet.

4. Jene Schüler aber, die trotz aller emsigen Bemühungen diese Yogastellungen nicht zustandebringen, können die gewöhnliche orientalische Stellung einnehmen, indem sie so auf dem Teppich sitzen, daß der Körper auf dem Gesäß ruht und die Beine so gekreuzt sind, daß der rechte Fuß unter den linken Schenkel und der linke

Fuß unter den rechten Schenkel zu liegen kommt. Die Hauptsache aber ist, daß in allen Fällen eine vollkommen aufrechte Haltung eingenommen wird. Abwechselnd soll nun der Schüler, wenn er die obigen Übungen beherrscht, einmal in der Siddhasanastellung und das anderemal in der Padmasanastellung (oder wer nicht anders kann, in der gewöhnlichen orientalischen Stellung) bei dem Voll- und Tiefatmen folgende Experimente ausführen.

1. Puraka durch das linke Nasenloch (rechtes mit dem Finger schließen) und Rechaka durch das rechte Nasenloch (linkes schließen).

2. Bei einer nächsten Übung Puraka rechts und Rechaka links.

3. Einige Tage später Puraka rechts und Rechaka rechts, hierauf Puraka links und Rechaka links usw.

4. Ein anderes Mal wieder Puraka rechts und Rechaka links, hierauf Puraka links und Rechaka rechts, dann wieder Rechaka rechts und Puraka links usw.

Diese sowie die anderen angegebenen Atemübungen müssen, abwechselnd in beiden Stellungen, längere Zeit hindurch vorgenommen werden, und zwar in bunter Reihenfolge, doch ist darauf zu achten, daß keine der Übungen des ganzen Abschnittes zugunsten einer anderen vernachlässigt wird. Auch das rhythmische Gehen muß fortwährend geübt werden, bis es zur liebgewordenen Gewohnheit geworden ist. Kumbhaka (Atemanhalten) soll man öfters üben auch ohne vorhergegangenes Atemeinziehen. Man kann dies bei jeder Gelegenheit, stehend, gehend, sitzend usw. ausführen. Als Vorbereitung für ein späteres Experiment ist es auch nötig, daß der Schüler lernt, auf *mechanischem Wege den Atemstrom zu wechseln.*

Wir haben erfahren, daß der Atem alle zwei Stunden von einem zum anderen Nasenloch wechselt. Nach der indischen Lehre reguliert sich der Atem beim gesunden und harmonischen Menschen derart, daß am ersten Tag des Neumondes der Atem bei Sonnenaufgang in das linke Nasenloch übertreten muß, worauf er nach zwei Stunden auf das rechte übergeht usw. Durch drei Tage nach dem Neumond muß er stets links bei Sonnenaufgang beginnen. Am vierten Tag beginnt er rechts, so auch am fünften und sechsten Tag, während er am siebenten Tag bei Sonnenaufgang wieder links eintreten soll usw., bis zum ersten Tage des Vollmondes, wo der Atem bei Sonnenaufgang rechts strömen muß, um am vierten Tag nach dem Vollmond morgens durch drei Tage stets mit dem linken Nasenloch zu beginnen, usw. Das ist für den, der seine Kräfte entwickeln will, ein sehr beachtenswerter Umstand. Nur wer im Einklang steht mit den harmonischen Gesetzen des Alls wird seinen Atemstrom in dieser Ordnung finden. Krankheit oder die leiseste Disharmonie, jede Gemütserregung greifen in diese Ordnung störend ein und verändern den Atemstrom.

Der Schüler muß imstande sein, die Unordnung wieder zu beseitigen, er muß seinen *Atemstrom regulieren.* Er wird dies vorerst auf mechanischem Weg tun. Wer den Atem links hat, ihn aber auf der rechten Seite strömen lassen will, der lege sich auf die linke Seite und presse sich ein hartes Kissen in die linke Seite, ungefähr in der Gegend der 5. Rippe, von unten gezählt, und bleibe in dieser Stellung einige Zeit unbeweglich liegen. Dabei verschließe er das linke Nasenloch mit dem Finger. Das Lager soll hart sein, am besten ist es, wenn man sich zur Erde auf den Teppich legt. Nach einiger Zeit wird der Atem nach rechts überspringen. Wenn sich der Schüler nun noch einige Minuten in dieser Stellung verhält, so wird er sicher Erfolg haben.

Fortgesetzte Übungen in dieser Weise werden es ermöglichen, den Wechsel des Atemstromes auch im Sitzen oder Stehen auszuführen, indem man die Gegend der 5. Rippe (von unten gezählt) auf jener

Seite, an welcher der Atem augenblicklich strömt, mit den Händen andauernd drückt und das strömende Nasenloch zuhält. Nach kurzer Zeit wird der Atemstrom auf die andere Seite übergehen. Die sorgfältige Beachtung des rechts- oder linksseitigen Atemstromes ist für den Neophyten von großer Wichtigkeit. Er muß genau darauf sehen, daß sein Atem mit dem Atem des Makrokosmos im Einklang steht, und daß besonders mit Sonnenaufgang der richtige Atem einsetzt. Ist das nicht der Fall, so muß er sofort die Korrektur mit Hilfe des erwähnten Experimentes vornehmen. Der linke Atem ist das Prinzip der Kälte, der rechte Atem ist Wärme, das kann man sich leicht selbst bestätigen. Wenn Ida (links) strömt, so haben wir ein kühles Gefühl im Körper. Strömt dagegen Pingala (rechts), so empfinden wir eine wohltuende Wärme. Was ist da natürlicher, als daß man bei Erkältungen den rechten Atemstrom und bei Fieber den linken Atemstrom einleiten wird?

Baden, essen und schlafen soll man, während der Atem rechts strömt. Der linke Atem ist beruhigend und entspannend, der rechte erhöht die Vitalität, macht erregt, tätig und den Leidenschaften zugänglicher. Alle Unternehmungen, die rasch erledigt werden müssen, oder bei den Hindernisse zu bewältigen sind und bei denen mit Widerstand zu rechnen ist, haben Erfolg, wenn sie beim rechten Atem begonnen werden. Beim linken Atem ist es gut, nur solche Handlungen zu beginnen, die eine gewisse Zeit erfordern und lang anhaltenden Erfolg haben sollen. Um sich vor Mißerfolg und Ungemach zu schützen, ist es nötig, den Atem entsprechend zu regulieren. Der Schüler wird es vorläufig auf mechanischem Wege tun, später wird ihm gezeigt, wie er den Wechsel des Atemstromes mit psychischen Kräften bewirken kann.

Wenn der Schüler die bisher gelehrte Atemtechnik in allen Teilen durch eine mehrmonatige Übung beherrscht, wird es Zeit für ihn, den *psychischen Atem* zu erlernen. Der physiologische Teil der Atemkunde allein macht noch keinen Meister. Erst das *psychische Atmen,* eine Verbesserung der gewöhnlichen Atemtechnik zusammen mit den *pranischen* Kräften, bringt die großen, ungeahnten Erfolge. Der Gipfel des psychischen Atmens ist das *Pranayam.* Alles, was besteht, was Ausdehnung, Form und Leben hat, ist von einem Grundprinzip durchdrungen, das die indische Philosophie *Prana* nennt.

Prana ist der kosmische Atem, daher das Leben des Universums, sein Lebensprinzip und somit auch das Lebensprinzip aller Geschöpfe. Prana durchdringt alles, lebt in allem und ist alles. Prana ist die höchste, gestaltende und verkörpernde Urkraft, die absolute Energie. Prana ist Bewegung, Schwere, Nervenstrom, Magnetismus, Elektrizität usw. Alles hat sich aus einer Modifikation des Prana, dem *Akasha,* entwickelt. Wir finden Prana in allen Formen der Materie, obwohl sie selbst keine Materie ist. Prana ist demgemäß auch in der Luft, obwohl sie nicht selbst die Luft ist. Nicht einen Augenblick könnte irgend ein Geschöpf atmen, wenn ihm nicht durch den Sauerstoff Prana zugeführt werden würde, und doch ist Prana auch nicht Sauerstoff. Prana ist nicht wägbar, nicht fühl- oder riechbar, und doch ist es alles und in allem. Prana ist das Leben, der Erhalter des Lebens, die eigentliche, nur in ihren Wirkungen wahrnehmbare Lebenskraft. Die atmosphärische Luft ist reich gesättigt mit Prana. Dient uns der Sauerstoff der Luft für unser Zirkulationssystem, so dient uns Prana für unsere Existenz überhaupt und im besonderen für das Nervensystem. Wir können Prana im Körper anhäufen, wie man die Elektrizität in den Akkumulatoren aufspeichert. Wir können bewußt und mit Willenskraft unser Nervensystem reichlich mit Prana laden. Wir verbrauchen die Nervenkraft, die wiederum nur modifiziertes Prana ist, und können durch das *psychische Atmen* diese Nervenkraft ersetzen. Wir können uns durch das psychische Atmen eine ungeheure Energiequelle schaffen, die uns Lebenskraft und Gesundheit spendet und unsere psychischen Kräfte zur vollsten Wirkung bringt.

Um *Pranayam* zu erlernen, muß der Neophyt vorerst einige leichtere Übungen des *psychischen Atmens* durchführen. Er nehme die Siddhasana- oder Padmasanastellung ein (auch die gewöhnliche orientalische) und mache Puraka durch das linke Nasenloch. Während des Kumbhaka aber muß er sich lebhaft vorstellen, wie sich das eingeatmete Prana im Sonnengeflecht (bei der Magengrube) sammelt und von dort aus nach allen Teilen des Körpers blitzschnell quecksilbergleich verteilt. Er muß die Empfindung haben, daß das Prana die Brust, die Wirbelsäule, das Gehirn, die Arme und Beine durchflutet, daß es bis zu den Finger- und Zehenspitzen fließt. Obwohl Prana nicht materiell ist, mag er sich anfänglich die Vorstellung eines Gases oder irgendeiner leichten, weißen Substanz machen. Auch gebe er sich der Vorstellung hin, das Fließen des Pranas zu fühlen, das wird einen rascheren Fortschritt in diesen Übungen bewerkstelligen. Hierauf mache er Rechaka durch das rechte Nasenloch. Diese Übung wird siebenmal hintereinander durchgeführt.

Nach einiger Zeit muß diese Übung etwas vollkommener ausgeführt werden. Man hat wieder eine der beiden Stellungen (oder die gewöhnliche orientalische) einzunehmen, zieht Puraka links auf und muß mit dieser Handlung schon die scharfe Vorstellung der Prana-Aufnahme verbinden. Während Kumbhaka verfährt man folgendermaßen. Man drückt das Prana die Wirbelsäule entlang bis zum After hinunter. Das geschieht durch ein leichtes Zusammenziehen der Kehle. Man übe aber keinen besonderen Druck aus; hier muß die Willenskraft arbeiten. Sodann ziehe man den After zusammen und lasse Prana auf die gleiche Art wieder durch die Wirbelsäule nach aufwärts strömen. Man mache die beiden Bewegungen siebenmal hintereinander, dann erst leite man rechts Rechaka ein. Den ganzen Prozeß führe man ebenfalls siebenmal aus.

Hat man diese Übung gut bewältigt, kann man einen Schritt weiter gehen. In einer der erwähnten Stellungen leitet man wieder Puraka links mit der Pranavorstellung ein, und läßt während Kumbhaka den Pranastrom mit Willenskraft in das Gehirn dringen, leitet es von dort zur Gehirnbasis (Zirbeldrüse), dann herab zum Solarplexus, das Rückgrat entlang, hierauf vor zur Nabelgegend und schließlich in die Zeugungsorgane und von dort zu den Füßen. Sodann läßt man im schnellen Wechsel mehrere male Prana den ganzen Körper von den Füßen bis zum Kopf und wieder zurückströmen, um dann Rechaka rechts einzuleiten. Auch die früheren Atemübungen in liegender Stellung das rhythmische Atmen usw. sollen nunmehr stets nur mit der Prana-Vorstellung praktiziert werden. Sobald der Schüler die Leitung des Pranastromes in seine Gewalt gebracht hat, kann er mit diesen Übungen bestimmte Zwecke verbinden. Er dirigiert den Pranastrom nach gewissen Körperstellen oder Nervenzentren, um sodann mit scharfer Willenskraft den gewünschten Einfluß auf die betreffende Stelle zu nehmen. Leidet er z.B. an Schmerzen in der Kniescheibe, so wird er während Kumbhaka den Pranastrom in die Kniescheibe leiten und diesen Körperteil mit dem Befehl geistig durchdringen, daß die Schmerzen aufhören und deren Ursache verschwinden soll und daß der erkrankte Körperteil rasch gesund werde. In solchen Fällen ist es auch gut, nebenbei Prana von außen, also in diesem Beispiel direkt durch den Knochen, einzuziehen. Wenn man Rechaka rechts einleitet, so muß man beim Ausatmen die plastische Vorstellung haben, die Krankheitsstoffe mit auszuatmen.

Um *Prana durch Willenskraft von außen,* ohne Vermittlung der Lunge, einziehen zu können, mache man zwischendurch noch folgende einfache Übung. Man lege sich auf ein Sofa und atme rhythmisch einige Minuten. Dann ziehe man den Pranastrom durch die Hautporen in alle Teile des Körpers. Eine lebhafte Vorstellung und geschulte Willenskraft ermöglichen dieses Experiment, das so oft wiederholt werden muß, bis man tatsächlich das Einfluten des Pranas in den Körper spürt. Dann leite man den Pranastrom auf die bekannte Art durch alle Knochen, Nervenwege, Organe usw. Die Übung wird wieder mit dem rhythmischen Atmen beendet.

Um den *psychischen Sinn* zu erwecken, leite man in einer der drei angeführten Yogastellungen während Kumbhaka den Pranastrom vom Solarplexus in die Wirbelsäule und an dieser entlang zur Zirbeldrüse an der Gehirnbasis. Man lasse diese Stelle von Prana durch einige Sekunden kräftig und fühlbar durchfluten und setze dann mit der starken Willenskonzentration ein, daß der psychische Sinn sich öffnen und man hellsehend, hellhörend usw. werden möge. Beim Rechaka (rechts) muß man die lebhafte Vorstellung des Erfolges haben. Man muß in rascher Reihenfolge und plastischer Deutlichkeit geistig erleben, wie die gewünschten Fähigkeiten zu wirken beginnen. Der ganze Atemvorgang, also Puraka, Kumbhaka und Rechaka, wird siebenmal wiederholt. Diese Übungen werden natürlich nicht gleich beim ersten Mal den gewünschten Erfolg bringen. Durch die dabei in Bewegung gesetzten Kräfte müssen erst die physischen Bedingungen geschaffen werden, und es ist ganz individuell, wie lange der Erfolg auf sich warten läßt. Bei einiger Geduld und Ausdauer, die dem Schüler ja nicht mehr fremd sein dürfen, wird das Ziel aber immer erreicht werden. Solche Experimente, bei welchen in einer gewissen Stellung der Pranastrom durch die Willenskraft auf verschiedene Punkte zwecks Erreichung eines bestimmten Zieles dirigiert wird, werden *Pranayam* genannt. Pranayam darf nie nach dem Essen, niemals nach Aufregungen und auch nie unmittelbar nach Vergnügungen geübt werden. Der Neophyt muß sich mindestens eine Stunde vor diesem *wichtigsten* Experiment in größter Seelenruhe, in voller Harmonie befinden. Man übt am besten morgens und abends. Pranayam zur Erlangung psychischer Kräfte wird außerdem noch durch die in den späteren Kapiteln angeführten speziellen Übungen unterstützt.

Zur Erlangung einer vollen Gesundheit muß der Schüler die eingangs dieses Kapitels erwähnten fünf Turn- und Atemübungen, die zum Hatha-Yogasystem gehören, mit dem Pranayam verbinden. Bei allen fünf Übungen soll er, während er Kumbhaka hält, den Pranastrom in jenes Körperglied leiten, welches die gymnastische Übung vollführt, und zwar bei Übung 1 in die Arme, bei Übung 2 in die Beine, bei Übung 3 in den Unterkörper, bei Übung 4 in den Oberkörper und bei Übung 5 läßt er den Pranastrom durch den ganzen Körper strömen. Während des Rechaka muß er die lebendige, von allem Zweifel freie Vorstellung haben, daß sich bei Übung 1 und 2 große Lebenskraft in den Gliedern entwickelt, die Blutzirkulation sich verbessert und alle

Säftestockung durchbrochen wird, daß Knochen und Muskeln kräftig werden usf. Übung 3 beeinflußt den Unterkörper, die Verdauungs- und Zeugungsorgane. Hier muß man die Vorstellung einer völligen Gesundung dieser Organe einleiten. Man muß zuversichtlich wissen, daß diese Übung die Verdauungsorgane stärkt und ihre Funktionen regelt. Übung 4 beeinflußt in gleicher Weise den Oberkörper und seine Organe, besonders aber die Blut und Säftezirkulation, das Herz, die Lunge, Leber, Nieren, Magen usw. Es muß uns die Vorstellung der vollen Gesundheit all dieser Organe beherrschen. Übung 5 umfaßt den ganzen Körper und besonders die Nerven. Hier muß man mit der unerschütterlichen Vorstellung eines allgemeinen Gesundheitsgefühls und Kraftbewußtseins eintreten. Man muß nicht nur wünschen, sondern felsenfest behaupten, daß man stahlharte Nerven und einen gegen alle Krankheiten gefeiten, von Energie und Lebenskraft durchfluteten Körper besitzt. Nach Beendigung dieser fünf Übungen lege man sich noch einmal mit dem Rücken auf den Teppich, atme mehrere Minuten rhythmisch und ziehe den Pranastrom durch die Hautporen des ganzen Körpers ein, mit dem kräftigen Willen, daß auch die Hautfunktionen in der für den Körper besten Weise geregelt werden. Dann erst soll man sich frottieren, ankleiden und bei der darauffolgenden Voll- und Tiefatmung während Kumbhaka nochmals den Pranastrom kräftig durch den Körper einigemal hinauf und hinunter fegen lassen. Nun gibt man sich einige Minuten der Ruhe hin, atmet dabei aber rhythmisch. Der Schüler soll diese Übungen nunmehr wöchentlich mindestens zweimal machen. Sie werden ihm für sein Leben zur wohltuenden Gewohnheit werden.

Es ist nicht unbedingt nötig, daß bei allen Pranayamübungen die Nasenwurzel oder die Nasenspitze fixiert wird, man kann auch einen auf einer weißen Wand angebrachten kleinen, schwarzen Kreis betrachten. Bei der Ausübung des Pranayams zur Entwicklung der okkulten Kräfte beachte man, daß während Kumbhaka der Pranastrom für das Hellsehen und Hellhören abwechselnd in die Zirbeldrüse und den Solarplexus, zur Erreichung einer erhöhten Sensitivität in den Solarplexus, für psychometrische Fähigkeiten abwechselnd in das Gehirn und den Solarplexus zu leiten ist. An geeigneter Stelle werden noch andere Anleitungen gegeben.

Pranayam kann aber auch als gesteigerte Wunschkraft dienen. Wenn der Schüler etwas erreichen will, das nicht gegen die ethische Entwicklung verstößt, kann er durch eine mehrmalige Anwendung des Pranayams sicher die Erfüllung seines Wunsches erreichen. Er hat darauf zu achten, daß er bei Puraka, Kumbhaka und Rechaka stets den gleichen, scharf konzentrierten Gedankengang einhält. Bei Puraka zieht er bewußt Prana ein mit dem starken Wunsch der Erfüllung, er lädt also das Prana mit seinem Wunsch auf. Bei Kumbhaka leitet er Prana in das Gehirn und den Plexus und steigert seinen Wunsch zum Befehl. Bei Rechaka muß er die unumstößliche Gewißheit des Gelingens besitzen, er muß die Erfüllung bereits als vollzogene Tatsache mit plastischer Deutlichkeit empfinden. Die Kraft des Experiments steigert sich, wenn man die Stellung mit dem Gesicht nach Osten wählt. Schließlich sei nochmals darauf aufmerksam gemacht, daß jeder Zweifel den Erfolg vermindert. Mit der Kraft des vollen Glaubens muß dieses Experiment durchgeführt werden, dann aber wird es auch Wunder wirken. Nur hüte man sich vor einem Mißbrauch! Nichts rächt sich an Leib und Seele schwerer als die Anwendung des Pranayams zu selbstsüchtigen Zwecken.

9. Über das Od

Alle astralen Kundgebungen kommen nur durch die Vermittlung eines unendlich feinen Stoffes zustande, der von seinem wissenschaftlichen Entdecker, Dr. Karl von Reichenbach nach dem nordischen Gott *Odin,* dem Weltordner, Od genannt wurde.

Reichenbach wies durch zahllose Versuche, die er in exakt wissenschaftlicher Weise vorgenommen hatte, nach, daß aus dem Körper des Menschen eine leuchtende, unter gewissen Bedingungen auch sicht- und fühlbare Ausströmung heraustritt, die ihn ganz umhüllt. Er hat ferner nachgewiesen, daß dieses Od polarisiert ist. Die rechte Körperseite ist bläulich strahlend und wirkt wie die rechte Hand beim Mineralmagnet odpositiv, während die linke Seite rötlich strahlt und wie die linke Hand odnegativ wirkt. Od ist eine feinere pranische Verstofflichung. Diese odische Ausstrahlung ist bei beiden Geschlechtern sehr verschieden, zeigt aber auch beim gleichen Geschlecht große Unterschiede und ist je nach dem Gesundheitszustand gewissen Veränderungen unterworfen. Die kräftigste und ungetrübteste Ausstrahlung zeigt sich beim gesunden Menschen, während der kranke Mensch ein trübes geradezu fauliges Od erzeugt.

Das Od entstrahlt allen organischen und anorganischen Körpern. Es scheint das ganze Universum damit erfüllt zu sein. Auch der Sonne und dem Mond entstrahlt es. Wir erzeugen fortwährend Od und geben es auch fortwährend ab. Wir strahlen es bei jeder Bewegung, bei jedem Atemzug, mit unseren Füßen auf den Boden, mit unseren Händen auf alle Gegenstände, die wir berühren, auf Stoffe, Holz, Metalle, Wasser, auf unsere Kleidung und so weiter. Diese Ausstrahlung ist ferner beim menschlichen Körper im allgemeinen nach oben mehr bläulich, nach unten mehr gelblich. Im kranken Körper herrscht die gelbe Strahlung vor. Von dieser Strahlung kann sich jeder sensitive Mensch sofort überzeugen. Der nicht sensitive Teil der Menschheit (leider mehr als die Hälfte) vermag sich von der Tatsache der odischen Strahlung nur dadurch vollkommen zu überzeugen, daß er seinen psychischen Sinn entwickelt. Ein interessantes Experiment vermag uns ein allerdings etwas schwaches Bild von der Ausstrahlung des menschlichen Körpers zu geben. Wenn wir plötzlich in einen dunklen Raum gebracht werden, in welchem sich schon eine Person aufhält, und es wird uns die Richtung gezeigt, in der dieselbe sich befindet, so werden wir, vorausgesetzt, daß diese Person sich vollkommen ruhig verhält, so daß ihr Aufenthalt durch kein Geräusch verraten werden kann, nach Verlauf einer halben Stunde, in vielen Fällen wohl erst nach einer Stunde, in der bezeichneten Richtung einen schwach phosphoreszierenden Schein wahrnehmen, der nach und nach intensiver wird und die Umrisse eines menschlichen Körpers annimmt. Leider gelingt dieses Experiment nicht in allen Fällen, denn Geduld ist nicht jedermanns Sache.

Das Od ist nach allen Forschungen als der stoffliche Träger der Lebenskraft anzusehen, denn gesundes Od läßt sich auf einen kranken Körper übertragen und heilt ihn. Od ist aber auch der Träger der Gedanken, das beweist uns die Telepathie. In der ganzen Natur ist es vorherrschend, es zeigt sich gestaltend, formbildend und belebend, sogar bis hinunter zur Kristallwelt; es verliert seine organisierenden Eigenschaften auch dann nicht, wenn es auf einen anderen Organismus übertragen wird. Die Wissenschaft, die bislang die Existenz des Ods geleugnet hat und zum Teil noch immer leugnet, ist nach den neuesten Forschungen gezwungen, der Wahrheit näher zu treten. Zahlreiche Forscher haben sich in letzter Zeit bemüht, durch einwandfreie Experimente die odische Ausstrahlung des Menschen, ja überhaupt das Vorhandensein des Ods und seiner merkwürdigen Eigenschaften nachzuweisen, und stets wurde ihnen das Resultat aufgezwungen, daß sie in dem Od den materiellen Träger des Willens, Gedankens und der Lebenskraft vor sich hatten. Das Od dringt infolge seiner Feinstofflichkeit durch alle grobstofflichen Körper, besonders durch Holz, Metalle und alle fleischlichen Teile. Es hat also die größte Gemeinschaft mit den vielen neuentdeckten Strahlen.

Reichenbach konnte mit seinen Fingern die Nadel einer Bussole (Winkelmeßinstrument) ablenken, ohne sie zu berühren, als ob seine Finger ein Magnet wären. Diese odische Wirkung wurde in der neuesten Zeit von dem Halleschen Universitätsprofessor Harnack wiederentdeckt. Sein Experiment beweist die Ausstrahlung einer magnetischen Kraft aus der Hand. Der gleiche Gelehrte bemerkte beim leichten Reiben der Glasfläche eines Kompasses, daß die Magnetnadel von ihrer bisherigen Stellung abgelenkt wurde. Die großartigen, erfolgreichen Experimente des früheren Direktors des Polytechnikums zu Paris, Oberst de Rochas, der sich besonders mit der Ausscheidung des menschlichen Ods beschäftigte, haben Reichenbachs Entdeckungen vollauf bestätigt. Er hat die Ausstrahlungen des menschlichen Körpers sogar auf die fotografische Platte gebracht.

Wir entnehmen folgenden Bericht über Rochas Experimente dem Werk du Prels: *Die Magie als Naturwissenschaft* 1. Teil, Seite 70. Dort heißt es: „Rochas Experimente sind ein glänzendes Beispiel von der magischen Vertiefung der modernen Naturwissenschaft. Eines der dunkelsten Gebiete der Magie, die Hexerei, wird davon erhellt und findet ihre naturwissenschaftliche Erklärung, wenn der Magnetismus der Träger des Lebensprinzips ist, wenn er exteriorisierbar ist und dabei seine Empfindungsfähigkeit bewahrt. Seit den ältesten Zeiten ist z.B. der sogenannte Bilderzauber bekannt, wobei Figuren aus Wachs angefertigt wurden, durch deren Mißhandlung derjenige geschädigt wird, den sie vorstellen. Nun hat aber Rochas gezeigt, daß nicht nur Wasser, sondern auch andere, fette Substanzen das exteriorisierte Od magnetisieren und damit empfindungsfähig werden, was bei fortbestehendem magnetischen Rapport zum Schaden des Odlieferanten ausschlagen kann. Eine kleine Wachsstatuette stellte Rochas in die exteriorisierte odische Empfindungsschicht, und wenn ihr nun Nadelstiche beigebracht wurden, wurden diese in den gleichen Körperteilen der Somnambulen empfunden. In den Kopf der Wachsfigur wurden Haare eingefügt, die vom Nacken der Versuchsperson genommen worden waren, worauf die Figur weggetragen wurde. Rochas weckte dann die Somnambule und sprach mit ihr. Plötzlich fuhr sie mit der Hand an den Nacken und behauptete, sie sei an den Haaren gezogen worden. Das war im gleichen Augenblick an der Figur geschehen. Man stellte darauf eine fotografische Platte in die exteriorisierte Odschicht, nahm dann ein Bild der Versuchsperson damit auf, und als nun das Bild zweimal mit einer Nadel geritzt wurde, empfand es die Somnambule an der korrespondierenden Stelle, nämlich an der rechten Hand, stieß einen Schrei aus und verlor einen Augenblick das Bewußtsein. Als sie zu sich gekommen war, bemerkte man auf dem Handrücken zwei gerötete Striche, die vorher nicht da waren und die mit den von der Nadel auf der Fotografie gezeichneten Hautrissen genau übereinstimmten. Bei einem zweiten Versuch ritzte Rochas die gekreuzten Hände auf der Kollodiumschicht des fixierten Bildes; die Somnambule brach in Tränen aus und zwei bis drei Minuten später entstand vor den Augen der Zuschauer das entsprechende Stigma. Suggestion und Autosuggestion sind hier ausgeschlossen, denn Rochas hatte absichtlich den Blick abgewendet, als er das Bild ritzte, und die Somnambule wußte ebenfalls nicht, wo es verletzt worden war."

„Nachdem er sich einmal überzeugt hatte, daß eine reale magnetische Ausströmung aus seiner Hand stattfinde und daß er seine Somnambule durch Vorhalten der Hand vor ihre Stirn einschläfern konnte, geriet Rochas auf die Idee, diese Ausstrahlung einer Glasplatte mitzuteilen und ließ dann von einem hinter einem Schirm verdeckten Gehilfen diese Glasplatte auf die Fotografie der Somnambulen legen, die sogleich zu sprechen aufhörte und einschlief. Rochas ging dann selbst hinter den Schirm und weckte sie dadurch, daß er die Fotografie anblies. Als man der Somnambulen erzählte, was geschehen war, hatte sie Mühe, es zu glauben und erklärte, sie würde bei einer Wiederholung des Versuches der Schläfrigkeit widerstehen. Als aber die beiden Platten wieder aufeinander gelegt wurden, dauerte es keine Minute, so schlief sie wieder ein.

„Bei diesen Exteriorisationsversuchen war er schließlich so weit gekommen, daß - von der Somnambulen gesehen - ihr leuchtendes

Phantom, also der exteriorisierte Doppelgänger, auf ihrer rechten Seite erschien, und nun sollte der Versuch gemacht werden, die Realität dieses Phantoms fotografisch zu beweisen. Er führte daher seine Somnambule zum Photographen Nadar. Sie wurde magnetisch eingeschläfert, und er erklärte, ihr Phantom stehe etwa 1 Meter von ihr entfernt. Rochas streckte die Hand gegen die angegebene Stelle vor, bis die Somnambule angab, die durch Rapport vermittelte Berührung zu fühlen, worin der Beweis lag, daß nun das Phantom selbst berührt war. Man beleuchtete nun die Hand, um einen Richtungspunkt für den fotografischen Apparat zu erhalten, der dann eine Viertelstunde lang nach jener Stelle gerichtet blieb. Wahrend dieser Zeit gab die Somnambule ihre Eindrücke an; sie sah ihren Doppelgänger bläulich leuchtend, kaum unterscheidbar am Körper, aber mit Ausströmungen aus den Füßen und sehr deutlich im Gesicht, welches sie im Profil sah, umgeben von beweglichen Flammen. Die entwickelte Platte zeigte ein Profil, aber unter der Nase und am rechten Auge zwei Flecken, deren mikroskopische Untersuchung die Überzeugung hervorrief, daß kein Plattenfehler vorlag. Rochas zog daraus die Folgerung, daß vielleicht an der Somnambulen selbst hypnogene Punkte seien, von welchen die magnetische Ausströmung lebhafter geschieht als vom übrigen Körper. Ein sorgfältig angestelltes Experiment ergab die Existenz solcher Punkte, von denen Rochas vorher nichts gewußt hatte. Da die Somnambule auf der linken Seite solche Punkte nicht hatte, so war also die rechte Seite des Phantoms fotografiert worden."

„Wenn das Tastgefühl exteriorisiert werden kann, dürfte dies auch von den übrigen Sinnen gelten. Als Rochas in das odisierte, also sensibilisierte Wasser ein Fläschchen mit stark riechendem Inhalt setzte, gaben einige Versuchspersonen den Geruch an. Eine Person geriet in Ekstase, als ein Fläschchen Laurocerasusessenz in das Wasser getaucht wurde. Man erinnert sich dabei unwillkürlich an die Rolle des Lorbeers bei der Pythia in Delphi. Als Rochas eine Lösung von Glaubersalz in die Nähe des Armes der Schlafenden brachte und dann ohne ihr Wissen die Kristallisation der Lösung von einem Dritten vorgenommen wurde, stellte sich bei der Somnambulen im gleichen Augenblick eine Kontraktur dieses Armes mit großen Schmerzen ein. Zwölf Tage später wurde in diese Kristallmasse die Spitze eines Dolches gedrückt, und die Somnambule im Nebenzimmer fühlte den Stich und stieß einen Schrei aus."

„Bei seinen ersten Experimenten beging Rochas unbewußt einen Mißgriff: Statt die odisierten Flüssigkeiten ihrem natürlichen Verdampfungsprozeß zu überlassen, schüttete er sie zum Fenster hinaus in den Hof. Dies tat er auch eines Abends, als starker Frost eintrat, nachdem er mit zwei Versuchspersonen experimentiert hatte, die für den folgenden Tag wieder bestellt waren. Sie kamen nicht. Am zweiten Tag schleppte sich eine davon mit dem Aussehen eines Todkranken zu Rochas und erzählte, sie seien nachts beide von Kolik befallen worden, hätten sich gar nicht erwärmen können und bis in die Knochen hinein gefroren."

Das Od ist aber auch individuell, es wird beeinflußt von der psychischen Beschaffenheit des Menschen. Es ändert den Grundton der Farbe je nach der Gemütsverfassung desselben. So ist in der *Übersinnlichen Welt* Jahrgang MII, Heft 3 unter der Aufschrift *Menschenausstrahlungen und ihre Spektren* als neuester Beweis für die Odstrahlung ein übersetzter Bericht des Arztes I. Stenson Hooker an den *Lancet* zu lesen, welchem wir entnehmen, daß die von sehr leidenschaftlichen Menschen ausgehenden Strahlen im allgemeinen tief dunkelrot sind. „Wo gut zu sein und das Gute zu tun den Grundton des Lebens bildete, sind sie rosa, beim tiefen Denker tiefblau, gelbe bei dem, der die Kunst und eine verfeinerte Umgebung liebt, und grau sind sie bei dem, der leicht gedrückt und sorgenvoll ist. Wer ein verworfenes, niedrig gesinntes Leben führt, sendet schmutzig braune Strahlen aus; ein religiös gesinnter, wohlwollender Mensch strahlt hellblau, der fortschrittlich denkende hellgrün, der physisch oder seelisch Kranke dunkelgrün usf. *Diese Farben zeigen sich an der Peripherie der Strahlung,* die den Körper sackartig umgibt. Sie wechseln, beeinflussen aber den Grundton, der auf der rechten Seite bläulich und auf der linken rötlich ist, in keiner Weise."

Nach Reichenbach erscheint das menschliche Auge in einem finsteren Raum anfangs ganz lichtlos, fängt aber nach einiger Zeit an zu leuchten, und je mehr der Träger desselben in eine Gemütserregung gerät, desto kräftigere Strahlenbündel entströmen dem Auge. Psychische Erregungen steigern also die Odausstrahlung, verändern aber auch die Qualität des Odes. Auch die Gedankenkraft hat Einfluß auf den odischen Strahlungsprozeß. Je schärfer ein Magnetiseur auf seine Manipulation die Gedanken gerichtet hat, desto kräftiger wird er sein Od überleiten können, er wird es qualitativ und quantitativ seinen Zwecken günstiger bestimmen.

Das Od ist vollständig individuell. Wenn von verschiedenen Personen je ein Glas Wasser magnetisiert wird, so hat jedes Wasser einen anderen Geschmack. Es ist vorgekommen, daß in einer zahlreichen Gesellschaft, in welcher man sich gegenseitig nur wenig kannte, eine stark sensitive Person sich von den Anwesenden kleine Gegenstände erbat, an welchen der Eigentümer äußerlich nicht zu erkennen war, die aber von demselben längere Zeit am Körper getragen worden sein mußten, wie Ringe, Schmuckgegenstände, Handschuhe u.a. Der Betreffende warf sämtliche Gegenstände durcheinander und reichte dann mit einer erstaunlichen Sicherheit jeden Gegenstand seinem Eigentümer wieder zurück. Sobald er nämlich den oddurchsetzten Gegenstand ergriffen hatte, war er sofort mit dem Od des Besitzers verbunden, und es zog ihn unwiderstehlich zu der Person, der der Gegenstand gehörte, hin. Sehr Sensitive erkennen die individuelle Qualität des Ods selbst dann, wenn dasselbe mit anderen Ausdünstungen vermischt ist.

Alles strahlt! Das läßt sich nach den heutigen Forschungen mit Sicherheit behaupten. Die von der modernen Wissenschaft bezüglich des Wesens der Elektrizität aufgestellte Emanations- und Ondulationstheorie betont bereits das Vorhandensein einer feinstofflichen Materie

(Korpuskeln, Elektronen). Man spricht heute allgemein von einer strahlenden Materie. Das *Magnale* des Paracelsus, der *animalische Magnetismus* Meßmers, das Od Reichenbachs, die *R-Strahlen* des Professors der Physik R. Blondot in Nancy, die *psychophysische Energie* des russischen Arztes Dr. Naum Kotik in Moskau, sind durchaus identisch. Alle grobstoffliche Materie ist in stetiger Selbsterzeugung einer strahlenden Kraft begriffen. Das neuentdeckte Element *Radium,* das sich in ein anderes Element, das sogenannte *Helium,* verwandeln läßt, hat den Beweis der Selbsterzeugung der Strahlen der Materie geliefert, indem das erstere Element mit einer großartigen Kraft fortwährend Strahlen aussendet, ohne an Volumen zu verlieren. Das gleiche gilt beim menschlichen Körper. Das von ihm erzeugte Od wird beständig ausgestrahlt und beständig wieder erneuert. Wenn die Odabgabe im richtigen Verhältnis zur Erzeugung steht, so ist der Körper gesund. Das meiste Od entströmt den Haaren, den Füßen und den Händen; bei den letzteren ist die Ausstrahlung besonders stark aus dem Daumen, dem Zeige- und dem Mittelfinger und das Od tritt dort hauptsächlich aus den Fingerspitzen heraus in Gestalt eines feinen, bläulichen Wölkchens, das sich kreisend um die Finger herum bewegt und sich dann nach aufwärts verflüchtigt. Reichenbach nannte dieses Fluktuieren die *odische Lohe.*

Magnetisiertes Wasser wird von Sensitiven als eine phosphoreszierende, rauchende Flüssigkeit geschildert, die, wenn man mit einem Stäbchen darin herumrührt, einem flüssigen Feuer vergleichbar ist. Der leuchtende Schein, der von sensitiven Personen um den Kopf der Heiligen gesehen wurde, ist wohl nichts weiter gewesen als eine stark ausströmende odische Lohe und läßt sich noch heute nachweisen. Der vorzügliche Heilmagnetiseur Kramer wurde oft von sensitiven Personen im Halbdunkel mit einer leuchtenden Aura um den Kopf gesehen. Heilmagnetiseure, oder richtiger bezeichnet *Odopathen,* müssen eine sehr starke Denk- und Willenskraft haben, daher ist die starke Odausstrahlung am Kopf erklärlich. Jedenfalls bestätigt die Odlehre die meisten biblischen Wunder. Christus, sowie seine Jünger und Nachfolger haben infolge ihrer natürlichen Lebensweise und ihres hochethischen Entwicklungsstandes eine überaus reiche und gesunde Odausstrahlung gehabt, so daß sie schon mit dem bloßen Händeauflegen, durch das Anhauchen, ja oft schon mit dem Blick eine so starke kräftige Odmenge, die mit dem konzentrierten Willen zur Heilung gesättigt war, auf den kranken Körper überleiten konnten, daß die gestörte Harmonie in den Odverhältnissen der Kranken sofort wieder hergestellt war und dieselben sich sogleich gesund fühlten. Das Od verhält sich wie das Licht, es kann durch Linsen von Glas konzentriert beziehungsweise zerstreut werden. Es vermag aber auch fotografische Platten, die in lichtundurchlässigen Kassetten eingeschlossen sind, zu schwärzen.

Der in den okkulten Wissenschaften vielleicht weniger bewanderte Schüler ist nun genügend aufgeklärt, so daß er weiß, daß alle in den folgenden Kapiteln gelehrten magischen oder astralen Fähigkeiten nur auf der Grundlage der Odstrahlung zustande kommen können. Er wird begreifen, warum wir verlangen, daß seine Lebensführung hauptsächlich darauf gerichtet sein muß, ein physisch und psychisch gleich vorzügliches Od in genügender Menge zu erzeugen.

10. Telepathie oder Gedankenübertragung

Wir haben erfahren, daß unsere Gedanken reale, stoffliche Dinge sind, daß sie dynamisch wirken. Wir haben ferner erfahren, daß das Od als Träger der Lebenskraft angesehen werden muß. Man kann aber auch Sinnesempfindungen, wie Geschmack, Geruch usw., übermitteln. Wenn nun die Lebenskraft wie auch die Empfindung durch das Od übertragen werden können, so muß das auch der Fall sein mit den Gedanken. Telepathie heißt daher Übertragung der Gedanken, der Lebenskraft oder einer Empfindung an eine andere Intelligenz durch die odische Vermittlung. Die Gedankenübertragung läßt sich am besten mit der dem telefonieren vergleichen. Das telefonieren geschieht dadurch, daß elektrische Wellen, die in einem Apparat erzeugt werden, in einem anderen Apparat, der von diesem weit entfernt sein kann, jedoch mit demselben gleich abgestimmt sein muß, elektrische Signale hervorrufen. Es werden also auf einer Station elektrische Wellen erregt, diese pflanzen sich durch alle Hindernisse hindurch bis zu einem gleichgestimmten Empfangsapparat fort.

Du Prel sagt nun in seiner *Magie als Naturwissenschaft* 1. Seite 23: ‚Jeder Gedankenübertragung muß ein physikalischer Prozeß dieser Art zugrunde liegen, wobei die Ausstrahlungen des einen Gehirns sich ondulatorisch fortpflanzen und nach dem Gesetz der Reversibilität sich wieder in einen Gedanken verwandeln, wenn sie einem gleichgestimmten Empfangsapparat, d.h. einem zweiten Gehirn, begegnen. Der Unterschied ist nur der, daß die Ondulationen des menschlichen Gehirns durch den Willen des Agenten eine zugespitzte Richtung erhalten, weil die Telepathie sich auf die größten Entfernungen einstellen kann, wogegen elektrische Wellen nach allen Richtungen sich gleichmäßig ausbreiten, daher mit dem Quadrat der Entfernung sich abschwächen; man müßte denn einen Fokus herstellen, in dem sie gesammelt und nach einem gewollten Punkt reflektiert werden."

Telepathische Phänomene bedingen im allgemeinen gleiche odische Strahlungen, daher ereignen sich die meisten spontanen telepathischen

Fälle zwischen Personen, die sympathisch verbunden sind, also zwischen Blutsverwandten oder sich liebenden Eheleuten. Es läßt sich aber auch bei allen Menschen ein telepathischer Verkehr erzielen, sobald zwischen ihnen sympathische Beziehungen, sei es durch Liebe, Freundschaft, gleiche Sinnesart oder Berufsinteressen ua., bestehen oder geknüpft werden. Je intensiver die odische Gleichstimmung vorherrscht, desto besser gelingen die Experimente. Eine gewisse telepathische Beeinflussung wird ja der Willensstarke auf jeden ausüben können, der ihm nicht einen ebenso starken Willen entgegenzusetzen vermag, selbst wenn er auch nicht durch ein sympathisches Band mit ihm verbunden wäre. Denn der Hauptfaktor bei der Übertragung der Gedanken ist stets der konzentrierte Wille. Ein Teil der folgenden Übungen beruht auf dieser Erkenntnis. Die gewollte Telepathie bedarf zu ihrer Ausführung der vollständigen Beherrschung der Gedankenkonzentration und des negativen Zustands. Bei den meisten odischen Wirkungen haben wir es mit drei unerläßlichen Faktoren zu tun, und zwar mit dem Agenten (dem Absender, also dem Willenserreger, dem positiven Element), dann mit dem Perzipienten (dem negativen Element, also dem Empfänger) und schließlich mit dem Od (dem Willensträger, dem Mittler).

Der Schüler muß sich sowohl als Agent, wie auch als Perzipient üben. Er wird eine ihm sehr sympathische Person veranlassen müssen, ihn bei diesen Übungen zu unterstützen, beziehungsweise sie mit ihm durchzuführen. Diese Person soll aber gesund und guten Willens sein; der Schüler muß die Versicherung haben, daß die betreffende Person sein volles Vertrauen verdient und ihm so zugetan ist, daß sie ihn unter keinen Umständen schädigen würde. Er muß diese Person ebenso veranlassen, fest den negativen und positiven Gedankenzustand zu üben, wozu er ihr die nötige Anleitung aus diesem Buch und seiner Erfahrung erteilen kann. Der Perzipient, d.h. der empfangende Teil, soll nie hypnotisiert werden, damit der Einwurf der Hyperästhesie von seiten der Zweifler nicht gemacht werden kann.

Es wird nämlich zur Erklärung der Gedankenübertragung von einigen Forschern die vage Behauptung aufgestellt, die Telepathie käme durch unwillkürliches Flüstern zustande. Wenn man nämlich längere Zeit hindurch an eine Zahl denkt, so wird man nur sehr schwer schwache Lippenbewegungen unterdrücken können. Der Reiz zum Sprechen wird bei starker Konzentration so kräftig werden, daß der Agent die gedachte Zahl wider seinen Willen flüstern wird, obwohl er den Mund fest geschlossen hält. Es ist das ein innerliches Flüstern, ähnlich wie man bei dem Überdenken eines Musikstückes dasselbe geistig mitsingt. Das soll sich dann so zart auf die Sprechzentren übertragen, daß das so Gedachte von dem durch die Hypnose in der Hyperästhesie sich befindlichen Perzipienten gehört werden kann. Allerdings findet diese Auslegung keine einwandfreie Erklärung für die Tatsache der Gedankenübermittlung in solchen Fällen, wenn Agent und Perzipient durch einen Vorhang voneinander getrennt sind, wenn sie sich in verschiedenen Zimmern befinden oder besonders dann, wenn sie meilenweit voneinander entfernt sind.

Die Flüstertheorie kann auch nur bei einem willensschwachen Agenten angewendet werden. Der durch diesen Lehrgang Geschulte hat sich so sehr in seiner Gewalt, daß eine solche Erklärung seiner Experimente nicht mehr zulässig erscheint. Mit der Flüstertheorie hat auch jene Gedankenübertragung nichts mehr zu tun, die durch Zeichnungen und Figuren zustande kommt. Die betreffenden Forscher traten aber schon mit der vorgefaßten Meinung an die Prüfung der Möglichkeit der Gedankenübertragung heran, daß dieselbe keinesfalls anders als durch Schwindel oder unbewußte Täuschung zu erklären sei. Dies ist ja leider der Standpunkt des größeren Teiles der gelehrten Welt den gesamten Erscheinungen des Okkultismus gegenüber. Was sie nicht begreifen können, was ihnen von keiner Autorität bestätigt wird, was nicht in das herrschende System passen will, das existiert einfach nicht, und wenn die Tatsachen zu sehr auf sie einstürmen, so daß sie nicht mehr ignoriert werden können, dann werden sie kurzer Hand gewaltsam in irgend ein Fach gepreßt, wo sie gar nicht hingehören. Die unmöglichsten und abenteuerlichsten Theorien werden zu ihrer Erklärung aufgestellt, nur um die einfache Wahrheit, die von keinem Lehrstuhl zu hören ist, nicht annehmen zu müssen. Je einfacher eine Wahrheit ist, desto weniger wird sie von Wissenschaft anerkannt. Die meisten haben übrigens kein eigenes Denken, kein eigenes Urteil mehr. Nur das gilt für sie als wahr und unantastbar, was irgend eine wissenschaftliche Größe in ihrem Unfehlbarkeitsdünkel als Wahrheit doziert.

Wir übertreiben gewiß nicht, denn wären diese Zustände nicht wirklich so, dann hätte die hirnverbrannte, gemütsverrohende materialistische Weltanschauung nicht so sehr um sich greifen können. Glücklicherweise gibt es noch genügend unbefangene Forscher, die die Telepathie im vollsten Umfange bestätigen. In dem Buch von Gurney, Myers, Podmore: *Phantasms of the Living* sind mehr als 700 gut beglaubigte Fälle von Telepathie angeführt. Ein Komitee des Londoner Vereins *Society for Psychical Research* stellte hervorragende Versuche über die Möglichkeit einer magischen Fernwirkung an und veröffentlichte im ersten Band der *Proceedings of S.P.R.* einen großartigen Bericht über die durchgeführten Experimente, in welchem die Telepathie anerkannt wird. Besonders erwähnenswert sind ferner die zahlreichen Experimente von Professor Richet und Professor Sidgwik.

Agrippa von Nettesheim sagt: „Auf ganz natürliche Art, ohne die Vermittlung eines Geistes, ist es möglich, daß ein Mensch dem andern auf jede noch so weite, ja sogar unbekannte Entfernung in der kürzesten Zeit seine Gedanken mitteilen kann... Ich verstehe dieses Kunststück und habe es öfters probiert, auch der Abt Tritheim versteht es und hat es einst ausgeübt." (Du Prel, *Die Magie als Naturwissenschaft 1*, Seite 28)

In Indien, diesem Wunderland, wird die Telepathie sehr oft angewendet. So war es auch in dem Krieg, den England mit Afghanistan zu führen hatte. Die Inder wußten den Ausgang der einzelnen Schlachten stets einige Tage früher, als es den amtlichen Stellen möglich war, darüber Bericht zu erhalten. Die englische Regierung ließ

Untersuchungen über diese merkwürdige Tatsache anstellen, und so ergab sich, daß einzelne Hindus die Ereignisse vom Schlachtfeld telepathisch übertragen hatten.

Die Telepathie kann sich in folgenden Formen äußern:

1. Als Übertragung einer Gehirnvorstellung des wachen Agenten auf den wachen Perzipienten.
2. Als Übertragung einer Gehirnvorstellung eines wachen Agenten auf den schlafenden Perzipienten als Traumbild.
3. Als Übertragung einer Gehirnvorstellung des wachen Agenten auf den wachen Perzipienten als sichtbares Phantom.
4. Als Übertragung der Vorstellungen eines schlafenden Agenten auf den wachen Perzipienten als sichtbares Phantom oder als Eingebung.
5. Als Übertragung einer Vorstellung eines nicht eingekörperten, also verstorbenen Agenten auf den lebenden wachen oder schlafenden Perzipienten als sichtbares Phantom oder als Eingebung. (Mitteilung, Traum, Inspiration usw.)

Die erste Form ist Gegenstand der nachfolgenden Übungen. Die Übungen der zweiten Form werden im Kapitel *Traumerzeugung* gezeigt, während die dritte, vierte und fünfte Form im dritten Abschnitt dieses Buches besprochen werden, da diese Fähigkeiten schon an die Meisterschaft gebunden sind. Um das Zustandkommen einer Gedankenübertragung zu ermöglichen, bedarf es vor allem eines großen Selbstvertrauens und hauptsächlich einer gut geschulten Willenskraft. Der Glaube an den unbedingten Erfolg fördert das Gelingen des Experimentes ungemein. Der Schüler, der bereits durch frühere Übungen an Geduld gewöhnt ist, wird es auch hier an Ausdauer nicht fehlen lassen, denn es dauert erfahrungsgemäß ziemlich lange, bis ein einwandfreies Resultat erzielt wird. Das ist wohl auch darauf zurückzuführen, daß der Schüler mit seinen Übungen der Telepathie an eine zweite Person gebunden ist, die wahrscheinlich nicht so willensstark ist wie er, da sie die Vorstufe dieses Lehrgangs nicht durchgemacht hat. Immerhin aber bleibt der Erfolg nie aus, wenn fleißig und regelmäßig geübt wird.

Man muß sich nur von jedem Zweifel fern halten, sich aber auch nicht von der Zweifelsucht anderer anstecken lassen. Aus diesem Grund ist es sehr empfehlenswert, niemandem von den Übungen Mitteilung zu machen. Erst der oftmalige Erfolg, die absolute Sicherheit gestattet ab und zu eine Vorführung dieses Experimentes, wobei man sich aber nur von dem Beweggrund leiten lassen darf, Ungläubige überzeugen zu wollen. Ferner sei nochmals eindringlichst darauf hingewiesen, daß beide Übenden, sowohl Agent als auch Perzipient, sich durchaus sympathisch gegenüberstehen müssen; es muß also eine wirklich harmonische Freundschaft zwischen beiden bestehen. Wenn es Geschwister oder sonstige Blutsverwandte sind, wird sich der Erfolg wesentlich rascher einstellen. Auch bei Eheleuten, die sich lieben, wird infolge der odischen Vermischung ein rascherer Erfolg zustande kommen. Je ähnlicher die Odqualität der Übenden ist, desto sicherer ist ein befriedigendes Resultat zu erwarten. Selbstverständlich muß mindestens zwei Stunden vor der Übung die reinste Seelenharmonie zwischen den beiden vorherrschen. Auch sollen beide Teile gesund sein, denn körperliche Indisposition wirkt störend und kann zu Mißerfolgen führen.

Anfängliche Mißerfolge sind übrigens selbstverständlich und dürfen als solche gar nicht angesehen werden. Man lasse sich dadurch auf keinen Fall abschrecken. Die Aussicht, sich später mit seinen Freunden und Verwandten, selbst wenn dieselben noch soweit entfernt sind, beliebig in eine geistige Verbindung setzen zu können, ist wohl das Opfer einer mühevollen Ausbildung wert. Der Schüler soll ferner bedenken, daß es in seiner Hand liegt - sobald er die Fähigkeit der Gedankenübertragung sich angeeignet hat seinen Mitmenschen dadurch sehr viel Gutes erweisen zu können. Je mehr Menschen sich mit der Telepathie ernstlich befassen, desto mehr ethisch Höherstrebende wird es unter ihnen geben, denn der Disharmonische erreicht ja, wie wir schon hörten, keinen Erfolg. Bei allen telepathischen Experimenten soll der Schüler stets den rhythmischen Atem zur Anwendung bringen. Dies wird den Erfolg beschleunigen. Solange der Perzipient, den wir uns für unsere telepathischen Experimente ausgesucht haben, noch an der Gedankenkonzentration und dem negativen Zustand übt, fällt uns die Aufgabe zu, unseren Willen in Bezug auf die Konzentration weiter zu stählen.

Wenn wir auf der Straße hinter einem Menschen gehen, so bietet sich uns schon die schönste Gelegenheit dazu. Wir fixieren lange und andauernd den Hinterkopf der betreffenden Person und haben den festen Willen, dieselbe müsse sich nach uns umdrehen. Wir dürfen uns in keiner Weise durch das Äußere dieser Person oder durch unsere Umgebung von diesem Gedanken ablenken lassen, vielmehr müssen wir diesen Gedanken derart festhalten, daß er sich sozusagen in das Gehirn der vor uns befindlichen Person hineinbohrt. Ja, wir müssen uns selbst die Vorstellung machen, wie unser Gedanke, als ein stoffliches Ding, in den Hinterkopf dieser Person eindringt und sich dort festsetzt.

Es ist ja auch hier selbstverständlich, daß anfänglich ohne Erfolg experimentiert werden wird, aber das hat nichts zu sagen. Selbst wenn kein sichtbares Resultat zustande kommt, so ist der Zweck, den *Willen zur Übertragung* zu schärfen, doch erreicht. Man kann übrigens versichert sein, daß in den meisten Fällen, selbst wenn die betreffende Person unserem Wunsch nicht entsprochen und sich nicht nach uns umgedreht hat, sie doch eine seelische Beeinflussung empfindet, die sie sich nicht erklären konnte. Das ist ja immerhin für den Anfänger in der Gedankenübertragung auch ein Resultat. Man mache diese Übung täglich einige Male, wo es nur geht, auf der Straße, im Kino im Gasthaus usw.

Ist man in der Willensübertragung schon etwas geübt, so versuche man folgendes Experiment, das aber schon etwas schwieriger ist.

Wenn uns auf der Straße eine Person entgegenkommt, so zwinge man sie durch bloße gedankliche Willenskraft, nach rechts oder links auszuweichen, wohin es uns eben gefällt. Man sehe dieser Person in die Augen und übertrage ihr so schnell als möglich, jedoch mit der größten Willenskraft, den Befehl: „Du mußt mir da oder dorthin ausweichen, ich will es!" Auch bei dieser Übung wird sich vielleicht kein sichtbares Resultat einstellen, denn dieselbe ist schon darum schwieriger, weil uns die Möglichkeit fehlt, die Person längere Zeit hindurch zu beeinflussen und weil wir unseren Willen dieses Mal Auge in Auge zu übertragen haben. Da kommt uns jetzt der im ersten Abschnitt erlernte magnetische Blick sehr zu Nutzen.

Bei diesem Experiment wird sich die fragliche Person ebenfalls sehr beeinflußt fühlen und in Verwirrung geraten. Sie wird uns deutlich ein inneres Unbehagen, in das wir sie durch unsere Willenskonzentration versetzt haben, dadurch verraten, daß sie uns eine Unentschlossenheit zeigt, ob und wohin sie uns ausweichen soll. Und das ist gewiß schon ein ganz annnehmbarer Erfolg. Zu beiden Übungen sollen jedoch, wenn sie im Freien ausgeführt werden, anfänglich weniger belebte Straßen ausgesucht werden, damit der Schüler nicht durch den großen Verkehr, der ihn zu erhöhter Achtsamkeit zwingt, von seiner Aufgabe abgelenkt wird.

Nach einiger Zeit kann man neben den vorerwähnten Übungen auch noch zu folgendem Experiment übergehen. Man bitte eine uns gut befreundete oder mit uns enger verwandte sympathische Person, die in unserer Nahe wohnt, (vielleicht im selben oder im Nachbarhaus, oder wenn nicht anders möglich, so auch einige Straßen entfernt), daß sie zu einer genau bestimmten Zeit - am besten abends oder zeitig morgens, für 20 bis 30 Minuten, ruhig hinsetze und sich aller Gedanken so gut als möglich entsage. Zur selben Zeit setzen auch wir uns in unser stilles Kämmerlein und rufen uns im Geiste das Bild dieser Person hervor, das wir für die Dauer der ganzen Übung festzuhalten bemüht sein müssen. Dann denken wir mit der größten Konzentration, zu der wir fähig sind, daß die betreffende Person diese oder jene Handlung vornehmen soll oder ähnliches.

Der Erfolg wird auch hier anfänglich nur selten buchstäblich eintreten, wohl aber werden wir später von dieser Person erfahren, bis zu welchem Grad wir sie beeinflussen konnten. Sind wir dann kräftiger geworden, so wählen wir eine Person, die weiter von uns entfernt ist. Selbstverständlich muß uns auch mit dieser ein sympathisches Band verknüpfen. Die Versuche werden mit ihr längere Zeit wöchentlich zwei bis dreimal fortgesetzt. Es ist am besten, während man mit den abwesenden Personen experimentiert, sich vorzustellen, man sei durch einen Draht oder ein Rohr mit ihnen verbunden, durch den die Gedanken zum Perzipienten übermittelt werden.

Nachdem man sich das Bild der den Empfänger abgebenden Person stark vorgestellt hat, versuche man, sich dieselbe in ihrem Zimmer in der passiven Haltung sitzend vorzustellen, und nun spricht man zu ihr, anfangs stimmlich, später nur im Geist. Dabei aber darf man die Illusion der Drahtverbindung nicht vergessen. Diese Beeinflussungen auf Entfernung sollen in der ersten Zeit in der uns bekannten ruhigen, entspannten Lage und in vollster Abgeschiedenheit ausgeführt werden. Über den Erfolg lasse man sich stets berichten. Mittlerweile dürfte unser Partner, der bislang die Gedankenkonzentration und den negativen Zustand geübt hat, so weit sein, daß wir mit ihm experimentieren können. Sollten die vorerwähnten Übungen auch vorläufig ohne besondere positive Resultate gewesen sein, so wird die dadurch erlangte Kraft dem Schüler jetzt sehr zu Gute kommen.

Der empfangende Teil (zuerst die mit uns experimentierende Person) setzt sich nun mit dem Rücken gegen uns. Wir treten dann dicht hinter unseren Partner und nehmen einen kleinen Gegenstand derart in die Hand, daß der Perzipient, welcher die Augen geschlossen halten soll, ihn absolut nicht sehen kann. Dann betrachte man den Gegenstand sehr scharf und projiziere ihn in den Hinterkopf des Perzipienten, und zwar so, daß man sich das Hirn desselben offen daliegend und den Gegenstand hineingelegt vorstellt. Je schärfer wir imstande sind, uns in dieser Weise zu konzentrieren, desto sicherer wird vor dem geistigen Auge des Perzipienten das Bild dieses Gegenstandes entstehen. Allerdings erst nach einigen Wiederholungen dieser Übung und dann zuerst nur als ein sehr schattenhaftes, unvollkommenes Bild. Nach und nach aber, beziehungsweise bei jeder folgenden Übung, werden die Bilder immer klarer und deutlicher werden, so daß endlich der Perzipient mit Sicherheit das Gedankenbild als diesen oder jenen Gegenstand erkennen und beschreiben wird. Man bleibe anfänglich stets bei ein und demselben Gegenstand, bis er deutlich erkannt wird. Natürlich darf man sich auf keine Weise verraten und muß den Gegenstand immer wieder sorgfältig verstecken. Ist derselbe aber einmal erkannt worden, so experimentiere man einige Zeit hindurch mit einem anderen. Wenn wir uns als Abgeber und der Partner als Empfänger des Gedankenbildes genügend geübt haben, so ist es angezeigt, die Rollen zu wechseln. Der Agent wird nun zum Perzipienten, und unser Partner übernimmt die Abgabe des Gedankenbildes.

Dieses Experiment wird nun etwas schwieriger werden, da der jetzige Agent die Gedankenkonzentration wahrscheinlich nicht in dem Maße beherrscht wie wir selbst. Dafür aber übernehmen wir leichter das Gedankenbild da wir den negativen Zustand mit der größten Vollkommenheit zustande bringen. Wenn nun nach mehrmaligem Wechsel sowohl der Funktionen als Agent und Perzipient als auch der Gegenstände keine Fehler mehr vorkommen und beide Teile nach beiden Richtungen gleich starkt sind, so kann man den Übergang zu körperlosen Dingen durch folgende Übung vermitteln.

Der Agent zeichnet bei scharfer Konzentration hinter dem Rücken des Perzipienten auf eine Tafel einfache Figuren. Der Perzipient, der nun die Augen offen behält, zeichnet die empfangenen Eindrücke ebenfalls auf eine Tafel. Dieses Experiment wird solange fortgesetzt, bis die Zeichnung des Perzipienten vollständig der Zeichnung des Agenten gleicht. Sind mehrere Male gelungene Resultate zu verzeichnen, so werden die Rollen gewechselt. Man übt auf diese Art solange, bis auf beiden Seiten die einwandfreie Erfolge zustande kommen. Dann übertrage man Spielkarten. Vorerst die Bilder, wie König, Dame, Bube, danach die Asse, und wenn auch dies gelingt, kann man zu den verschiedenen Farben übergehen, z.B. Karo, Herz, Pik, Kreuz, Sieben, Acht usw. Später wird dieses Experiment mit Würfeln gemacht, indem die Augenzahl der oberen Würfelfläche vom Perzipienten durch das geistige Auge gesehen werden muß. Und nun schreitet man zur direkten Übertragung von Zahlen. Man nehme von einem Abreißkalender die Zahlen 1 bis 10, klebe jede extra auf ein Stückchen Pappe und experimentiere nun damit in der Weise, daß man eine Zahl auswählt, sie genau betrachtet und in das Gehirn des Partners hinein zu projizieren versucht. Man darf nicht eher mit einer Zahl wechseln, als bis dieselbe vom Perzipienten richtig erkannt worden ist. Später wird natürlich, wie bei allen diesen Übungen, zwischen den beiden Personen gewechselt. Sobald sich nun auf beiden Seiten durchwegs günstige Resultate eingestellt haben, kann man diese Übung dadurch verschärfen, daß man auf die Zahlenkärtchen verzichtet und versucht, die Zahl aus der eigenen Vorstellung zu übertragen. Das wird sich zu Anfang etwas schwieriger gestalten, gelingt aber immer, wenn man es an Geduld und Ausdauer nicht fehlen läßt.

Es ist günstigt und dient sehr zur Sicherung und Festigung der erworbenen Fähigkeiten auf dem Gebiete der Telepathie, wenn man die früheren Übungen zwischendurch immer wieder vornimmt. Haben wir es fertig gebracht, die gedachten Zahlen leicht und sicher übertragen und empfangen zu können, so ändern wir dieses Experiment dahin ab, daß wir an bestimmte, vorerst sehr grelle Farben, dann an einen bestimmten Geruch oder Geschmack denken und diese Begriffe dem Perzipienten zu übertragen suchen. Aus dieser Übung ergibt es sich von selbst, daß wir dann langsam zu einzelnen Worten übergehen, um dann schließlich ganze Sätze zu übertragen.

Zu Anfang dieses schwierigsten Experimentes helfe man sich damit, daß man kleinere Sätze im Umfange von zwei bis drei Worten wählt und dieselben auf einen Zettel aufschreibt, um sie während der Übertragung immer vor Augen zu haben. Auch wenn man zur Übertragung von größeren Sätzen schreitet, soll man sich dieselben in der ersten Zeit aufschreiben. Sind nun beide Teile so geübt, daß sie sich gegenseitig alle Gedanken leicht zu übermitteln imstande sind (allzu lange Sätze sind zu vermeiden), so muß diese Gedankenübertragung Auge in Auge geübt werden. Haben sich auch hierin günstige Resultate eingestellt, so ist es an der Zeit, zwischen beiden Personen ein materielles Hindernis einzuschieben, und zwar anfänglich in Gestalt eines Wandschirmes oder eines Tuches, das zwischen beiden aufgespannt wird.

Und nun beginnt man sämtliche Übungen, von der Übertragung der Gegenstände angefangen, in gleicher Reihenfolge abermals vorzunehmen. Nur muß sich der Agent den ihm nicht sichtbaren Perzipienten im Geiste vorstellen und sich mit ihm odisch verbunden denken. Weiter ist es ratsam, daß die beiden Übenden sich mit einer Schnur verbinden; deren eines Ende der Agent und das andere der Perzipient in der Hand hält.

Wenn auch diese Experimente zur Zufriedenheit gelungen sind, so kann man die räumliche Trennung zwischen beiden Teilen vergrößern, indem sich die eine Person vorerst in ein anderes Zimmer begibt, dann aber nach Möglichkeit entferntere Orte aufsucht. Der Agent wird nun dem Perzipienten hauptsächlich Aufträge telepathisch übermitteln, die dieser auszuführen hat. Damit ist gleichzeitig eine Kontrolle gegeben, daß die Übertragungen aufgenommen worden sind. Selbstverständlich muß die telepathische Verbindung zwischen den beiden Experimentierenden bis zur äußersten Möglichkeit gesteigert werden. Man muß dahin gelangen, sich ganze Briefe auf die weiteste Entfernung übermitteln zu können.

Alle in diesem Kapitel angeführten Übungen sollen aber auf keinen Fall länger währen als höchstens eine Stunde und es muß jede Anstrengung vermieden werden. Besonders der Agent soll seine Konzentration nicht viel über zehn Minuten ausdehnen, lieber eine kurze Pause machen, wenn der Gegenstand oder das Gedankenbild innerhalb zehn Minuten noch nicht begriffen worden ist, und dann das Experiment wiederholen. Dafür aber kann man, wenn es Zeit und Umstände erlauben, jeden Tag, zum mindesten aber dreimal in der Woche, eine derartige Übung vornehmen. Die praktische Anwendung dieser astralen Fähigkeit ist wahrhaft unbegrenzt. Für zwei Personen, die es sich Fleiß und Mühe kosten lassen, eine gewisse Virtuosität in der Telepathie zu erreichen, gibt es in Wahrheit keine Trennung mehr und stünden Mauern und Berge zwischen ihnen, ja selbst das Weltmeer vermag sie nicht mehr zu trennen. Und wenn zwei den gleichen Weg gehen, wenn sie in wahrer Liebe verbunden sind und in gleicher Weise aufwärts streben zum Licht, dann wird ihnen auch ein späteres Kapitel zeigen, wie sie, wenn sie von einander getrennt sein müssen, sich nicht nur telepathisch verbinden, sondern sich auch sehen können, so oft sie wollen, sobald sie sich nur die Fähigkeit angeeignet haben, den Astralkörper auszusenden.

11. Monoidеismus und Traumerzeugung

Vorsätzliches Wahrträumen.
Unter *Monoideismus* wird das vollständige Aufgehen in einem Gedanken, die absolute Vorherrschaft einer Idee verstanden. Dieser Zustand kann uns dauernd, ja ein ganzes Leben lang beherrschen oder auch nur kürzere Zeit, bis zur Erreichung des durch den Monoideismus bestimmten Ziels.

In einem gewissen Sinn waren alle hervorragenden Personen der Geschichte monoideisiert. Sie hatten sich eine Aufgabe, ein bestimmtes Ziel gesetzt, und dieses Ziel war ihnen zum Lebenszweck geworden. All ihr Denken, all ihr Wünschen, all ihre Handlungen spitzten sich nur auf die Erreichung dieses Zieles zu, und so gelang es ihnen, scheinbar Unmögliches zu erringen. Durch die beständige Konzentration auf dieses Ziel und der damit verbundenen Ausschaltung aller anderen Interessen, die ablenkend gewirkt hätten, steigerten sich die verschiedenen Fähigkeiten der betreffenden Individuen in einer Weise, daß sie ihr Ziel voll und ganz erreichten, mag es auch noch so hoch gewesen sein und allen anderen als unerreichbar erschienen sind. Aber nicht nur einzelne Streber, sogar ganze Völker sind dem Monoideismus unterworfen. Die herrschende Mode, die verschiedenen Auffassungen der einzelnen Völker von Moral und Sitte, von Recht und Unrecht, der allgemeine Charakter eines Volkes und viele andere Erscheinungen des öffentlichen Lebens, die mitunter auf ganze Länder bestimmend wirken, sind nichts anderes als ein die Massen ergreifender Monoideismus, ein Aufgehen aller in die gemeinsame Idee?

Der Monoideismus ist eine vorzüglich wirkende Autosuggestion. Gleichwie der Hypnotisierte alles zu erfüllen bestrebt ist, was der Hypnotiseur ihm aufträgt, so ist unser Astralwesen genötigt, wenn wir den Monoideismus mit in den Schlaf hinübernehmen und ihm dadurch eine Aufgabe zu lösen geben, derselben auf jede Weise gerecht zu werden. Diese Aufgabe lastet nämlich wie ein Druck auf ihm, da es diese absolut vorherrschende Idee beim Erlöschen des Tagesbewußtseins übernehmen mußte; es wird daher alles aufbieten, um sich durch die Erfüllung des auf eine bestimmte Richtung zugespitzten Willens dieses Druckes zu entledigen. Je mehr wir im hellwachen Zustand verstehen, unsere Gedanken auf unsere Arbeit zu konzentrieren, je mehr wir imstande sind, alle störenden Einflüsse auszuschalten und unsere geistigen Ströme *ohne Ablenkung* der Arbeit zuzuführen, desto vollendeter wird dieselbe werden.

Je mehr wir nun vor dem Einschlafen uns auf eine Idee konzentrieren können, je reiner es uns gelingt, diese Idee als absolut letzten Gedanken mit in den Schlaf hinüberzunehmen, desto sicherer wird ein Resultat erzielt werden. Denn wenn wir uns vor dem Einschlafen z.B. auf die Erfüllung eines Wunsches, auf die Lösung einer Aufgabe oder auf die Aufklärung einer uns unverständlichen Sache konzentriert haben, so wird nach dem Einschlafen das astrale Bewußtsein davon so sehr berührt, daß es gewissermaßen sich in einem Zustand der Nötigung befindet und alles aufbietet, um sich davon zu befreien. Es wird unter diesem Druck entweder die motorischen Nerven beeinflussen und den Körper unter Benützung der nun freien, größeren und weniger an Zeit und Raum gebundenen astralen Fähigkeiten die gewollte Arbeit verrichten lassen, oder das Astralbewußtsein wird ein Traumgesicht erzeugen, in welchem die Lösung jener Aufgabe enthalten ist. Oft wissen wir am Morgen klar und deutlich all das, womit wir am vorigen Tag unsern Geist vergeblich abgequält hatten.

Der in den Schlaf hinübergenommene Monoideismus bewirkt eine beträchtliche Steigerung unserer normalen Geisteskräfte, aber auch eine Aktivierung der in uns ruhenden magischen Fähigkeiten. Somit ist gerade dieser Zustand für den Schüler ein unschätzbares Hilfsmittel, genauso wie der negative Zustand. Er soll daher so oft als möglich angewendet werden, denn der monoideische Schlafzustand löst auch das Hell- und Fernsehen aus und gibt uns dadurch Erkenntnisse, zu denen wir im tagesbewußten Zustand nicht fähig sind. Der Monoideismus kann uns also über Zeit und Raum heben, ohne daß wir es nötig haben, zur verwerflichen Hypnose zu greifen, die uns, im willenlosen Zustand, der Gewalt eines anderen ausliefert. Und welch großen Nutzen kann der monoideistisch beeinflußte Schläfer für das praktische Leben haben. Wie vorteilhaft läßt sich z.B. dieser Zustand für den Künstler, den Gelehrten, den Kaufmann, ja überhaupt für alle Berufszweige verwerten, vorausgesetzt, daß er richtig angewendet wird. Zur Erreichung böser und egoistischer Zwecke ist er nicht zu gebrauchen, da seine Wirkung in solchen Fällen versagt.

Alle in diesem Buch gelehrten magischen Fähigkeiten können allerdings auch zu bösen Zwecken mißbraucht werden, aber nur dann, wenn ein Umstand mitwirkt der dem Verfasser gut bekannt ist, den er aber der Öffentlichkeit aus ethischen Gründen niemals preisgeben wird. Es ist dieselbe Leiter, deren Sprossen zur Tiefe und zur Höhe führen. Nur hat der Aufwärtsstrebende auf anderes zu achten als der, der abwärts will. Wer den erwähnten Umstand nicht kennt, der wird glücklicherweise wenig Nutzen von diesem Buch haben, wenn er sich einfallen lassen sollte, diese Fähigkeiten zur Erreichung niederer und unedler Ziele anzustreben. Bis zu einer gewissen Grenze dürfen die meisten magischen Fähigkeiten dem praktischen Leben dienen, doch darf diese Grenze auf keinen Fall überschritten werden, wenn sich der Experimentierende nicht selbst schädigen will. Auch der Monoideismus kann uns zu Berufszwecken dienen. Besonders bei geistigen Tätigkeiten können sie sich als sehr hilfreich erweisen. Man wird sich am Morgen stets der erbetenen Intuition erfreuen oder Probleme, die uns sehr am Herzen lagen, werden wir klar und deutlich gelöst finden. Der Verfasser hat durch diesen Zustand schon sehr oft äußerst wichtige Erleuchtungen bekommen, die er auf keinem anderen Weg hätte erhalten können.

Und wie leicht lernt es sich im monoideistischen Schlaf. Wohl jeder weiß noch aus seiner Studienzeit, wie gut es war, eine Aufgabe knapp vor dem Einschlafen noch einmal durchzunehmen und dann das Heft unter das Kopfkissen zu legen. Instinktiv haben wir das gemacht, und in den meisten Fällen hat es auch geholfen. In jenen Fällen nämlich, wo wir uns auf unsere Aufgabe derart konzentriert hatten, daß wir dieselbe als absolut letzten Gedanken mit in den Schlaf hinübergenommen haben. Das freilich wußten wir nicht, daß, sobald wir die Augen zum Schlummer geschlossen hatten, der Astralkörper seine Tätigkeit begann und in uns die nur unvollkommen erlernte Aufgabe festigte. Das Resultat war, daß wir am Morgen nach einem einzigen Durchlesen fest *studiert* waren. Auch daß wir das Heft unter den Kopf legten, ist nicht so einfältig als es aussieht, denn das mit unserem Od durchtränkte Heft war infolgedessen die ganze Nacht in einer unmittelbaren Verbindung mit uns, und das kam der geheimnisvollen Tätigkeit des Astralkörpers sehr zu statten.

Dr. Berndt sagt in seinem *Buch der Wunder und Geheimwissenschaften* auf Seite 202 folgendes: „Es ist ferner auch öfters vorgekommen, daß im Traum Aufgaben gelöst wurden, deren Erledigung im Wachleben nicht möglich war. Unbedingt erforderlich ist hierbei, daß ein angestrengtes Nachdenken im Wachen über den bestimmten Gegenstand vorausgegangen, gleichgültig dagegen, ob die vorangegangene Anstrengung einem wissenschaftlichen oder praktischen Probleme gegolten hat. Der infolge des Mangels der Lösung unbefriedigte Geist arbeitet im Schlaf fort, und es taucht dann bisweilen die Lösung des Rätsels blitzartig auf, so gut wie auch im Wachen während einer ganz anderen Beschäftigung der lösende Gedanke unerwartet und unvermutet durch den Kopf schießen kann. Derartige Träume finden sich zahlreich veröffentlicht."

Wir wollen nun an einigen gut beglaubigten Beispielen zeigen, wie vorzüglich sich der meist instinktiv angewendete Monoideismus realisiert hat. Aus Kerners *Blätter von Prevorst* XII. 83 entnehmen wir, daß ein Kassenbeamter vergaß, eine Summe Geld in sein Kassenbuch einzutragen, die er einer Person ausgezahlt hatte. Als ihm nach neun Monaten bei der Abrechnung dieser Betrag fehlte, konnte er sich an diese Auszahlung nicht mehr zu erinnern. Es wäre ihm nun nichts anderes übrig geblieben, als das Geld zu ersetzen. In einem trostlosen Zustand und als er mehrere Tage vergeblich den vermeintlichen Irrtum aufzudecken versucht hatte, legte er sich eines

Abends zu Bette und grübelte, wie dieses Manko in seiner Kasse entstanden sein könnte. Dabei konnte er lange nicht einschlafen. Als es ihm endlich dennoch gelang, da träumte er von jener Person, der er das fehlende und nicht verbuchte Geld gegeben hatte, und er erwachte mit voller Erinnerung des ganzen Vorganges, um einige Stunden später seinen Fehler in den Büchern zu berichtigen. Kerner berichtet ferner in seinem *Magikon* auf den Seiten 111 und 353 von einem Arzt, der einem ihm sehr lieben Kranken nicht helfen konnte. Seine Mittel und Kenntnisse versagten vollständig, und das verursachte ihm sehr viel Kummer. Eines Abends quälte er sich in seinem Bett vergeblich ab, ein Mittel zu finden, um dem Patienten Hilfe bringen zu können. Traurig war er eingeschlafen, da träumte er, daß er ein Buch lese, in welchem genau die Mittel und die Behandlungsweise angegeben waren, die dem Kranken Heilung zu bringen versprachen. Der Arzt verordnete diese Mittel, hielt sich streng an die ihm im Traum bezeichnete Heilweise und hatte das Glück, seinen Patienten zu retten.

Auf Seite 168 in Kerners *Magikon* finden wir auch folgendes Beispiel. Jemand wollte seinem Freund auf dessen Bitte einen Plan leihen. Leider aber vermochte er diesen Plan, so sehr er sich auch bemühte, nirgends zu finden. Unmutig darüber, da sein Freund ihn nun für ungefällig halten würde, schlief er ein. Nun träumte er, daß er einen Behälter öffne und daß unten am Grunde versteckt unter anderen Papieren der gesuchte Plan zu finden sei. Er erwachte bald darauf, sah an der bezeichneten Stelle nach und fand dort tatsächlich den so emsig gesuchten Plan.

Der Arzt Magneus sagt in seiner Schrift De *Tabaco* C. VI. 86, daß ihm jedesmal im Traum ganz unfehlbare Heilmittel gezeigt wurden, wenn er vor dem Einschlafen an einen seiner Patienten scharf gedacht hatte. Sobald er diese Heilmittel anwendete, hatte er stets Erfolg zu verzeichnen.

Wo dem Astralkörper eine Beeinflussung durch Traumvorstellungen nicht möglich ist, wird der monoideistische Auftrag einfach durch eine Schlafaktion realisiert. Künstler und Gelehrte, die über einer schweren Geistesarbeit einschliefen, fanden dieselbe am anderen Morgen tadellos fertiggestellt, obwohl sie sie am Abend vorher einer besonders schwierigen Stelle halber unvollendet zurückgelassen hatten. Darüber erregt, hatten sie die Anstrengung, jene Stelle zu überwinden, als wirksamen Monoideismus mit in den Schlaf hinübergenommen. Dadurch kam eine Art nachtwandlerischer Zustand zur Auslösung, in dem infolge der nun größeren freien intellektuellen Fähigkeiten die Aufgabe gelöst wurde. Auch darüber gibt es zahlreiche gut verbürgte Beispiele. Regierungssekretär Hoppe beendigte eine Examensarbeit im Schlaf zur größten Zufriedenheit. (Schindler, Magisches Geistesleben, Seite 25).

Im *Magazin für Erfahrungsseelenkunde* Bd. III, 88 berichtet Professor Wähner folgendes: „Als Schüler wurde ihm einstmals die Aufgabe zuteil, einen bestimmten Gedanken in zwei griechischen Versen zu verarbeiten. Es gelang ihm nicht und er schlief ein. Und nun träumte er, daß er sich seiner Arbeit in vorzüglicher Weise entledigt hätte. Nach dem Erwachen aber fehlte ihm jede Erinnerung, doch als er sich auf's neue an seine Arbeit machen wollte, fand er dieselbe zu seinem größten Erstaunen schon fertig auf seinem Tische von seiner eigenen Hand geschrieben vor." Ebenso erging es Professor Reusch, der nach vergeblicher Anstrengung einen Vortrag des Abends auszuarbeiten, darüber schläfrig wurde und zu Bette ging. Am Morgen fand er diesen Vortrag in seiner Handschrift geschrieben fertig vor."

Sehr interessant sind auch die nachstehend angeführten Fälle, in welchen der in den Schlaf hinübergezogene Monoideismus das Hell- und Ferngesicht zur Auslösung brachte. Das erste Beispiel ist dem *Magazin für Erfahrungsseelenkunde* von Moritz, Bd. IV, 75 - 78, entnommen. „Einem Kassenbeamten wurde eine beträchtliche Summe öffentlichen Geldes gestohlen; der Dieb, ein Mitarbeiter, war mit dem Geld geflohen. Der Beamte, außerstande das Geld zu ersetzen, hatte bei allen Freunden bis zu den entferntesten Bekannten hin angeklopft, um den unverschuldeten Verlust zu decken. Aber seine Bitten waren insgesamt vergeblich, und die Bekümmernis wuchs um so stärker, da der Termin der Rechnungslegung in wenigen Tagen bevorstand. Da träumte ihm in der Nacht, als ob ihm jemand sage, er möchte in die und die Straße und in ein darin bestimmtes Haus gehen; Straße und Haus wurden ihm so deutlich durch bekannte Häuser bezeichnet, daß er nicht irren konnte. In diesem Hause sollte er zwei Treppen hinaufgehen, sich aber auf der zweiten in acht nehmen, daß er nicht herunterfalle, und so würde er das nötige Geld erhalten. Tags darauf kommt einer seiner Freunde zu ihm. Diesem erzählt er den Traum und erfährt von ihm, wer in dem bezeichneten Hause und Stockwerk wohnt; denn er selbst wußte es nicht. Der betreffende Mann war ihm so unbekannt, daß er sich nur erinnerte, ihn ein einziges Mal in einer großen Gesellschaft gesehen zu haben. Er hielt aber nichts von solchen Träumen und erst am zweiten Tage entschließt er sich - um das Bewußtsein zu erlangen, er habe alles, was in seinen Kräften lag, getan, sein Unglück abzuwenden - der Ahnung zu folgen. Er kommt die erste Treppe hinauf, da fällt ihm die Traumwarnung wegen der zweiten ein, und er steigt langsam und bedächtig weiter. Fast ist er oben, so öffnet sich eben zur Rechten die Tür eines Zimmers so heftig, daß davon eine Gittertür rückwärts nach der Treppe hin mit aufgerissen wird, so daß er leicht die Treppe hätte hinuntergestoßen werden können. Der Kassenbeamte, doppelt betroffen und vermutend, daß dies der gesuchte Mann sei, faßte sich im ersten Anlaufe ein Herz und trägt ihm sein Anliegen ohne alle Umschweife vor; und zu seinem Staunen antwortete der Angesprochene: ‚Warum sind Sie nicht früher gekommen? Ich habe gestern eine noch größere Summe verliehen und hätte sie Ihnen gerne gegeben.‟ Dennoch aber bewerkstelligte er die Erfüllung der Bitte und half ihm aus der Not."

Über die nachstehenden Fälle berichtet Dr. Carl du Prel in seinem Werk *Die Magie als Naturwissenschaft,* Band II, Seite 263 wie folgt: „Auch in dem Falle des Trithemius ist dieser monoideistische Hebel deutlich erkennbar. Als er seine *Steganographia* verfaßte, die ihn in den Ruf eines Zauberers brachte, schrieb er darüber an Arnold Bost: „Übrigens habe ich das nicht von einem Menschen gelernt, sondern durch irgend eine, ich weiß selbst nicht welche Offenbarung. Denn als ich mich in diesem Jahre (1499) am meisten mit diesen Dingen beschäftigte und schon daran als Unmöglichkeit verzweifelte, erschien mir nachts, als ich *vom Nachdenken hierüber ermattet eingeschlafen* war, jemand, der zu mir sprach: „Trithemius' was Du im Kopfe hast, sind nicht eitle Sachen, wenngleich sie dir unmöglich sind und weder du noch ein anderer mit dir sie erfinden kann." Und ich sprach zu ihm: „Wenn sie also möglich sind, so sage es mir, *ich beschwöre dich,* wie." Und er öffnete hierauf seinen Mund und lehrte mich alles Einzelne der Ordnung nach und zeigte mir, wie leicht das geschehen könne, worüber ich viele Tage vergebens nachgedacht hatte. Bei Gott: Ich sage die Wahrheit und lüge nicht'."

Schon in seiner Jugend hatte Trithemius einen ähnlichen Traum. Sein Stiefvater ließ ihn in Unwissenheit aufwachsen, obwohl Trithemius einen unauslöschlichen Durst nach Wissenschaft in sich hatte. Ein ganzes Jahr lang hatte er unter fortwährendem Fasten und Beten seine Herzensangelegenheit Gott vorgetragen, als er endlich in seinem fünfzehnten Jahr durch ein Traumgesicht, er nennt es eine himmlische Erscheinung, getröstet wurde. Er sah nachts im Schlaf einen glänzend gekleideten Jüngling mit zwei Tafeln in der Hand, davon war eine mit Buchstaben beschrieben, während die andere mit Bildern bemalt war. Dieser sprach zu ihm: „Wähle von den beiden Tafeln, welche du willst. Und obwohl Trithemius damals von der Schrift noch nicht die geringste Kenntnis hatte, so wählte er doch sogleich die beschriebene Tafel; denn diese Kenntnis war ja der einzige Wunsch seines Herzens, der einzige Gedanke, der seinen Geist Tag und Nacht beschäftigte. Hierauf sprach der Jüngling zu ihm: Siehe, Gott hat dein Gebet erhört und dir gegeben, was du begehrt hast, und zwar mehr als du begehren konntest. (Silbernagel: Trithemius.)

Hier verhüllt nun die Dramatik und die Symbolik das Ferngesicht, aber es finden sich in der entsprechenden Literatur sehr viele detaillierte Ferngesichte dieser Art. Wer sich die Beispiele ansieht, die ich zusammengestellt habe, wird immer den gleichen Vorgang erkennen, daß jemand, von tiefem Kummer gebeugt oder sonstwie stark erregt, seine Autosuggestion in den Schlaf hinübernimmt, die ein Ferngesicht, daß den Kummer beseitigt auslöst. Nork erzählt: „Eine Kaufmannsfrau in Paris verlor auf dem Wege nach Hause wichtige Papiere, und da sie vergeblich den ganzen Weg zurückging, hielt sie den Verlust für unersetzlich. Drei Tage darauf träumte sie, daß sie in der Rue St. Honore sei und daß ein Mann in roter Kleidung ihre Papiere aufhebe. Morgens erzählte sie den Traum, und als sie dann ausging, begegnete sie in der genannten Straße dem rot gekleideten Mann, den sie als ihr Traumbild erkannte. Sie redete den Unbekannten an, der ihr noch am gleichen Tag die in seiner Wohnung aufbewahrten Papiere zustellte." (Nork: Fatalismus, 96).

Ein gerichtlich konstatierter Fall ist folgender: „Am ersten August 1897 wurden einer in der Sommerfrische Josefstal wohnenden Partei aus einer Kommode 120 Mark gestohlen. Der Verdacht fiel auf das Dienstmädchen der Vermieter, doch hatte die Untersuchung keinen Erfolg. Nach einigen Tagen träumte ein Leipziger Sommergast, eine Dame, daß das Dienstmädchen der bestohlenen Familie selbst die Diebin sei und daß das Geld in einem Wollknäuel eingewickelt sei. Man fand in der Tat ein Zwanzigmarkstück in Papier gewickelt in einem Wollknäuel, in einem zweiten den Hundertmarkschein. Das Dienstmädchen wurde vom Landgericht München zu 5 Monaten Gefängnis verurteilt." (Münchener Neueste Nachrichten vom 30. Okt. 1897).

Einem sehr kräftigen Monoideismus liegt auch das sogenannte Anmelden im Sterben zugrunde. Auch posthypnotisch kann der Monoideismus wirken. Die Auslösung kann einige Tage später stattfinden, es sind aber auch einige gut beglaubigte Fälle vermerkt, wo der Monoideismus mit in den Tod hinübergenommen wurde und die Realisierung des Willens erst nach dem Tode stattfand.

Auch zu Heilzwecken kann der monoideistische Schlaf verwendet werden. Der allabendlich durch einige Zeit monoideistisch zugespitzte und in den Schlaf mit hinübergenommene Wille zur Gesundung wird dieselbe tatsächlich herbeiführen, nur muß die kranke Person die Gedankenkonzentration so vollständig beherrschen, daß sie körperliches Unbehagen oder Schmerzen für die Dauer der Konzentration völlig aus dem Bewußtsein zu verbannen vermag. Der Monoideismus muß daher vom Schüler sorgfältig geübt werden. Man versuche es anfangs mit leichter zu erfüllenden Dingen, z.B., daß man am Morgen heiter und fröhlich erwache oder daß das Erwachen zu einer bestimmten Stunde erfolgt. Man kann zu der Übung auch ein kleines Gedicht im Umfang von bis zu acht Zeilen vor dem Einschlafen ein- oder zweimal durchlesen und konzentriert hierauf seinen Willen, daß man dieses Gedicht am andern Morgen auswendig kann. Dann gehe man langsam zu schwereren Aufgaben über. Man nehme vor dem Zubettgehen jedoch nicht nach 22 Uhr) eine Arbeit vor, die einem sehr schwer fällt. Sobald wir an einen Punkt gekommen sind, der uns Mühe verursacht oder der uns unverständlich ist, brechen wir ab, begeben uns zu Bett und übertragen die Lösung dem Monoideismus.

Es ist selbstverständlich, daß wir uns mit Anwendung des monoideistischen Schlafes auch von allen unseren Fehlern und schlechten Gewohnheiten befreien und unser ethisches Vorwärtsstreben erleichtern können. In Verbindung mit der höheren Atemtechnik wird uns dieser Zustand besonders beim Erlangen von Harmonie und innerem Frieden von großem Nutzen sein. Der Schüler achte nur darauf, daß er alle Gedanken, die ihn von seinem Vorhaben ablenken können und mit der Sache nichts zu tun haben ausschaltet, daß er also eine völlig reine Konzentration übt. Danach muß er, sein Vorhaben unbedingt als letzten Gedanken mit in den Schlaf hinübernehmen, und er wird es sicherlich erreichen, wenn er nicht aufhört, solange an dieses Vorhaben zu denken, bis ihm die Augen zufallen. Dabei muß ihn die ganze Zeit der lebhafte Wunsch durchdringen, daß sich sein Vorrealisiert. Mehr läßt sich über die leichte Technik des Monoideismus nicht sagen. Der Schüler wird bald von selbst den Nutzen dieses Zustands erkennen und ihn vielseitig anwenden können. Da der Monoideismus sehr oft Träume auslöst und der Traum für den Schüler sehr nützlich ist, ist es angebracht über die Träume im allgemeinen und im besonderen zu sprechen.

Es gibt drei Gattungen Träume, und zwar:

1. Träume, die aus irgend einem inneren Leibreiz entstehen. Diese Gattung Träume ist oft sehr quälend und erscheint meist noch in der Zeit vor Mitternacht.
2. Träume, die erzeugt werden können durch Einflüsse von außen.
3. Wahrträume; die meist erst in den Morgenstunden erscheinen.

Die Leibreizträume sind innere Leibesempfindungen, die sich zu Handlungen dramatisieren. In diesem Sinne sind das Blut, die Nerven und alle inneren Organe traumerzeugend. Wenn wir uns kurz vor dem Einschlafen noch den Magen füllen oder schwer verdauliche Speisen zur Abendmahlzeit eingenommen haben, werden wir träumen, ebenso wenn wir uns so legen, daß die Atmung eingeschränkt ist. Wenn die Nerven und das Blut erregt sind und wir uns in fiebernden Zuständen befinden, werden uns ebenfalls Träume quälen. Aber auch ganz feine Leibreize, wie sie durch die vegetative Tätigkeit des Körpers, die ja auch im Schlaf nicht ruht, gegeben sind, lösen Träume aus. Es geschieht dies, meist in der ersten Zeit des Schlafes; bei denen, die zur richtigen Zeit zu Bette gehen, in der Regel noch vor Mitternacht.

Hier sei noch erwähnt, daß diese Gattung Träume und zum Teil auch die dritte Gattung bei jedem Menschen vorkommt, nur daß vielen die Erinnerung daran fehlt. Aus dem Inhalt dieser Träume läßt sich in vielen Fällen auf die Art des Leibreizes schließen. So deuten z.B. gräßliche Todessituationen auf Blutstauungen und Herzleiden; Atemstörungen lösen Träume von Gedränge, mühseliger Arbeit, Bergsteigen oder Erstickungs- und Ertrinkungsgefahr aus; bei Blutandrang nach dem Kopf werden im Traum der Zorn und bei Verdauungsstörungen Festgelage und kulinarische Genüsse usw. eine große Rolle spielen.

Diese Traumart ist völlig bedeutungslos für unsere Zwecke. Wichtiger sind jene Träume, die durch einen äußeren Einfluß erzeugt werden. Wenn uns während des Schlafes der Wind durch das offene Fenster Blumendüfte zuführt, löst dies meist sehr angenehme Träume aus.

Einen gewissen Einfluß auf unsere Träume haben auch regelmäßig wiederkehrende Geräusche, wie z.B. der monoton plätschernde Regen, der bei vielen Schläfern die Traumillusion hervorruft, daß sie Musik hören, allerdings immer dieselbe Melodie. Der Sturm, der an unseren Fenstern rüttelt, kann uns träumen lassen, daß wir ein Abenteuer mit Einbrechern zu bestehen haben, die sich eben anschicken, die Tür aufzubrechen. Ein stärkerer Lärm kann Träume erzeugen, die furchtbare Elementarereignisse zum Inhalt haben. Es ist ganz selbstverständlich, daß man auch willkürlich Träume zu erzeugen vermag. Von dieser Tatsache kann der Schüler insofern Nutzen ziehen, als er es in der Hand hat, sein Traumleben einigermaßen zu regeln und wüsten, leidenschaftlichen Träumen - sofern sie nicht durch innere Leibreize entstehen – auszuweichen.

Sehr viele unserer bösen Träume sind auch einer Beeinflussung durch niedere feinstoffliche Wesen zuzuschreiben. Es gibt Zeiten im Leben, in denen man für solche Beeinflussungen besonders empfänglich ist. Dann ist es angezeigt, durch willkürliche Erzeugung von angenehmen, harmonisch erhebenden Träumen ein Gegengewicht zu schaffen. Nützlich kann es auch sein, daß man Träume zur Unterstützung des Gedächtnisses erzeugt. Heften sich an bestimmte Ereignisse, deren Details uns entfallen sind und an die wir uns erinnern müssen, besondere Töne oder Gerüche, so genügt es in den meisten Fällen, daß der Schläfer diese Töne oder Gerüche den betreffenden Sinnen während seines Schlafes zuführt, um einen Traum auszulösen, der die betreffende Handlung widerspiegelt.

Nehmen wir z.B. den Fall, das es nötig ist, sich an eine bestimmte Begebenheit, die sich in der Jugendzeit mit einer Tante zugetragen hat, zu erinnern. Unser Gedächtnis läßt uns aber so ziemlich im Stich und außer unklaren, verschwommenen Vorstellungen dieser Begebenheit haben wir nur die Erinnerung bewahrt, daß die Tante leidenschaftliche gern Lavendel gerochen hat und in allen Schränken diese scharf riechende Pflanze liegen hatte. Es war uns damals ein besonderes Vergnügen, daß wir, so oft wir die Tante besuchten, in ihren Schränken herumstöbern und uns an den getrockneten Pflanzen riechen durften.

Wir haben also, nach Einhaltung der später angeführten Vorschriften zur Traumerzeugung, nur zu beachten, uns sowohl vor dem Einschlafen als auch während des Schlafes diesen Geruch zuführen zu lassen, um einen Traum hervorzurufen, der uns das betreffende Ereignis zeigt. Die genaue Erinnerung nach dem Erwachen hängt von der gut durchgeführten Gedankenkonzentration ab, die kurz vor dem Einschlafen geübt wurde. Aber auch zu Heilzwecken und als wirksames Erziehungsmittel können wir die künstliche Traumerzeugung verwenden. Das ist dann eine Art Hypnose, in welcher sich die erteilte Suggestion als Traum dramatisiert. Also eine Traumhypnose, die sich von der wirklichen Hypnose dadurch unterscheidet, daß kein Zwang angewendet und keine Willensunfreiheit hervorgerufen wird. In unserer Traumhypnose ist der Schläfer nur empfänglicher für guten Rat und Belehrung als im wachen Zustand, und es läßt sich in diesem Zustand auch die Lebenskraft besser beeinflussen. Nicht nur für seine eigene ethische Ausbildung hat der Schüler zu sorgen, sondern er muß auch das Gesetz der Liebe in die Tat umsetzen und seine Mitmenschen auf denselben Weg weisen oder wenigstens den Wunsch in ihnen erwecken, diesen Weg zu gehen. Aber auch ihre Leiden zu mildern und ihre Krankheiten zu heilen muß er bestrebt sein. Und dazu kann ihm neben dem Heilmagnetismus auch die Kunst der Traumerzeugung helfen; denn das Traumleben hat einen großen Einfluß sowohl auf die Seele als auch auf den Körper.

Böse, schreckliche Träume erregen uns, und wir erwachen mit einem Gefühl der Schwäche und Mattigkeit. Wieviel Mühe kostet es uns oftmals nach einem bösen Traum, bis es uns gelingt, den seelischen

Druck los zu werden und die Ruhe des Gemütes wieder zu erlangen. Unter Umständen kann ein solcher Traum bestimmend für das Gefühlsleben, ja sogar für die Handlungen des ganzen Tages werden. Umgekehrt erwachen wir nach einem lieblichen, harmonischen Traum erfrischt und gestärkt und auch unsere Seele ist ruhig und harmonisch gestimmt, und noch lange empfinden wir den Nachklang eines Glücksgefühls, das uns im gegenwärtigen Entwicklungszustand nur im Traumleben möglich ist. Wir werden nun den Einfluß des Traumlebens praktisch verwerten, um uns und unsere Umgebung in einem harmonischen Gemütszustand zu erhalten. Wir werden in Krankheitsfällen mit diesem Mittel die Heilkraft des Menschen anregen und unterstützen und können auf unsere Kinder erzieherisch einwirken.

Um dies zu ermöglichen, haben wir sowohl bei der Selbsterzeugung bestimmter Träume, als auch beim Hervorrufen derselben in anderen Menschen folgende Regeln zu beachten: Mindestens zwei Stunden vor dem Zubettegehen darf nichts mehr gegessen werden. Die Abendmahlzeit soll überhaupt sehr mäßig ausfallen und es dürfen keine geistigen oder aufputschenden Getränke eingenommen werden. Also kein Alkohol, kein Kaffee, kein Tee usw. Ferner muß mindestens zwei Stunden vor dem Einschlafen jede geistige Anstrengung vermieden werden. Man verhalte sich die Zeit über, die zwischen dem Abendessen und dem Einschlafen liegt, möglichst ruhig und friedlich, beschäftige sich so wenig als möglich und denke nur an heitere und das Gemüt erhebende Dinge. Die Lage, die man knapp vor dem Einschlafen einzunehmen hat, sei nicht zusammengekrümmt, sondern ausgestreckt und so bequem wie möglich. Es bleibt dem Wohlbefinden des Betreffenden überlassen, ob er auf dem Rücken oder auf der Seite liegen will. Die Lage auf der linken Seite ist der Herzbeeinflussung wegen jedoch weniger zu empfehlen, dagegen ist die Bauchlage unbedingt zu vermeiden. Man liege mit dem Kopf gegen Norden, so daß das Gesicht nach Süden gerichtet ist.

Im Schlafzimmer muß für die stetige Zufuhr frischer Luft gesorgt werden. Zum Zweck der Traumerzeugung schlafe man nicht in einem dunklen Zimmer, sondern es sei dasselbe durch ein verschleiertes, mattes, rosafarbiges, hellblaues oder hellgrünes Licht ganz wenig erleuchtet. Sowohl vor als auch nach dem Einschlafen muß vollste Ruhe herrschen. Man erfülle das Gemach des Schläfers, besonders in seiner Nahe, mit einem zarten, leichten, keinesfalls aber aufdringlichen oder scharfen Blumengeruch. Parfüm ist zu vermeiden. Wo natürliche Blumen nicht zur Hand sind, unterlasse man es vollständig, auf den Geruchssinn einzuwirken. Günstig ist es, das Einschlafen durch leise, sanfte, getragene Musik einzuleiten

Sobald derjenige, der nach einer bestimmten Richtung hin träumen will, zu Bett gegangen ist, darf er nichts mehr sprechen. Will er auf sein Traumleben ohne Mithilfe einer Vertrauensperson Einfluß nehmen, so mache er für etwa 10 bis 15 Minuten Gedankenkonzentration, der die gewünschte Richtung des Traumes zu Grunde liegen soll. Dann erst, bringe sich in eine bequeme Lage, rieche öfters an einer Blume und hänge ausschließlich nur harmonischen und erhebenden Gedanken nach, die selbstverständlich auch wieder auf die Richtung des gewünschten Traumes zugespitzt sein sollen, bis man einschläft. Der vorangegangenen Gedankenkonzentration mit Atemgymnastik muß auch der feste Wunsch unterlegt werden, das Geträumte nach dem Erwachen in vollster Erinnerung zu behalten. Wird zu diesem Experiment eine Vertrauensperson hinzugezogen, so soll dieselbe, wenn alle Regeln nach Möglichkeit beachtet worden sind, die Hände des Schülers, wenn er vollständig eingeschlafen ist, leise und ohne Druck ergreifen, sich zu seinem Ohr hinabbeugen und ihm im Flüsterton, jedoch klar und deutlich, mit Aufwendung einer gewissen Willenskraft die Suggestion erteilen, nach dieser oder jener Richtung hin zu träumen. Zwischen dem Einschlafen und der Suggestion soll stets eine Stunde verstrichen sein, damit der Schlaf genügend vertieft ist, denn je tiefer der Schlaf, desto größer ist auch die Empfänglichkeit für die Beeinflussung. Auch darf der Schläfer nie bei seinem Namen genannt werden, da er sonst sehr bald erwachen, zum mindesten aber derart unruhig werden würde, daß der Erfolg des Experimentes dadurch in Frage gestellt würde.

Möchte man sich eine schlechte Gewohnheit abgewöhnen, so soll die Vertrauensperson darauf bedacht sein, den Schläfer so eindringlich als möglich auf das Unschöne und auf die üblen Folgen seines Fehlers aufmerksam zu machen und durch sanfte Überredung in ihm den Entschluß zur Besserung wecken. Länger als 15 Minuten soll die Vertrauensperson den Schläfer nicht beeinflussen. Wird der Schläfer während der Einflüsterungen unruhig, so unterbreche man dieselben - ohne jedoch die Hände loszulassen - solange, bis der Schlaf wieder tiefer wird. Auch hier lasse man sich durch anfängliche Mißerfolge nicht abschrecken. Der Erfolg stellt sich nach einiger Zeit gewiß in wirksamster Weise ein. Wenn der Schüler seine Umgebung durch die Traumsuggestion beeinflussen will, so verfahre er selbstverständlich ebenso, wie oben vorgeschrieben. Er wird durch die Hilfe der Vertrauensperson allerdings einen rascheren und größeren Erfolg erzielen.

Bei Kindern hat man es nicht nötig, die erwähnten Vorbereitungen zu treffen. Nachdem das Kind bereits eine halbe Stunde (Kinder kommen viel schneller in einen tiefen Schlaf) tief und fest schläft, erteile man ihm in der beschriebenen Weise die Suggestion. Wo zwischen dem Kind und dem Experimentator Person eine sympathische Verbindung herrscht, wie enge Blutsverwandtschaft oder innige Liebe, ist es auch geraten, daß man sich vorsichtig neben das Kind legt und sich an dasselbe anschmiegt, damit die odische Vermischung stattfinden kann. Selbstverständlich muß man da sehr behutsam zu Werke gehen, damit der kleine Schläfer nicht erwacht. Dann suche man wenigstens ein Händchen zu umschließen und die andere Hand ganz leicht auf den Kopf des Kindes zu legen, hierauf flüstere man seine Ermahnung an das Ohr des Kindes, doch sei man darauf bedacht, seine Rede dem kindlichen Verständnis anzupassen und sich jener Ausdrucksweise zu bedienen, die der Vorstellungswelt des Kindes entspricht.

Dieses Erziehungsmittel ist, wenn man erst einige Übung darin erlangt hat, von großartigem Erfolg und in jeder Hinsicht besser als alle anderen. Man könnte diese Art, ein Kind zu erziehen, *astrale Erziehung* nennen. Selbstverständlich darf man die körperliche Erziehung mit den bekannten pädagogischen Mitteln nicht vernachlässigen, sondern muß sie immer mit anwenden. Aber schon nach einiger Zeit wird man sehen, daß man nicht mehr so sehr zu den üblichen Strafen zu greifen braucht. Das Ideal der wahren Erziehung ist, dem Kind begreiflich zu machen, daß es das Gute aus Liebe zum Guten tun soll und nicht der Belohnung halber. Es soll das Böse meiden aus Unlust gegen das Böse und nicht aus Furcht vor der Strafe, das ist nur auf diesem Weg zu erreichen. Besonders Mütter, die mit ihren Kindern sehr eng verbunden sind, können mit dieser Erziehungsmethode ihren Kindern viel nützen und ihnen so manche Träne, so manchen Schmerz, der, wenn er auch mitunter nur nichtigen Dingen gilt, aber von der kleinen Welt nicht minder groß gefühlt wird, ersparen. Und so manches harte Wort und so manche Züchtigung, die ja schließlich auch die Eltern schmerzen muß, kann unterbleiben.

Die Traumsendekunst führt uns nun zur dritten Gattung Träume, zu den *Wahrträumen.* Dieselben lassen sich nämlich ebenfalls künstlich erzeugen. Das beweisen uns die Priester des Altertums, die diese Kunst vortrefflich verstanden haben. Der Tempelschlaf der Alten war ein monoideistisch erzeugter Traumzustand, welcher eine magische Fernsichtigkeit zur Auslösung brachte, wodurch Aufschlüsse erteilt wurden über die Dinge, die die Zukunft betrafen und deren Kenntnis dem menschlichen Wachbewußtsein nicht möglich war. Man kann zum Hervorrufen von Wahrträumen dieselben Mittel, wie sie vorher beschrieben wurden, anwenden, nur ist auf die Konzentration besonderes Gewicht zu legen und der Monoideismus in Anwendung zu bringen. Die Auslösung unseres Wunsches kann dann auf zwei Arten geschehen, entweder durch eine symbolische Traumvorstellung, oder die betreffende Lösung dramatisiert sich genau in der Form, wie sie in der Zukunft auftreten wird oder sich in der Vergangenheit abgespielt hat.

Die Deutung der symbolischen Traumvorstellungen ist meist sehr schwer. Es lassen sich darüber keine bestimmten Regeln aufstellen; die Deutungen sind ganz individuell, so daß die Traumvorstellung einer Schlange bei dem einen auf die Falschheit eines Freundes und bei dem anderen eine Mahnung zur Klugheit darstellen kann. Traumbücher haben deshalb wenig Wert und man verläßt sich am besten auf die eigene Erfahrung. Man notiere sich daher jeden lebhafteren Traum (besonders die Morgenträume) und vergleiche sie mit den Schicksalen und Ereignissen der nächsten Zeit. Das wird nach und nach zur Anlegung eines sicheren Traumbuches führen und nebenbei den Träumen im allgemeinen die Würdigung angedeihen lassen, die sie verdienen. Die aufgeklärte Welt beraubt sich dadurch, daß sie die Träume lediglich körperlichen Ursprungs sein läßt, eines sehr guten Hilfsmittels, welches uns die Möglichkeit verschafft, ab und zu einen Blick hinter die Kulissen des körperlichen zu werfen.

12. Hellsehen und Hellhören

Unter *Hellsehen* verstehen wir im allgemeinen die Fähigkeit, all die Vorgänge in der feinstofflichen Welt, die für unsere körperlichen Sinne im normalen Zustand nicht faßbar sind, sowie diese Welt überhaupt, als Bilder in uns aufzunehmen, sei es nun durch Innenschau oder durch ein gesteigertes Wahrnehmungsvermögen, respektive durch eine erhöhte Empfindlichkeit des körperlichen Auges. Das Hellsehen ist weder an den Raum noch an die Zeit gebunden. Wenn sich uns Vorgänge der astralen Welt als Bilder mitteilen und diese beziehen sich auf andere Zeiten als die Gegenwart, so könnte man diese Wahrnehmungen richtiger *Ferngesicht* nennen. Das Hell- und Ferngesicht fließt aus einer Quelle. Wer hellsichtig ist, dem zeigen sich auch Ferngesichte. Und der Fernsichtige ist naturgemäß hellsehend. Wichtiger ist die Unterscheidung, ob dieses Phänomen durch Innenschau oder wirkliches Sehen vermittelt wird.

Wir haben gehört, daß die ganze Materie in fortwährender Strahlung begriffen ist. Diese Strahlung bildet stets einen zweiten gleichgestalteten Körper, also das Komplement des grobstofflichen Körpers. Wir wissen ferner, daß die von unseren groben Sinnen wahrnehmbare Zustandsform der Materie nicht die einzige Form ist. Wir wissen, daß wir nur eine bestimmte Anzahl der materiellen Schwingungen erkennen können, die weitaus größere Zahl der verschiedenen Schwingungsarten geht uns verloren. Wenn wir die Strahlungen und verschiedenen astralen Schwingungsarten, diese feinstoffliche Zustandsform der Materie durch Schauen wahrnehmen können, sind wir hellsehend. Nun kann, wie schon erwähnt, dieses Schauen durch den inneren, sechsten oder psychischen Sinn vermittelt werden. Wir haben es dann mit der Innenschau zu tun. Wir sehen in diesem Zustand sozusagen mit dem Gehirn, also ein geistiges Schauen, das aber ganz intensiv deutlich und plastisch sein kann. Dieses geistige Schauen tritt meist in den ersten Entwicklungsstufen ein und macht dann später einem wirklichen Schauen Platz, kann sich aber auch derart ausbilden, daß es das wirkliche Schauen vollständig zu ersetzen vermag. Das geistige Hellsehen benötigt die Augen nur für die Übungen, sonst ist es aber nicht auf sie angewiesen, denn der durch den psychischen Sinn Hellsehende vermag bei geschlossenen Augen zu sehen, was hinter seinem Rücken vorgeht.

Das Hellsehen mit den körperlichen Augen ist meist ein späteres Entwicklungsstadium des vorangegangenen Innenschauens, kann aber auch sofort als unabhängige Folge der Übungen auftreten. Die Augen werden durch die systematischen Übungen weitaus empfindlicher gemacht, so daß sie den Schwingungen der feinstofflichen Welt zugänglich werden. Die Augen werden dadurch sensitiv. Man denke aber ja nicht, daß die Augen darunter leiden. Der sensitive Zustand ist der Normalzustand aller Geschöpfe. Unsere, jeder astralen Betätigung feindselige Kultur, hat uns dahin gebracht, daß wir nur noch unsere grobstoffliche Umgebung zu erkennen vermögen. Und auf Grund dieser armseligen, vollständig unzulänglichen und einseitigen Wahrnehmungsfähigkeit haben wir uns eine Weltanschauung aufgebaut, die haltlos ist; wir haben uns eine Wissenschaft zusammengezimmert, die voll Irrtümer stecken muß, da schon ihr Fundament auf Irrtümern beruht. Das gleicht einem Maurer, der sein Haus ohne Bindemittel, ohne Kalk und Mörtel baut und nur die Ziegelsteine aufeinander legt.

Daß die Sensitivität ein natürlicher Zustand ist, beweist uns die Tierwelt. Der aufmerksame Beobachter wird wohl schon hundertmal die Erfahrung an seinen Haustieren gemacht haben, daß dieselben hellsehend sind. Hunde bellen, winseln, ziehen den Schwanz ein und geben alle Zeichen der größten Furcht zu erkennen, man sieht sie scheuen vor etwas, das für sie, aber nicht für uns existiert. Ähnliches ist sehr oft bei Pferden zu beobachten, und Reiter wissen davon zu berichten. Forscher haben oft genug Gelegenheit gehabt, auch bei Naturvölkern eine gewisse Sensitivität und ein damit verbundenes Hellsehen und Hellhören zu beobachten.

Wird die natürliche Hellsichtigkeit gesteigert, so tritt die Fernsichtigkeit ein. Hier verschwinden Zeit und Raum, und Ereignisse längst vergangener Jahrhunderte treten ebenso klar und deutlich vor dem Sensitiven auf, wie er die Gegenwart sieht. Aber auch die Zukunft lüftet ihm ihren Schleier, und er sieht Handlungen und Begebenheiten, die sich bis in die kleinsten Details in ferner Zeit so zutragen, wie sie gezeigt werden. Ein Beweis, daß es eben keine Zeit gibt, sondern nur eine ewige Gegenwart. Aber auch der Raum bietet dem Fernsehenden kein Hindernis. Die Entfernungen auf der Erde kommen für ihn gar nicht in Betracht, ebensowenig die grobstofflichen Hindernisse. Der Fernsehende kann sich in einem tiefen Keller befinden und trotzdem plötzlich einen bestimmten Vorgang, der sich auf einem anderen Kontinent zuträgt, deutlich schauen. Die stofflichen Hindernisse existieren für ihn einfach nicht. Abermals ein Beweis, daß der Stoff nur unsere Vorstellung ist.

Hell- und Fernsichtigkeit tritt sehr oft spontan auf, ohne vorangegangene Übung. Wohl die meisten Menschen sind in ihrem Leben wenigstens ein einziges mal plötzlich hellsehend gewesen. In der Mehrzahl aber werden sie sich eine falsche oder unzureichende Erklärung für dieses Phänomen gegeben haben, wie z.B. eine erregte Phantasie, Sehstörungen, Halluzinationen usw. Daß das Gesehene, aber einer anderen Ebene angehörige Bild, ebenso real gewesen ist wie sie selbst, werden wohl die wenigsten zugeben. Sie werden sich auch wahrscheinlich nicht erinnern können, daß sie selbst den Anlaß für den Eintritt dieses Phänomens dadurch gegeben haben, daß sie z.B. längere Zeit hindurch unbewußt einen glänzenden Gegenstand oder eine Wasserfläche angestarrt haben.

Die Erfahrung, daß durch das längere Ansehen einer glänzenden Fläche, eines geschliffenen Steines oder eines spiegelnden Gegenstandes Hell- und Fernsichtigkeit eintreten kann, ist uralt. Es sei hier beispielsweise auf das aus 12 Edelsteinen bestehende Brustschild der jüdischen Hohenpriester hingewiesen, sowie auf die wahrsagenden Quellen der Alten. Moses und Salomon sollen sogenannte Vergessenheitsringe besessen haben, die Hellsehen hervorrufen konnten, wenn man längere Zeit in ihre Steine hineinsah. Sie wurden wohl deshalb Vergessenheitsringe genannt, weil sich in diesem Zustand ein Vergessen der tagwachen Persönlichkeit einstellte. Einen solchen das Hellsehen erzeugenden Ring soll Gustav Adolf besessen haben, der kurze Zeit vor der Schlacht bei Lützen zersprang. Jakob Böhme erzeugte den Zustand des Hellsehens durch einen glänzenden Zinnbecher.

Katharina von Medici wußte sich durch einen Spiegel hellsehend zu machen. Als sie einst wissen wollte, wer die künftigen Beherrscher Frankreichs sein würden, erschienen ihre Söhne im Spiegel, jeder so oft, als sie Jahre regierten; dann sah sie blitzschnell den Herzog Heinrich von Guise im Spiegel erscheinen und danach folgte mehr als zwanzig mal Heinrich von Navarra. Der berühmte und berüchtigte Cagliostro soll es vorzüglich verstanden haben, Hell- und Fernsichtigkeit durch eine gefüllte Wasserflasche hervorzurufen. Einer der größten Seher der neueren Zeit war Emanuel von Swedenborg (geboren 1688, gestorben 1772). Dieser große Mystiker behauptete, durch mehr als 20 Jahre im vertrautesten Umgang mit Geistern und verstorbenen Menschen gestanden zu haben. Er hat eine große Anzahl mystischer Werke geschrieben. Einige gut beglaubigte Proben seiner äußerst zuverlässigen hellseherischen Kraft sollen hier kurz geschildert werden.

Aus den Aufzeichnungen eines dänischen Gesandten stammt folgender Bericht: „Swedenborg wurde einst zu einer Fürstin gerufen. In Gegenwart eines anderen Gesandten, der mit dem dänischen in Verbindung stand, wurde bei dieser Audienz viel von okkulten Dingen gesprochen. Zum Schluß gab die Fürstin, die mit großem Verstand und klarem Urteil begabt war, Swedenborg einen geheimen Auftrag, der auf eine Mitteilung aus dem Geisterreich abzielte. Einige Tage später erschien Swedenborg abermals bei der Fürstin und brachte ihr die erbetene Mitteilung zum größten Erstaunen derselben. Sie mußte den Inhalt für wahr erklären. Es hatte sich um ein Geheimnis gehandelt, das nur der Fürstin allein bekannt war und Swedenborg daher von keinem lebenden Menschen mitgeteilt worden sein konnte."

Ferner sei noch Folgendes aus seinem Leben berichtet: „Am schwedischen Hofe wurde einer Witwe Madamme Marteville von einem Goldschmied eine Rechnung über ein von ihrem verstorbenen Gemahl gekauftes und angeblich noch nicht bezahltes Silberservice vorgelegt. Die Dame verweigerte die Bezahlung, da sie die Genauigkeit ihres verstorbenen Gatten in solchen Angelegenheiten kannte. Sie suchte eifrig in seinen Papieren nach, um den Beweis der erfolgten Zahlung zu bringen, konnte aber nichts dergleichen finden. Sie wandte sich in ihrer Bedrängnis an Swedenborg. Dieser eröffnete ihr nach einigen Tagen, daß sich in einem Schrank, den sie für völlig leer hielt, ein verborgenes Fach befinde, in welchem die gesuchte Quittung zu finden sei. Es wurde an der bezeichneten Stelle sofort nachgesucht und man fand dort tatsächlich den Nachweis der geleisteten Zahlung, die den betrügerischen Goldschmied zum Zurückziehen seiner ungerechten Forderung zwang."

Und weiter: „Im Jahre 1759 war Swedenborg, der eben von England kam, abends in Gothenburg bei einem dortigen Kaufmann eingeladen. Die Gesellschaft war sehr lustig und heiterer Dinge. Plötzlich erklärte Swedenborg, daß eben zur Zeit in Stockholm im Südermalm ein großes Feuer wüte, das immer mehr um sich greife. Ab und zu entfernte er sich und gab dann der staunenden Gesellschaft immer wieder über den Gang der verheerenden Feuersbrunst Bericht. Nach einigen Stunden erst konnte er die Mitteilung machen, daß dem gefräßigen Element endlich Einhalt geboten wurde. Merkwürdigerweise blieb sein eigenes Haus, obwohl es hart bedroht war, verschont. Zwei Tage darauf traf in Gothenburg die Bestätigung aus Stockholm ein, und sie entsprach in allen Teilen der Vision Swedenborgs."

Einer hervorragenden Hellsichtigkeit erfreute sich auch die berühmte *Seherin von Prevorst* (Frau Friederike Hauffe), die durch einige Jahre bei dem bekannten Arzt Justinus Kerner in Weinsberg lebte.

Diese Frau sah stets Geister um sich. Sie hatte ferner die eigentümliche Fähigkeit, so oft sie in das rechte Auge eines Menschen sah, in demselben nicht nur ihr Spiegelbild, sondern dahinter auch ein anderes Bild zu sehen, das aber nie ihrem eigenen und nur unvollkommen dem Bilde desjenigen glich, dem sie ins Auge sah. Sie hielt es für das Bild des inneren Menschen und mochte damit ganz recht haben, denn der andere, der hinter ihrem Spiegelbild hervorsah, war jedenfalls der Astralmensch des Betreffenden, der sich dem hellseherischen Auge der Seherin zeigte. „Durch den jähen Anblick eines zinnernen Gefäßes kam Jakob Böhme in den Zustand, wo er zu dem innersten Grunde oder Zentrum der geheimen Natur eingeführt wurde und allen Geschöpfen gleichsam in das Herz und in die innerste Natur hineinsehen konnte." (A. v. Frankenbachs Leben Böhmes).

„Solche Erkenntnis", sagt Böhme, „sehe ich nicht mit fleischlichen Augen, sondern mit den Augen, wo sich das Leben in mir gebärdet; in ihm stehet mir des Himmels und der Hölle Pforten offen, und spekulieret der neue Mensch inmitten der siderischen Geburt und stehet ihm die innere und äußere Pforte offen."

Ebenfalls vorzüglichen Hellsehens erfreute sich der verstorbene englische Pastor William Stainton Moses, der später aus Gesundheitsgründen sein Seelsorgeramt aufgeben mußte. Bis kurz vor seinem Tod war er dann Adjunkt am *University College* in London und Herausgeber der Zeitschrift *Light;* ein Mann, der allgemeines Vertrauen genoß und an dessen Wahrheitsliebe und Ehrlichkeit nicht gezweifelt werden kann.

Der Verfasser selbst hat viele merkwürdige Episoden mit hellsehenden Personen erlebt. Darunter ist folgender Fall besonders erwähnenswert. Mich besuchte seinerzeit in Basel eine Dame, die hellsehend war. Ohne ihre Familienverhältnisse zu kennen und ohne zu wissen, daß ich Kinder habe, rief sie mir sofort nach der Begrüßung zu, daß sie an meiner linken Seite in Brusthöhe ein kleines Mädchen sehe. Die Beschreibung stimmte vollständig mit meinem damals zweijährigen Töchterchen überein, das ich kurz zuvor ein wenig umhergetragen hatte. Durch Kristall- und Spiegelsehen, wie es später geschildert werden wird, ist es dem Verfasser auch gelungen, sich hellsehend zu machen und sich durch den Tatsachenbeweis von der Wahrhaftigkeit der feinstofflichen Welt zu überzeugen.

Auch die folgenden Fälle, aus dem *Buch der Wunder* von Dr. C. Berndt wollen wir noch kurz erwähnen: „Hier der Bericht Lane's, eines Augenzeugen, dessen Neugier durch den englischen Generalkonsul Salt erregt worden war. Dieser verdächtigte seine Dienerschaft eines Diebstahls wegen und hatte einen *Magier* kommen lassen. Salt wählte sich selber irgend einen Boten als *Seher* aus, während der Zauberer seine Vorbereitungen traf und Zaubersprüche auf Papier schrieb, die späterhin mit Weihrauch und anderen Wohlgerüchen verbrannt wurden. Dann zeichnete der Magier eine Figur in die Hand des Knaben, goß in deren Mitte etwas Tinte und befahl ihm, unverwandt hineinzublicken. Nachdem verschiedene Visionen aufgetaucht und wieder verschwunden waren, erschien dem Knaben auch die schuldige Person, wurde an ihrer Gestalt und Kleidung erkannt und gestand auch nach ihrer Festnahme ihr Vergehen. Durch diesen Vorgang zu weiteren Forschungen angeregt, erzielte Lane noch mehr Resultate. Bei einem solchen Versuch schrieb der Magier wiederum zuerst auf Papier Anrufungen seiner beiden Genien, dann den folgenden Vers aus dem Koran: *‚in übernatürlicher Art dem Knaben die Ohren zu öffnen, seine Augen in die uns unsichtbare Welt dringen zu lassen.'* Dies wurde mit Kohle und allerlei Wohlgerüchen verbrannt. Ein Junge von acht bis neun Jahren war auf gut Glück aus einer Anzahl sich gerade auf der Straße befindlicher Kinder ausgewählt worden. Der Magier faßte seine Rechte, zeichnete in seine Innenfläche ein magisches Quadrat hinein und schrieb in den Zwischenraum gewisse arabische Ziffern. Dann goß er Tinte in die Mitte und befahl dem Knaben aufmerksam hineinzuschauen. Zuerst konnte dieser darin nur das Gesicht des Magiers erkennen; nach andauerender Betrachtung (während der der Zauberer mehrere Beschwörungen verbrannte) beschrieb er einen mit einem Besen kehrenden Mann, dann eine Szene, in der Flaggen und Soldaten vorkamen. Schließlich verlangt Lane, daß Lord Nelson erscheinen sollte. Der Knabe beschreibt einen Mann in dunkelblauer europäischer Kleidung, der seinen linken Arm verloren hat, fügt aber genauer hinsehend hinzu: ‚Nein, der Arm ist an die Brust geheftet.' Nun trug zwar Nelson gewöhnlich seinen leeren Ärmel an die Brust seines Rockes geheftet, aber da er den rechten Arm verloren hatte, fragte Lane, der einen Irrtum des Knaben vermutete, ob die Gegenstände in der Tinte so erschienen, wie sonst dem Auge oder wie im Spiegel, wodurch ja rechts links wird. Der Magier antwortete: Wie im Spiegel. Danach war also die Angabe des Knaben fehlerfrei."

Ein Spezialfall des Hellsehens ist die sensitive Diagnose und das Durchschauen des menschlichen Körpers. Diese Fähigkeit kann dadurch errungen werden, daß man sich während des Pranayams auf die Zirbeldrüse und abwechselnd auch auf die Nervenpartien der Nabelgegend stark darauf konzentriert, daß das Schauen sich auch in dieser Richtung entwickeln soll. Auch während des Hineinsehens in den Kristall, Spiegel oder anderer reflektierender Gegenstände soll statt der sonst geforderten Passivität in diesem Fall der Gedanke fortwährend auf das erstrebte Ziel gerichtet sein. Auch der Monoideismus muß zu Hilfe genommen werden.

Wir wollen nun verschiedene Übungen anführen, durch welche man die Fähigkeit des Hellsehens erlernen kann. Man kann sich verschiedener Mittel bedienen, die mit der notwendigen Geduld alle zum Ziel führen. Man wähle also dasjenige, das der eigenen Individualität am besten entspricht. Der schnellste Erfolg wird allerdings mit dem sogenannten *magischen Spiegel* erreicht.

1. *Das Hellsehen in Kristallen.* Man nehme einen acht bis zehn Zentimeter langen und zwei bis drei Zentimeter dicken, gut geschliffenen Bergkristall (oder ein Kristallglas in derselben Form), lege ihn auf eine schwarze Samtunterlage und starre durch 20 bis 30 Minuten auf die Fläche des Kristalls. Diese und alle anderen derartigen Übungen sollten nur zur Abendzeit ausgeführt werden. Das stark gedämpfte Licht sollte hinter dem Rücken des Übenden sein. Auch durch das Anstarren geschliffener Edelsteine in einem Ring läßt sich Hellsehen nach einiger Zeit erreichen.

2. *Hellsehen durch glänzende Gegenstände.* Eine Metall- oder Glaskugel, eine glänzende Metallfläche, ein blank geputzter Zinnteller u.a. erwecken die Fähigkeit des Hellsehens, wenn man in der oben beschriebenen Weise darauf sieht.

3. *Hellsehen erzeugt durch den magischen Spiegel.* Einen magischen Spiegel sollte sich jeder selbst anfertigen. Käufliche Fabrikate sind erstens teuer und zweitens durch die Emanationen der Erzeuger und Händler verunreinigt. Man verschaffe sich in einer Handlung für fotografische Apparate ein völlig fehlerfreies *Chromobilderglas,* das ist eine hohlgeschliffene Glasplatte, etwa 9 zu 12 oder 13 zu 18 Zentimeter groß. Die konvexe und gut mit Spiritus gereinigte Fläche wird nun mit schwarzem Spirituslack dick bestrichen. Hierbei muß man daruaf achten, daß der Anstrich möglichst gleichmäßig ist. Dieser Anstrich muß, wenn er trocken geworden ist, nochmals wiederholt werden. Es dürfen sich keine leeren Stellen, seien sie auch noch so klein, zeigen; wenn sie sich aber nicht vermeiden lassen, müssen sie extra vorsichtig solange übertupft werden, bis sie verschwinden. Dann wird der Spiegel auf der konkaven Seite gut geputzt und in eine mit Watte versehene Schachtel gelegt, die konvexe bestrichene Seite nach unten. Der Spiegel kann auf doppelte Art verwendet werden. Entweder man benützt ihn bei schwacher Beleuchtung, wie in Punkt eins beschrieben, oder aber das Zimmer wird so verdunkelt, daß man den Spiegel, obwohl man in ihn hineinsieht, nicht sehen kann. Man sitzt dabei so bequem wie möglich und hält die offene Schachtel so, daß die Daumen das Glas berühren (Anstelle des Chromobilderglases kann auch ein in gleicher Größe zugeschnittenes *Celluloid* benützt werden, das leichter zu beschaffen ist und bequem in die oben angegebene Form gebogen werden kann).

4. *Hellsehen in Tinte.* In eine flache Porzellanschüssel schütte man schwarze Tinte und sehe in der in Nummer eins beschriebenen Weise hinein.

5. *Hellsehen im Wasser.* Ein gefülltes Wasserglas wird mit schwarzem oder rotem Stoff umhüllt. Auf die Wasserfläche wird in der oben erklärten Weise hineingesehen. Oder aber man benutzt eine fein geschliffene Wasserflasche, um die mehrere brennende Kerzen gestellt werden. Man fixiert an der Flasche einen besonders glänzenden Punkt.

6. *Hellsehen auf Papier.* Man legt einen Bogen ganz reines und vollständig glattes weißes oder schwarzes Papier vor sich hin und starrt es längere Zeit an. Auch hier muß das Licht gedämpft sein und sich hinter dem Rücken des Experimentierenden befinden.

7. *Hellsehen in einer polierten Fläche.* Man setze sich in einem ziemlich abgedunkelten Raum (Licht hinten) etwa drei Meter entfernt vor einen Schrank und sehe auf die polierte Fläche der Schranktür, jedoch so, daß man sie nicht direkt ansieht, sondern mehr die dazwischen liegende Luft. Man hüte sich aber, die umliegenden Gegenstände ins Auge zu fassen. Es darf nichts vorhanden sein für den Sinn des Experimentierenden als diese Schranktür und diese darf auch nur mit verschleierten Blick angesehen werden. Es ist darauf zu achten, das man bei dieser Übung bequem sitzt

8. *Hellsehen im vollständig dunklen Raum.* Man setze sich sehr bequem in ein vollständig verdunkeltes Zimmer und sehe in das Schwarze, ohne jedoch die Umrisse irgend eines Gegenstandes schärfer ins Auge zu fassen.

Wie schon erwähnt, führt jede Methode zum Ziel, die eine langsamer, die andere schneller. Am empfehlenswertesten ist jedoch der Spiegel, das Kristallsehen und das Hellsehen durch die polierte Schranktür. Diese drei Methoden kann man recht gut miteinander kombinieren, indem man den einen Abend erst Kristallsehen und anschließend im Dunkelzimmer an der glänzenden Schranktür übt, und den nächsten Tag anstelle des Kristallsehens das Spiegelsehen praktiziert, dem sich das Fixieren der Schranktür anschließt. Die Vereinigung dieser drei Übungen wird den Schüler wohl sehr rasch hellsehend machen, vorausgesetzt, daß er dies mit der nötigen Intensität betreibt. Wer einmal hellsehend ist, kann zur Erzeugung der Visionen jedes Mittel in Anwendung bringen; ja selbst durch die bloße Willenskraft und dadurch, daß er in die Luft starrt, ohne einen Gegenstand direkt ins Auge zu fassen, wird sich das Hellsehen bei ihm einstellen.

Für sämtliche Übungen gelten noch folgende Vorschriften: Alle zum Hellsehen verwendeten Gegenstände müssen vor der ersten Übung dreimal angehaucht werden. Das hat den Zweck, sie mit der eigenen odischen Influenz zu überziehen. Dieses Anhauchen geschieht nach Art der erlernten Atemgymnastik, und man hat damit die Konzentration zu verbinden, daß man durch diesen Gegenstand sehr bald hell- und fernsehend werden wird. Weiter soll man seine beiden Hände (mit den Fingerspitzen nach unten, die Handrücken gegeneinander gekehrt und ca. zwei Zentimeter von einander entfernt) über den zum Hellsehen zu verwendenden Gegenstand in einem Abstand von zwei bis drei Zentimeter halten. Dabei soll man sich lebhaft vorstellen, daß aus den Fingerspitzen starke leuchtende Odströme herausströmen, die sich mit dem bewußten Gegenstand vermischen. Indem man nun abermals die Gedankenkonzentration durchführt, daß sich das Hellsehen baldmöglichst einstellen soll, fährt man langsam nach beiden Seiten (von der Mitte aus) über diesen Gegenstand hinweg und überzieht ihn sozusagen mit seinem Od. Im weiten Bogen kehrt man wieder zur Mitte zurück und wiederholt diese Prozedur fünf bis siebenmal. Danach wird der Gegenstand sorgfältig in einer Schachtel aufbewahrt und darf niemals den Blicken oder dem Hauch, aber am allerwenigsten der Berührung eines anderen Menschen ausgesetzt werden. Selbstverständlich macht das sehen in der Schranktür hiervon eine Ausnahme.

Im allgemeinen muß das Anhauchen und Magnetisieren nach etwa zwölf Sitzungen wiederholt werden. Übt man mit dem Wasserglas, so müssen diese Manipulationen vor jeder Übung vorgenommen werden, da man ja stets wieder frisches Wasser verwenden muß. Von größter Wichtigkeit ist jedoch, daß man sich beim Anhauchen und Magnetisieren in einer absolut ruhigen und friedlichen Gemütsstimmung befindet. Auch bei den Übungen soll man stets völlig harmonisch sein, da sich sonst sehr leicht häßliche Visionen einstellen könnten, die unter Umständen sogar imstande sind, gesundheitsschädliche Wirkungen auf den Körper auszuüben, ganz abgesehen davon, daß man bei Übungen während einer Disharmonie vollständig feindlichen Einflüssen ausgesetzt ist, die nicht immer so leicht abzuwehren sind. Man übe am besten täglich oder jeden zweiten Tag, bis sich ein dauerhafter Erfolg einstellt, was schon in einigen Wochen eintreten kann, mitunter aber auch Monate lang auf sich warten läßt. Dann darf aber mit den Übungen erst recht nicht aufgehört werden und diese müssen dann wöchentlich mindestens einmal geübt werden.

Bei diesen Übungen darf höchstens eine Person anwesend sein und muß man mit derselben in inniger Harmonie stehen. Diese Person darf auch keine Störung verursachen und sich nicht in der unmittelbaren Nähe des Übenden aufhalten. Am besten ist es, wenn der Übende *ganz allein* sein kann oder wenn seine Umgebung schläft. Das Licht muß, wie schon erwähnt, stets sehr gedämpft sein. Von großem Nutzen sind bei diesen Übungen die fotografischen Dunkelkammerlampen mit den rubinroten Gläsern, doch muß auch hier das Licht soweit als möglich heruntergedreht werden. Wer sich dunkelviolette Deckgläser oder eine entsprechende Lampe beschaffen kann, fördert die Sache noch mehr, denn das violette Licht ist für die Hervorrufung der Hellsichtigkeit sehr günstig. Wer über solche Lampen nicht verfügt, muß sich dadurch zu helfen, daß er seine Lampe mit rotem oder violettem Seidenpapier oder einem Stoffschirm in einer dieser Farben umhüllt. Die Beleuchtung ist mit Vorsicht zu verwenden, der Übende ist nämlich durch seine Vertiefung von der Außenwelt vollständig abgezogen und kann daher auf die brennende Lampe keine Kontrolle ausüben.

Auch bei diesen Übungen gilt der Grundsatz, daß außer den engsten Familienangehörigen niemand davon etwas wissen soll, solange bis sich ein vollständiger und andauernder Erfolg eingestellt hat. Der

Entwicklungsgang ist etwa folgender: Der Übende wird an den ersten Abenden im Spiegel oder im Kristall selbstverständlich nur sein - infolge des Dämmerlichtes nur ganz undeutliches - Spiegelbild sehen. Nach und nach aber verschwindet dasselbe und wird einer dunklen, unsicheren Fläche Platz machen. Aus dieser werden sich dann langsam Figuren entwickeln, erst verschwommen und undeutlich, dann klarer und schärfer. Die Bilder werden anfangs weißlich oder gelb, dann später in kräftigeren Schattierungen, blassen Fotografien ähnlich, auftreten, um bei vollkommeneren Visionen Farbe und Leben zu bekommen. Bleiben die Bilder andauernd unbeweglich, so sind sie nicht real, also nur Einbildungen oder gewünschte Vorstellungen oder Sehstörungen. Erst die Beweglichkeit der Bilder, das Handeln der darin enthaltenen Figuren sagt uns, daß wir es bereits mit der wirklichen feinstofflichen Welt zu tun haben.

Die Entwicklung der hellseherischen Fähigkeiten bringt nicht den geringsten Nachteil in gesundheitlicher Beziehung. Das Auge wird im Gegenteil dadurch gestärkt. Männer benötigen hier etwas mehr Geduld, denn Frauen eignen sich verhältnismäßig besser zum Hellsehen. Dennoch wird es jedem Mann, der es mit seiner Entwicklung ernst nimmt, gelingen, spätestens in einigen Monaten hellsehend zu werden. Dies wird umso schneller eintreten, wenn der Schüler vor jeder Übung ein Pranayam auf die Zirbeldrüse und den Solarplexus ausübt mit der starken Konzentration des Erfolges und dabei zusätzlich rhythmisch atmet. Es sei nochmals darauf hingewiesen, daß diejenigen, welche diese Fähigkeit erreicht haben, trotzdem wöchentlich ein bis zweimal in den Spiegel oder in den Kristall und in die Schrankfläche sehen müssen, obwohl sie dann sehr oft und zu verschiedenen Zeiten des Tages, oft auch der Nacht, ganz unvermittelt durch Innenschau und später mit den hellsehenden Augen Vorgänge aus der Vergangenheit, Gegenwart und Zukunft erblicken werden. Die feinstoffliche Welt wird sich ihnen mit ihren Geheimnissen öffnen und Raum und Zeit werden ihrer Erkenntnis keine Hindernisse mehr bieten.

Was wir über die Schwingungen sagten, gilt auch für das *Hellhören.* Der grobstoffliche Zustand der Materie, der Zustand, den wir mit unseren Sinnen wahrnehmen können, setzt auch Tonwellen in Bewegung, deren Schwingungsrate wir nicht erfassen können. Aber auch die feinstoffliche Welt hat Töne; diese liegen aber außerhalb der uns bekannten Schwingungsskala. Sie bilden eine unendliche Verlängerung nach beiden Seiten. Hellhören heißt nun, sich in die Lage zu versetzen, diese fremden Tonwellen wahrzunehmen.

Durch geeignete Übungen können wir es dahin bringen, alles, was in der feinstofflichen, astralen Welt vorgeht, zu hören. Wir können wahrnehmen, was die feinstofflichen Intelligenzen zu uns sprechen. Aber auch auf unserer materiellen Ebene werden wir durch die Hellhörigkeit großen Nutzen erzielen; denn so wie der Hellsichtige durch Mauern und Berge hindurch sieht, als ob sie gar nicht vorhanden wären, so gibt es auch für den Hellhörenden kein Hindernis. Diese Fähigkeit erlaubt uns, in ihrer äußersten Vervollkommnung, z.B. in Europa Töne zu vernehmen, die zur gleichen Zeit in Amerika erzeugt werden. Das Hellhören kann ebenfalls auf zweierlei Art hervorgebracht werden, und zwar ohne Mithilfe des Gehörs, also ein rein geistiges Hören und das eigentliche Hellhören durch das Gehör. Die letztere Fähigkeit bildet sich in den meisten Fällen aus dem geistigen Hören (wie das Hellsehen mit dem körperlichen Auge aus der Innenschau) langsam heraus.

Eine Hauptbedingung zur Erreichung dieser Fähigkeit ist, daß der Schüler den *negativen Zustand* vollständig zu beherrschen imstande ist. Das Hellhören hat den negativen Zustand zur Basis. Wir müssen uns vollständig passiv machen, um die geheimnisvollen Schwingungen wahrnehmen zu können. Das *geistige Hören* läßt sich sehr schwer beschreiben. Es ist absurd zu sagen, es gleiche sehr stark einem lauten Denken, und doch ist das die einzige Ausdrucksmöglichkeit für diesen Vorgang. Das Hellhören mit dem Gehörorgan läßt uns die Töne in einer etwas gedämpften Weise vernehmen. Es ist, als ob ein leichter Schleier vor dem Trommelfell läge oder als ob wir einen Wattepfropf in den Ohren hätten. Es ist durchaus nicht das Gefühl der Schwerhörigkeit, denn die feinsten und zartesten Äußerungen werden ganz deutlich vernommen, aber es klingt stets, wie wenn zwischen Ohr und den ankommenden Tonwellen ein leichtes Hindernis wäre. Oft vernehmen hellhörende Personen die astralen Äußerungen wie aus weiter Ferne kommend. Manche haben den Eindruck, als wenn ihnen diese Äußerungen durch das Telefon übermittelt würden. Hellhören entwickelt sich am besten im Dunkeln und in der Einsamkeit. Also ist die Abendzeit zur Vornahme der folgenden Übungen sehr zu empfehlen. Oder man wählt eine frühe Morgenstunde, wo noch alles schläft und vollste Ruhe herrscht. Die Fähigkeit des Hellhörens ist bei den Naturvölkern oft zu finden, der Kulturmensch aber hat sie verloren. Auch in der Tierwelt kann man sie beobachten. Dem Altertum war sie ebenfalls bekannt. Im rauschenden Hain zu Dodona stellte sich Hellhörigkeit ein. Die Buddhisten Tibets machen sich durch eine Muschel hellhörig, und die ungarischen Zigeuner suchen noch jetzt auf diese Art von ihrem *Rivascha* (Luftgeist) Mitteilungen zu erhalten. Auch den mittelalterlichen Nekromanten war diese Kunst bekannt und wurde von ihnen geübt.

Die Hellhörigkeit ist am leichtesten zu erzielen durch den Zustand der Passivität. Wir suchen abends oder zeitig morgens die Einsamkeit auf und verschließen anfangs die Augen mit einer Binde, verstopfen auf bekannte Weise die Ohren und überlassen uns, in einer bequemen Lage liegend oder sitzend, dem negativen Zustand. Vorher unterstützen wir diese Übung durch ein dreimaliges Pranayam auf Zirbeldrüse und Plexus, welches mit der Konzentration verbunden sein muß, daß wir hellhörend werden wollen und daß wir die Fähigkeit erlangen wollen, alle astralen Tonwellen wahrzunehmen. Ohne den negativen Zustand zu stören, spannen wir unseren Gehörsinn an und lauschen auf das Sausen und Brausen, das sich einstellen wird. Aus diesem Gebrause von dumpfen Tönen werden sich im Verlauf der Übungen nach und nach einzelne Laute herausbilden, und ab und zu können wir Wörter vernehmen. Das ist nun schon der Anfang zur Hellhörigkeit. Es ist unsere Aufgabe, die ersten Kundgebungen gut wahrzunehmen, uns aber trotzdem nicht aus dem negativen Zustand herausreißen zu lassen. Nach und nach werden sich Mitteilungen ergeben, doch erst in einem fortgeschritteneren Stadium ist es angeraten, den negativen Zustand zum Zweck einer Fragestellung zu unterbrechen. Will man dann die Antwort hören, muß man sich sofort wieder in den negativen Zustand versetzen.

Es sei noch erwähnt, daß in vielen Fällen das Hören von Worten erst durch andere Töne eingeleitet wird. So kommt es vor, daß nach einigen Übungen schon fernes Glockengeläut, Vogelgezwitscher, Donner, Musik u.a. gehört wird, woraus sich dann langsam Stimmen entwickeln. Nach einiger Zeit entferne man die Binde, und man kann auch die Ohren immer weniger verstopfen, bis schließlich die Hellhörigkeit bei unverschlossenen Sinnen als Folge der Passivität eintritt.

Der vorerwähnte Entwicklungsgang betrifft auch das geistige Hören, das bei verschlossenem Hörsinn nicht vom wirklichen Hören zu unterscheiden ist. Erst wenn die Fähigkeit weiter entwickelt ist und wir die Ohren unverschlossen haben, zeigt es sich, auf welche Art uns die astralen Tonschwingungen übermittelt werden. Das geistige Hören kann dauernd anhalten und sich immer vollkommener entwickeln, meist aber geht es nach einiger Zeit in das wirkliche Hören über.

Ein sehr gutes Mittel, die Hellhörigkeit hervorzurufen, ist wenn man unter Einhaltung der beschriebenen Bedingungen eine Muschel an das Ohr setzt (das andere Ohr ist verstopft) und den negativen Zustand herbeiführt. Dies beschleunigt den Entwicklungsgang. Man muß jedoch achtgeben, sich nicht durch das Brausen, das aus der Muschel herausdringt, aus der Passivität reißen zu lassen. Die Meermuschel sollte ziemlich groß und möglichst dünnwandig sein. Auch sind Muscheln mit vielen Windungen vorzuziehen. Die Übungen müssen, ebenso wie beim Hellsehen, jeden zweiten Tag durchgeführt, solange, bis dauerhafter Erfolg eintritt. Dann wird wöchentlich zweimal, mindestens aber einmal geübt. Sonst würde sich die errungene Fähigkeit bald wieder verlieren.

Der Schüler steht sowohl beim Hellhören als auch beim Hellsehen vor einer Gefahr. Er ist durch den Zustand der Passivität ein offenes Tor für allen astralen Lug und Trug. Ist er sehr leichtgläubig und mangelt es ihm an Urteilskraft, so kann er sich durch Hellsehen und Hellhören leicht Schaden zufügen. Hier muß stets das Gefühl ausgeschaltet bleiben, und nur der kalte, gerecht abwägende Verstand darf entscheiden, inwieweit den Mitteilungen aus der anderen Welt Glauben zu schenken sind. Nur der bewahrt sich vor bitteren Enttäuschungen und vor Unglück aller Art, der alle Mitteilungen, die ihm in der ersten Zeit seiner Übungen zuteil werden, mit der kritischen Sonde der Vernunft untersucht. Diese Übungen aber müssen gemacht werden trotz ihrer Gefahr, denn der Schüler soll auf diesem Weg mit seinem *Mahatma,* seinem *Führer* und *Meister,* bekannt werden, respektive mit ihm in enge Verbindung treten.

Das Bewußtsein, von einer außenstehenden, erhabenen Intelligenz geführt zu werden, hat der Schüler ja schon von dem Augenblick an, da er den festen Vorsatz gefaßt hat, ein *Chela* (ein Gehilfe, wie wir ihn nennen) zu werden. Sobald er sich mit seinem glühenden Wunsch in den negativen Zustand versenkte, hatte er sich bereits dem Einfluß eines Meisters, der durch diesen intensiven Wunsch und sein Vorwärtsstreben angezogen wurde, ausgesetzt. Die Fähigkeit des Hellsehens und Hellhörens erlaubt uns nun, diesen Meister zu sehen und mit ihm zu verkehren! Und dies ist für unseren weiteren Entwicklungsgang sehr nützlich.

Daß wir aber auch den Lügen und Böswilligkeiten herumirrender Geister durch diese Fähigkeiten ausgesetzt sind, hat ebenfalls seinen Vorteil. Wir werden dadurch gezwungen, die Spreu vom Weizen unterscheiden zu lernen. Und so ganz ohne Hilfe sind wir ja auch nicht. Wenn uns die Beeinflussungen solcher niedrig stehender Intelligenzen unerträglich werden oder wenn wir fürchten, daß wir ihren Einflüsterungen nicht gewachsen sind, brauchen wir uns nur durch kräftige Gegenkonzentration vor ihnen zu verschließen. Wir konzentrieren dann unsere Gedanken mit größter Kraft durch längere Zeit auf einen entgegengesetzten Vorgang. Wir denken beispielsweise an unseren Mahatma, an unser hohes Ziel, dem wir zustreben, und bald werden wir uns befreit fühlen von allen lästigen Aufdringlichkeiten. Wir können zusammenfassend sagen, daß Hellsehen und Hellhören wohl eine Gefahr für den Schüler birgt, daß aber nur der Schwache und Törichte Schaden durch diese Fähigkeiten erleiden kann.

Wir haben an anderer Stelle gelesen, daß Gedanken reale, stoffliche Dinge sind. Nur ist die Zustandsform dieses Stoffes unseren Sinnen in ihrem sogenannten *normalen* Zustand nicht wahrnehmbar. Öffnen wir aber durch die Erzeugung von Sensitivität diese Sinne der *astralen Welt*, so können wir die Gedanken eines astralen Wesens sehen und hören. Was für uns im hellsehenden Zustand sehr oft als ein Bild erscheint, braucht demnach bloß ein Gedanke eines astralen Wesens zu sein. Das Gleiche kann der Fall sein, wenn wir in der Hellhörigkeit ein solches Wesen sprechen hören. Die Umleitung dieser astralen Gedankenformen auf unsere Sinne geschieht wiederum mittels des Ods. Wer in seinem Körper kein gutes Od erzeugt oder ein zu geringes Quantum, der wird es auch bei diesen beiden Fähigkeiten zu keiner großen Entwicklung bringen. Der Schüler muß deshalb darauf bedacht sein, durch vernünftige Lebensweise seine Oderzeugung *qualitativ* und *quantitativ* zu fördern. Nicht nur die Geduld, zu der wir am Schluß dieses Kapitels nochmals eindringlichst ermahnen, sondern auch die beständige Ausübung des Pranayam werden uns einem dauernden Erfolg zuführen.

Der Schüler ist nun in seiner ethischen Entwicklung soweit vorgeschritten, daß er es gewiß unterlassen wird, diese Fähigkeiten nur zur Befriedigung seiner Neugier zu verwenden, denn ein langsames Versiegen dieses Bornes der Erkenntnis wäre die Folge. Es sind dies die wichtigsten astralen Fähigkeiten des Menschen und die Brücken, die uns mit der anderen Welt verbinden. Ein Adeptentum ohne Hellsehen und Hellhören, also ohne direkten Verkehr mit der astralen Ebene, ist wertlos, daher muß der Schüler seine ganze Kraft aufwenden, diese Fähigkeiten zu erringen und dauernd zu erhalten.

13. Die Psychometrie

Die Grenze zwischen Hellsehen und Psychometrie ist ziemlich verwischt. Die eine Fähigkeit ergänzt die andere und beide greifen ineinander. Der *Psychometrist* erhält ebenfalls Visionen wie der Hellsehende, nur erstrecken sich dieselben stets auf die Vergangenheit und können durch jedes stoffliche Ding angeregt werden. Der Professor der Physiologie Dr. Buchanan in Boston benannte diese Fähigkeit Psychometrie; der Name ist aber eigentlich nicht zutreffend. Professor Buchanan gab einigen sehr sensitiven Personen aus seinem Zuhörerkreis verschiedene gut verschlossene kleine Päckchen, in denen sich, durch die Umhüllung vollständig unkenntlich gemacht, kleine Portionen verschiedener Gewürze, Salz oder Zucker befanden in die Hände und bald darauf empfanden jene Personen den Geschmack des Inhalts der Päckchen, die sie in der Hand hielten. Diese Beobachtung, zu der Professor Buchanan durch verschiedene Experimente, die er betreffs der sensitiven Diagnose vornahm, gelangte, reizte ihn zur Fortsetzung des neu entdeckten Weges. Er konnte die überraschende Wahrnehmung machen, daß seine Sensitiven nicht nur den Geschmack, sondern in vielen Fällen auch die Wirkung eines beliebigen Medikamentes, das er ihnen in verschlossener Umhüllung in die Hand gab und an die Stirn halten ließ, empfanden. So erzeugte ein *Vomitiv* Neigung zum Erbrechen, *Opiate* wirkten einschläfernd usw.

Schließlich war es ein Brief, den Professor Buchanan in einer seiner medizinischen Vorlesungen einem jungen Mann an die Stirn halten ließ. Derselbe gab nicht nur den Inhalt dieses Briefes an, sondern beschrieb ganz genau das körperliche Aussehen wie auch den Charakter des Schreibers, ohne ihn zu kennen oder jemals gesehen zu haben. Der amerikanische Geologe Professor William Denton nahm sich ebenfalls dieser Wissenschaft an und brachte es zu ganz hervorragenden Resultaten.

Du Prel sagt hierüber in seiner *Magie als Naturwissenschaft* Band II, Seite 91: „Denton hatte an seiner Frau, Schwester und einem seiner

Söhne sehr brauchbare Sensitive, er experimentierte 20 Jahre lang und schrieb darüber ein dreibändiges Werk (Denton: The soul of the things). Er sagte sich, daß, wenn schon ein so vorübergehender Einfluß auf Briefpapier von Seite des Schreibers genügt, bei Sensitiven solche Ferngesichte auszulösen, auch andere Probestücke, etwa Steine, dauernde Eindrücke, die auf sie geschahen, festhalten müßten. Er machte Versuche mit Mineralien, archäologischen Funden usw., und nun tauchten vor den Augen des Sehers oft blitzartig, oft langsam sich entwickelnd, längstvergangene landschaftliche oder historische Szenen auf. Gedankenübertragung versuchte Denton auszuschalten, auf die Richtigkeit der Vision konnte er aus der Übereinstimmung der Aussagen verschiedener Seher oder anderen Umständen schließen. Er nahm aus etwa 200 in Papier gewickelten Gegenständen den nächstbesten, ohne ihn zu kennen, legte ihn seiner Frau auf die Stirn und sie beschrieb nun einen antiken Tempel; von den Farben des Baumaterials sagte sie, sie seien nicht gemalt, sondern imprägniert. Bei Öffnung des Papiers fand Denton ein Mosaikstück aus Rom. Da sich den Psychometern die Bilder förmlich aufdrängen, die sie beschreiben und zeichnen, so spricht Denton ganz begeistert von der Wichtigkeit der Psychometrie für alle Wissenszweige. So ist mittels der Psychometrie kaum irgend etwas unserer Wißbegierde unerreichbar, und zwar auf einem sehr viel leichteren und angenehmeren Weg als unter Anwendung unserer gegenwärtigen beschwerlichen Forschungsmethode. Eine persönliche Reliquie Shakespeares dürfte im Verlauf einer halben Stunde mehr von ihm offenbaren, als seine Biographien in zweihundert Jahren zu enthüllen imstande waren. Ein Kiesel von den Straßen Jerusalems ist eine Bibliothek, die uns die Geschichte der ganzen jüdischen Nation erzählt. Ich bin Zeuge gewesen, wie ein wenig Staub von einem Kupfermesser einem Knaben die Geschichte der alten Kupfergräber von Lake Superior verkündeten. Es wurden Tatsachen entschleiert, die sich buchstäblich sich so zugetragen haben, dies wurde von mehreren voneinander unabhängigen Psychometern bestätigt und die sonst unbekannt geblieben wären. Die geheimnisvollsten Tatsachen selbst der urältesten Zeiten gelangen an das Tageslicht, wir brauchen nur unsere geistigen Augen zu öffnen, und wir werden sie entdecken. Es scheint demnach ein geistiges Universum zu geben wie ein materielles, d.h. ein Universum, das alles enthält, was ist und jemals war.'"

Du Potet gab bei seinen öffentlichen Experimenten einer sensitiven Persönlichkeit eine Handvoll Erde von einem Druidengrab und diese Person erhielt hierauf Visionen aus jener Zeit (*Potet: Die entschleierte Magie*). Kaspar Hauser (siehe *Sphinx*, Bd. V. 246) war imstande, wenn Gold, Silber, Eisen oder auch Glas nebeneinander lagen und mit Papier bedeckt waren, dieselben ohne Fehler leicht zu unterscheiden. Die sensitiven Personen Reichenbachs fühlten sofort den Geschmack, wenn sie Essig, Galle oder Kupfer berührten.

Fischer berichtet in seinem Buch: *Der Somnambulismus* II, Seite 267, daß die Katharina Beutler, ein Mädchen aus Schwaben, wenn sie auf Salz stand, sofort einen salzigen Geschmack im Munde empfand; Metalle verursachten ihr, wenn sie sie berührte, ein Kältegefühl auf der Zunge, und bei Gips empfand sie ein unangenehmes Zusammenziehen des Halses.

Die hohe psychometrische Empfindlichkeit einzelner Personen den odischen Wirkungen verschiedener Pflanzen gegenüber wird sehr gut illustriert durch nachfolgende Stelle (entnommen aus: Du Prel, *Magie als Naturwissenschaft* Bd. II, Seite 133) „Der Jesuit Athanisius Kircher erzählt, daß ein Jüngling, so oft er einen schattigen Platz seines Gartens betrat, von Satyriasis befallen wurde. Er vertraute das einst einem Apotheker, der sich an den Ort führen ließ und ihn ganz mit Satynum bewachsen fand. Man hat bemerkt, daß der bloße Geruch des Samens von Bilsenkraut, wenn die Ausdünstung durch Wärme gesteigert wird, Neigung zum Zorn hervorruft. Ein sonst einträchtig lebendes Ehepaar konnte im gemeinschaftlichen Arbeitszimmer nie zusammen sein, ohne daß es zum heftigen Streit kam. Man hielt das Zimmer für behext, bis man in der Nahe des Ofens ein Päckchen Bilsenkrautsamen fand, nach dessen Beseitigung der Friede nicht mehr gestört wurde."

Die Psychometrie ist die volle Betätigung des sechsten oder odischen Sinnes. Dieser Sinn kann als der *Zentralsinn* oder *Allsinn* des Menschen aufgefaßt werden, denn er schließt alle anderen fünf Sinne in sich ein. Er vermag sie alle zu ersetzen, denn sensitive Personen vermögen zu sehen, zu fühlen, zu schmecken, zu riechen und zu hören ohne Mithilfe der dazu bestimmten gröberen Sinne. Die psychometrische Wahrnehmungsfähigkeit wird besonders dort gesteigert, wo eine odische Zentralstelle sich befindet, also im Kopf durch das Hirn und in der Herzgrube durch das Sonnengeflecht. Stark psychometrische Personen vermögen demnach, ohne erst in den somnambulen Zustand versetzt werden zu müssen, verschlossene Briefe zu lesen, die ihnen auf die Herzgrube gelegt werden usw.

Wieder ist es der negative Zustand, der auch die psychometrische Fähigkeit in uns erweckt. In der abwartenden, passiven Konzentration, in dem Ausschluß aller Gedanken, in der absoluten Stille finden wir die Brücke, die uns hinüberführt zu den Wundern des Zentralsinnes. Wir haben uns den höheren und feineren Schwingungen zu öffnen und müssen uns deshalb der Außenwelt verschließen. Jede psychometrische Übung leiten wir durch das Pranayam ein, das mit starker Erfolgskonzentration verbunden sein muß. Während der folgenden Übungen müssen wir beständig rhythmisch atmen. Wir führen den negativen Zustand herbei, indem wir die Augenlider schließen, die Ohren verstopfen und die Muskeln entspannen; dann denken wir sehr stark an eine uns eng befreundete oder sympathische Person.

Wir konzentrieren uns auf das Äußerste, auf die moralischen und intellektuellen Eigenschaften jener Person und versuchen zu erfühlen, mit was dieselbe sich wohl zur Zeit beschäftigt. Nachdem wir diese Konzentration durch ungefähr 10 Minuten aufrecht erhalten haben, heben wir die Gedankentätigkeit auf und führen den negativen Zustand für ca. 5 Minuten herbei. Danach bleiben wir noch einige Zeit ruhig sitzen. Nach ungefähr 10 bis 12 solcher Übungen werden wir während des negativen Zustands und auch nachher von Intuitionen und Vorstellungen überrascht werden, die sich alle mit dem momentanen

Zustand jener Person befassen. Nach und nach werden dieselben immer greifbarer und deutlicher werden und schließlich, was ja die Hauptsache ist, der Wahrheit vollkommen entsprechen. Wir werden nun genau wissen, was diese Person zur gegebenen Zeit macht. Aber auch die Stimmungen, die seelischen Gefühle und die eventuellen physischen Schmerzen werden sich uns übertragen.

Der Erfolg wird um so größer sein, wenn wir eine Fotografie, welche die betreffende Person stark angehaucht hat, besitzen und die wir bei der Konzentration fortwährend ansehen und in der Hand halten. Auch eine Haarlocke oder ein Kleidungsstück, das jene Person durch längere Zeit am Körper getragen hat sowie andere Gegenstände eignen sich hierzu.

Da die Psychometrie mit dem Hellsehen in engster Verbindung steht, so kann sich durch diese Übung langsam auch die Fähigkeit der *sensitiven Diagnose* entwickeln. Es ist unangenehm, die Schmerzen eines anderen mitzuempfinden, aber es ist dies nur ein verschleiertes Gefühl und dieser Zustand hält nur einige Minuten an, wenn wir, die Gegenkonzentration anwenden. Während wir uns nun leicht von den physischen Schmerzen jener Person ergriffen fühlen, wird auch oftmals Hellsehen eintreten und die Ursache jener Schmerzen wird uns offenbar werden. Derselbe Vorgang findet statt, wenn die betreffende Person zur Zeit der Übung an einer seelischen Bedrückung leidet. Auch diesen Zustand werden wir in leichter Weise mitempfinden, bis sich uns ein Gesicht zeigt, welches uns die Ursache jener trüben Stimmung zeigt.

Diese Übung soll wöchentlich mindestens einmal gemacht werden, und zwar möglichst morgens oder abends. Täglich aber sind neben den Übungen für das Hellsehen und Hellhören noch folgende Übungen durchzuführen. Man besorge sich kleine Mengen Salz, Zucker, Pfeffer, Zimt und ähnliche Stoffe, die einen sehr scharfen Geschmack haben, und verschließe jedes in eine Umhüllung aus Papier, jedoch so, daß weder durch das Gefühl noch durch den Geruch der Inhalt festgestellt werden kann. Man vermeide aber allzu stark riechende Stoffe sowie solche, welche sich nicht zu Pulver zerreiben lassen. In eine Ecke des Päckchens schreibe man den Inhalt in ganz kleinen Buchstaben. Nach durchgeführtem Pranayam nimmt man eines dieser Päckchen, die sich äußerlich völlig gleichen müssen, halte es an die Stirn, schließe die Augen, hege den lebhaften Wunsch, den Inhalt dieses Päckchens zu erfahren, und führe dann den negativen Zustand herbei. In der ersten Zeit dieser Übungen ist der negative Zustand noch mit verschlossenen Ohren herbeizuführen.

Nachdem man den negativen Zustand durch 2 bis 3 Minuten hindurch festgehalten hat, überläßt man sich den nun eintretenden odischen Beeinflussungen, die sich teils in Geschmacksempfindungen, teils in Vorstellungen des Inhalts äußern. Man hält diesen Zustand so lange aufrecht, bis sich fortdauernd ein und derselbe Geschmack oder ein und dieselbe Vorstellung aufdrängen, bis Geschmack und Vision völlige Bestimmtheit, Klarheit und Deutlichkeit erlangt haben. Dann kann man nachsehen, ob die durch die Psychometrie erlangte Vorstellung mit dem tatsächlichen Inhalt des Päckchens übereinstimmt. Man soll während einer Übung nur mit zwei Päckchen üben, denn es ist ratsam, jedem Päckchen eine Viertelstunde zu widmen. Hier ist unbedingt die größte Geduld geboten. Jedes Hasten und Eilen wird die anfänglichen Mißerfolge nur verlängern. Wenn sich nach etwa 15 Minuten bei dem einen Päckchen kein entschiedener, bestimmter Gefühlseindruck bemerkbar macht, nehme man ein anderes Päckchen. Strengste Ehrlichkeit gegen sich selbst ist bei allen diesen Übungen unabdingbar.

Haben wir einige Male gute Erfolge erzielt, so können wir an jedem zweiten Übungsabend das Experiment dahingehend abändern, daß wir verschiedene Briefe unserer Freunde oder Angehörigen in gleiche Umschläge stecken und vor uns am Tisch ausbreiten. Die Umschläge dürfen nicht verklebt werden. Nun schließt man die Augen und wählt mit der tastenden Hand einen Brief, zieht ihn aus dem Umschlag und hält ihn an die Stirn. Wir konzentrieren nun unsere Gedanken auf den lebhaften Wunsch, den Schreiber dieses Briefes zu erkennen und den Inhalt zu erfahren. Dann gehen wir auf kurze Zeit in den negativen Zustand über und überlassen uns den vor unserem geistigen Auge aufsteigenden Visionen oder körperlichen Eindrücken.

Der Charakter des Schreibers, seine Lebensumstände, seine Stimmung, in welcher er den Brief verfaßt hat, und schließlich auch sein Bild werden sich uns nach und nach aufdrängen. Man muß auf die leisesten Regungen aufmerksam sein. War z.B. der Schreiber zornig erregt, so wird in uns ein gleiches Gefühl, wenn auch schwächer, aufsteigen. Wir werden so ziemlich alles mit empfinden, was ihn während des Schreibens beeinflußt hatte. Wir werden die Umstände sehen, in welchen er sich zu jener Zeit befand, und dann wird sein eigenes Bild auftauchen, zuerst unsicher, schattenhaft und verschwommen, dann aber immer klarer und deutlicher. Und schließlich, wenn wir schon fortgeschrittener sind, wird sich uns auch der Inhalt des Briefes offenbaren. Zu diesem Zweck ist es gut, Briefe zu wählen, die nicht an uns gerichtet sind und deren Inhalt wir nicht kennen, wohl aber den Schreiber. Und auch das ist nur am Anfang nötig. Später können wir unsere Vorstellungen von dem Briefschreiber mit seinen Aussagen im Brief vergleichen.

Jene Briefe, die von energischen, geistig starken Persönlichkeiten herrühren oder während einer starken Gemütserregung geschrieben wurden, werden die schnellsten und besten Resultate liefern. Wenn man nun in dieser Weise schon etwas geübt ist, kann man ab und zu statt des Briefes oder der scharf schmeckenden Stoffe irgend einen Gegenstand nehmen, der schon lange im Besitz der Familie ist, z.B. eine alte Münze, eine Reliquie, ein altes Bild oder sonst einen kleinen Gegenstand, welchen man sich aber vorher von einer anderen Person etwas einhüllen lassen muß, so daß man seine Beschaffenheit von außen nicht erkennen kann. Mitunter erhält man in solchen Visionen auch Bilder von Personen, die zu diesem Gegenstand in irgend einer Verbindung gestanden haben; manchmal auch werden nur ganz nebensächliche Umstände gezeigt. Die odischen Einflüsse jener Personen und der erwähnten nebensächlichen Umstände sind dann so stark gewesen, daß sie noch immer mit der größten Kraft an dem betreffenden Gegenstand haften und alle anderen Einflüsse verdunkeln. Man muß dann mit diesen Gegenständen wiederholt üben, um eingehendere Visionen zu erhalten.

Wie wir bei unseren Übungen mit den Gegenständen abwechseln, so müssen wir die Gegenstände einmal an die Stirn und das andere Mal an die Herzgrube halten, damit beide odische Zentralpunkte entsprechend ausgebildet werden. Bei diesen Experimenten werden sich anfänglich viele Mißerfolge einstellen. Damit hat der Schüler zu rechnen. Darum muß er sehr viel Geduld aufwenden und beharrlich sein, dann werden sich schöne Resultate einstellen, und der Aufwand an Zeit und Mühe wird seinen Lohn finden. Auch für die psychometrischen Experimente gilt als beste Übungszeit der Morgen oder die Abendstunden. Wer die Auswahl hat, soll die Morgenstunden, am besten gleich nach dem Aufstehen, vorziehen.

Es kann vorkommen, daß man bei einer psychometrischen Übung, z.B. bei den Briefen, bei der sensitiven Diagnose, bei altertümlichen Gegenständen usw. die meisten Erfolge hat. Dann soll man das Hauptgewicht auf diese Richtung legen und die anderen psychometrischen Experimente vorläufig nur nebenbei ausüben. Hat man es aber in dieser Richtung zur absoluten Sicherheit gebracht, dann wende man sich mit neuem Eifer den anderen Richtungen zu. Die strenge Übung der Psychometrie wird dem Chela sehr ans Herz gelegt, denn sie stärkt seinen odischen Sinn ganz besonders und hilft ihm einzudringen in die den anderen Sterblichen verschlossenen Geheimnisse der Natur.

14. Die heilmagnetische Kraft

Hypnose und Magnetismus werden von dem größten Teil der wissenschaftlichen Welt in einen Topf geworfen. Doch sehr zu Unrecht. Dr. Moll in Berlin gibt sich in seinem Buche: *Der Rapport in der Hypnose* alle erdenkliche Mühe, diesen Irrtum glaubhaft zu machen. Der tierische Magnetismus wird bei ihm in Hypnose und Suggestion aufgelöst. In vielen populärwissenschaftlichen Büchern kann man denselben Irrtum finden. Mit großer Breite und Umständlichkeit wird darauf hingewiesen, daß die Symptome der Hypnose und des tierischen Magnetismus dieselben sind, was übrigens auch nicht ganz richtig ist, da es nur in einigen Fällen zutrifft.

Die Experimente Rochas haben zur Genüge bewiesen, daß der Heilmagnetismus mit Hypnose und Suggestion nichts gemeinsam hat. Suggestion kann nur von Gehirn zu Gehirn erfolgen, aber nicht von odisierten Stoffen auf das Gehirn. Die Hypnose wirkt nur durch die Willenskraft allein, besteht also in einem rein psychischen Vorgang, während der Magnetismus materieller Natur ist und eine durch einen Willensakt geleitete Übertragung eines feinen Stoffes vorstellt, der als die Lebenskraft aufzufassen ist.

Hypnotisieren kann man nur Menschen oder Tiere, magnetisieren aber alles. Schon Mesmer magnetisierte Wolle, Leder, Holz, Steine, Metalle, Wasser und Brot zu Heilzwecken. Am großartigsten wird die leichtfertige Annahme, Hypnose und Heilmagnetismus seien ein und dasselbe, widerlegt durch das Magnetisieren der Pflanzen. Man kann jede Pflanze durch heilmagnetische Odübertragung zu einer großartigen Entwicklung bringen, selbst bei ungünstiger Ernährung. Verkümmerte Zierpflanzen lassen sich z.B. durch willensstarke Odübertragung sowohl an Größe, Kraft als auch an Blütenentfaltung auf ungeahnte Höhen bringen. Aber auch die bloße Überstrahlung des gesunden menschlichen Ods ohne jede bewußte Willensaktion wirkt schon günstig auf die Pflanzen. Wenn stark odstrahlende Personen sich dauernd in der Nähe von Pflanzen aufhalten oder sich viel mit ihnen beschäftigen, so werden die Pflanzen üppig gedeihen und ihr Wachstum wird sich sichtbar entwickeln. Das können viele Gärtner bestätigen.

Die Mutter des berühmten Astronomen Johannes Kepler stand ja bekanntlich unter der Anklage der Hexerei und sollte die Folter erdulden. Mißgünstige Nachbarinnen wußten die Anklage noch zu verschärfen durch die Aussage, daß die alte Frau die Pflanzen behexe, denn unter ihren Händen gediehen sie zu einer wunderbaren Schönheit und Kraftfülle, obwohl sie unter der vorangegangenen Pflege der Nachbarinnen beinahe verkümmert waren. Das hielt man eben damals für Hexerei, heute ist man aufgeklärter und ignoriert solche Tatsachen einfach, wenn man nicht zu dem bequemsten Aushilfsmittel greift, sie als Selbsttäuschung zu brandmarken. Denn nicht überall läßt sich das so beliebte Wort Schwindel anwenden.

Glücklicherweise erhebt bereits ein Teil der Gelehrtenwelt die Stimme zugunsten der allgemeinen Odstrahlung. Die Experimente Reichenbachs und Mesmers werden nachgeprüft und bestätigt, und viele wissenschaftliche Entdeckungen auf diesem Gebiet, die in neuester Zeit gemacht wurden, beweisen die odische Strahlung als Träger der Lebens- und Willenskraft. Was noch von der Mehrzahl verfolgt oder zum wenigsten verhöhnt und verlacht wird, beginnt bereits wie ein Phönix aus der Asche der Unwissenheit emporzusteigen und wird vielleicht bald bewundert und bestaunt werden. Der für die Menschheit so segensreiche *Heilmagnetismus,* der heute noch oftmals als Selbsttäuschung gebrandmarkt wird, wird die Heilweise der Zukunft werden.

Bemerkenswert ist auch der Ausspruch Schopenhauers: „Wer heutzutage die Einwirkung des Magnetismus bezweifelt, ist nicht ungläubig, sondern unwissend zu nennen." Viele hochstehende Ärzte haben sich bereits in ähnlicher Weise ausgesprochen.

Wenn wir uns nun die Frage stellen, was es heißt, einen Menschen zu magnetisieren, so verweisen wir auf das 9. Kapitel *Über das Od.* Dort finden wir folgende Stelle: „Das Od ist nach allen Forschungen als der stoffliche Träger der Lebenskraft anzunehmen, denn das gesunde Od eines gesunden Körpers läßt sich auf einen kranken Körper übertragen und heilt ihn." Dann einige Zeilen weiter: „Zahlreiche Forscher haben sich in letzter Zeit bemüht, durch einwandfreie Experimente die odische Ausstrahlung des Menschen, ja überhaupt das Vorhandensein des Ods und seiner merkwürdigen Eigenschaften nachzuweisen, und stets drückte sich ihnen das Endresultat auf, daß sie in dem Od den materiellen Träger des Willens, Gedankens und der Lebenskraft vor sich hatten."

Unter *Heilmagnetisieren* versteht man also die Übertragung eines Odüberschusses von einem gesunden Körper auf einen kranken unter Zuhilfenahme der Willenskraft. Das gesunde fremde Od, geleitet von der Willenskraft, stellt in dem kranken Körper die gestörte Harmonie wieder her, denn Krankheit ist im eigentlichen Sinne nichts anderes als eine Störung in dem Gleichgewicht der odischen Zirkulation, aus welcher heraus erst ein abnormer Stoffwechsel entsteht. Die moderne Physiologie sieht das als Ursache an, was lediglich nur Wirkung ist. Denn nach ihr ist die Ursache der Krankheit nur in einem abnormen Stoffwechsel zu suchen.

Du Prel sagt in seiner *Magie als Naturwissenschaft* 1, Seite 67: „Der animalische Magnetismus ist also eine höhere Potenz als die physikalischen und chemischen Kräfte, und wie er aus der innersten Essenz des Menschen kommt, ist er auch, wenn übertragen, keine bloße Flächenkraft, sondern dringt in das Innerste der Substanzen, ja in die Atome selbst ein, da er chemischen Prozessen widersteht, welche die Atomverbindungen lösen und nur die Atome selbst unversehrt lassen. Für die niederen Potenzen der Natur ist also der animalische Magnetismus unzerstörbar." Dann weiter unten: „Mesmers Entdeckung besteht eben darin, daß der Magnetismus, auf Kranke übertragen, sie herstellt. Er definierte ihn daher als Mitteilung von

Lebenskraft. *Jussieu sagt* in seinem Bericht über das System Mesmers, daß beim Magnetisieren eines Kranken durch einen Gesunden ein Ausgleich ihrer Kräfte stattfindet. Das Magnetisieren kann also als eine magische Operation bezeichnet werden, da hierbei die magischen Essenzen des Agenten und Rezipienten in Beziehung treten, und diese magische Therapie durch übertragene Lebenskraft, die im fremden Organismus als vis medicatrix auftritt, beseitigt nicht bloß Symptome, sondern heilt von innen heraus in der Wurzel Krankheiten, welche odisch begründet sind."

Selbstverständlich muß bei beiden Individuen eine odische Verwandtschaft herrschen, d.h. es muß vor der eigentlichen Manipulation erst eine odische Gleichstimmung eingeleitet werden. Der Magnetiseur und der Patient müssen vorerst eine Vermischung ihrer odischen Strahlungen vornehmen, die meist dadurch geschieht, daß sie sich einander gegenüber setzen und einige Minuten bei den Händen halten. Die beiden Ausstrahlungen gehen bei diesem Prozeß ineinander über. Beide Teile müssen sich aber sympathisch sein, sonst ist die ganze Mühe erfolglos, ja es kann sogar für den Kranken sehr gefährlich werden, wenn ihm das Od eines ihm unsympathischen Magnetiseurs aufgezwungen wird. Je sympathischer sich Magnetiseur und Patient gegenüberstehen, je mehr Vertrauen der Patient seinem Magnetiseur entgegenbringt, desto intensiver und entschlossener wird die Heilung stattfinden.

Das Vertrauen des Patienten bringt denselben in eine sehr günstige, aufnahmefähige Position, wodurch die krankhaft infizierten Zellen seines Körpers gierig das ausstrahlende Od des Magnetiseurs einsaugen. Antipathie, Furcht oder Mißtrauen hingegen bewirken eine Abstoßung des einströmenden Ods. Der Organismus des Kranken widerstrebt energisch der Aufnahme des fremden Ods und gerät dadurch in gefährliche Erregung. Wenn ihm aber durch die Gewissenlosigkeit des Magnetiseurs dennoch das unsympathische Od aufgezwungen wird, so kann es zu ernsten Störungen im Organismus des Patienten, zumindest aber zu einer erheblichen Verschlimmerung seiner

Krankheit kommen. Der Magnetiseur hat den schwersten Beruf. Seine Kraft wird um so wirksamer, je selbstloser und aufopfernder er ist. Nur ein moralisch hochstehender Mensch, der sich in vollster Harmonie befindet und sich von allen Leidenschaften befreit hat, wird ein wirklich reines, dann aber auch wahrhaft wundertätiges Od erzeugen. Nur ein solcher Mensch kann die gestörte Ordnung im körperlichen und im Seelenleben seines Patienten derart beeinflussen, daß eine dauernde Gesundung eintreten kann.

Der richtige Magnetiseur muß erfüllt sein von reiner Menschenliebe und nur diese allein soll ihn zu jenem dornenvollen Beruf hinführen, nicht aber Eitelkeit und Ehrgeiz oder der egoistische Trieb zur Bereicherung. Der Berufsmagnetiseur wird selbstverständlich, wenn er nicht finanziell unabhängig ist, eine Entlohnung für seine Arbeit nehmen müssen, um leben zu können. Es sei ihm aber fern, durch unbescheidene Forderungen irdische Güter ansammeln zu wollen. Auch muß er seine Kraft den Armen unentgeltlich zur Verfügung stellen. Wie recht hat Passavant, wenn er behauptet: „Das aber, worauf es im wesentlichsten bei aller magnetischer Einwirkung ankommt, ist der Gemütszustand des Magnetisierenden und Magnetisierten. Leidenschaftlichkeit aller Art, Furcht, Kummer, Traurigkeit, Zerstreuung lahmen oder vergiften den magnetischen Rapport."

Wir haben im Kapitel über das Od gehört, daß dieses individuell ist und daß es beeinflußt wird von der psychischen Beschaffenheit des Menschen. Ein Magnetiseur, der mit seinen Leidenschaften noch nicht fertig geworden ist, überträgt diese Leidenschaften auf seine Patienten. Ein disharmonischer Mensch z.B. vermag bei seinen Kranken nicht nur eine ähnliche Gemütsstimmung, sondern auch ernstliche Körpererschütterungen, wie Krämpfe und Nervenstörungen, hervorzurufen. Besonders gefährlich ist es, in zorniger Erregung zu magnetisieren. Darum schreibt Justinus Kerner nicht umsonst in seinem Werk: *Die Seherin von Prevorst*: „Es recke um Gotteswillen hier keiner seine Hand aus, dem nicht Religionsmoral und tiefer Ernst im Herzen lebt." Aber auch der Gesundheitszustand des Magnetiseurs ist für seine Heilkraft von großem Einfluß. Jedes, selbst das geringste Unwohlsein kann von dem Patienten empfunden werden. Wer sich nicht völlig wohl fühlt, unterlasse es zu magnetisieren, es sei denn, daß sein Eingreifen eine große Gefahr von dem Kranken abzuwenden imstande wäre.

Wie sehr sich auch der körperliche Zustand des Magnetiseurs auf den Magnetisierten überträgt, zeigt der folgende Bericht des berühmten, verstorbenen Heilmagnetiseurs Kramer, der sich in seinem Buch: *Der Heilmagnetismus,* Seite 97 befindet. Dort heißt es: ,,Ein Beispiel, wie körperliches Unbehagen vom Magnetiseur auf eine Person, welche mit ihm im sogenannten magnetischen Rapport steht, übertragen wird, gibt der folgende Fall. Damals, in Landshut in Bayern, als der bösartige Kettenhund des Restaurateurs magnetisch gebändigt worden war, wohnte bei diesem ein Mädchen, das von argen hysterischen Krämpfen vom Verfasser (Kramer) geheilt worden war. Dieses Mädchen, Therese Wickel, das acht Ärzte erfolglos behandelt hatten, verfiel gewöhnlich beim Magnetisieren in einen somnambulen Schlafzustand, wie das bei hysterischen Patienten oft der Fall ist, während es bei anderen Kranken äußerst selten vorkommt. Dieses Mädchen stand oft mit seinem Magnetiseur in Rapport. Dieser hatte nun eines Morgens von acht bis zehn Uhr, wahrscheinlich infolge des Genusses ungesunden Bieres am vorhergehenden Abend, Kopfweh und Erbrechen, oder besser gesagt Katzenjammer. Während des Erbrechens dachte er an seine Patientin, welche weit weg am Ende der Stadt wohnte, und murmelte: ,Du armes Ding wirst jetzt auch unschuldig mitleiden müssen.' Am Abend desselben Tages zur gewöhnlichen Besuchsstunde fragte er das Mädchen: ,Fräulein, haben Sie heute morgen zwischen acht und zehn Uhr kein Kopfweh mit Brechreiz gehabt?' Die Gefragte sah ihn erstaunt an und antwortete: ja freilich und ohne jede Veranlassung. Aber wie können Sie das nur wissen? Ich würde Ihnen nichts davon gesagt haben, weil ich mich schon um zehn Uhr wieder wohl fühlte." Man ersieht daraus, wie vorsichtig ein Magnetiseur leben muß, wenn er nicht einem mit ihm in Rapport stehenden Patienten wehe tun will. Das Mädchen ist von Kramer völlig hergestellt worden. Solche Beispiele lassen sich sehr viele anführen. Niemand hat so sehr auf seine Gesundheit zu achten und auf eine normale, der Natur entsprechende Lebensweise als gerade der Magnetiseur.

Ein großer Faktor beim Heilmagnetismus ist die Willenskraft. Je stärker der aufgewendete Wille, desto größer ist die Wirkung. Die scharfe Anspannung des Willens hat eine vermehrte Odausstrahlung zur Folge. Durch eine scharfe, geübte Konzentration wird außerdem das Od kräftig auf die leidende Stelle dirigiert und seine heilende Tätigkeit ausgelöst.

Magnetiseure, die ihren Willen sehr scharf zu konzentrieren vermochten, haben magnetische Heilungen zustande gebracht nur durch bloße Berührung des Patienten und ohne jede Bestreichung. Also nur durch die immense Willenskraft oder vielmehr durch die von diesem absoluten Willen geleitete odische Gesamtausstrahlung ihres Körpers. Solche Magnetiseure sind nach Aussagen hellsehender Personen in dieser Zeit von einer feurigen Lohe umflossen, aus der ganze Odgarben entströmen, die sich mit der Aura des Patienten verbinden. War jedoch der Magnetiseur geistig zerstreut oder gedankenlos, so sahen hellsehende Personen die Ausstrahlungen des Magnetiseurs nur sehr dünn und langsam seinen Fingern entströmen und sich verflüchtigen, ohne daß sie sich besonders mit der Aura des Kranken vermischten. Sobald er aber seine Gedanken auf die zu magnetisierende Person zu konzentrieren begann, fingen auch die Odstrahlen an intensiver aus den Fingerspitzen zu entweichen, und je mehr der Magnetiseur seinen Willen anspannte, desto kräftiger wurde seine Strahlung und vermischte sich augenblicklich mit der Aura des Patienten.

Bevor wir nun weiter schreiten, wollen wir dem Schüler noch die Frage beantworten, ob denn jeder Mensch geeignet ist zu magnetisieren. Diese Frage kann zum großen Teil bejaht werden. Jeder Mensch hat eine odische Ausstrahlung, der eine mehr, der andere weniger, und jeder Mensch kann diese Ausstrahlung durch die geeignete Willenskonzentration auf den kranken Körper seines Nächsten übertragen.

Von der Größe dieser Ausstrahlung, seinem guten Willen, von der Reinheit seiner Absichten, von dem Grad der Menschenliebe, die ihn beseelt, von der Kraft seiner Willenskonzentration und besonders von der physischen Beschaffenheit seines Ods und auch von dem festen Glauben an sein Heilvermögen hängt es ab, ob er den Heilzweck voll und ganz erreicht. Fehlen diese günstigen Bedingungen, so kann ein trotzdem vorgenommener magnetischer Akt dem Empfänger großen Schaden verursachen. Daher ist allen, die sich von Laien oder Berufsmagnetiseuren behandeln lassen, angeraten, sich vorher über die physischen Qualitäten ihres Magnetiseurs genau zu unterrichten.

Hat man die Überzeugung gewonnen, daß man es mit einer gesunden, ethisch höherstrebenden, leidenschaftslosen Persönlichkeit zu tun hat und fühlt man gegen sie keine Antipathie, lasse man jeden Zweifel fallen und erleichtere dem Magnetiseur durch entgegenkommendes Vertrauen die Arbeit. Für den Laienmagnetiseur ist eine wichtige Bedingung, daß er an seine Kraft glaubt. Jedes ängstliche und unsichere Gebahren schwächt seine Kraft und vermindert die Aufnahmefähigkeit des Kranken. Häufiges Magnetisieren von Wasser, sowie ein mehrmaliges odisches Vermischen mit der Versuchsperson (durch Gegenübersitzen und Anfassen der Hände) soll dem ersten Magnetisationsversuch unbedingt vorangehen.

Der Heilmagnetiseur soll während seines Berufes rhythmisch atmen. Jeden Morgen mache er das Pranayam auf den Solarplexus mit der Willenskonzentration, sehr viel gesundes Heilod zu erzeugen. Dies wird um so mehr wirken, wenn er das pranische Prinzip erkannt hat, denn Od ist verdichtetes Prana.

Jede Kraft muß geübt werden. Darum soll man zuerst die Entwicklung seines Stromes an leblosen Dingen üben. Man magnetisiere also Wasser, Stoffe, Kristalle und andere Dinge. Nach und nach wird der Strom immer stärker werden. Dann kann man an einer gesunden und sympathischen Versuchsperson weiter üben. Auch an den Zimmerpflanzen kann man vorzüglich üben, da hier die Wirkung sehr bald auftritt.

Die magnetische Heilweise läßt sich bis ins graue Altertum zurückverfolgen. Sie war ein Privileg der Priesterkasten aller Völker und wurde von diesen als strenges Geheimnis gehütet. Wir verweisen hier auch auf die Erzählungen der Bibel. Das darin berichtete Heilen durch Handauflegen ist wohl nichts anderes gewesen als eine Heilung durch odische Übertragung. Auch Plinius und andere Naturforscher des Altertums berichten oft von magnetischen Heilungen. Man hat diese Heilweise durch alle Zeiten anerkannt und gepflegt, obwohl die religiösen Strömungen vergangener Jahrhunderte ihr wahres Wesen verschleierten und die Wirkungen einem göttlichen oder teuflischen Einfluß zuschrieben. Die Entwicklung unserer modernen Wissenschaft hat aber das Kind mit dem Bade ausgeschüttet. Sie leugnet, um den Fehler der Vorfahren zu vermeiden, die Möglichkeit einer Heilung durch Übertragung einer Kraft von einem Menschen zum andern.

Dem Arzt Friedrich Anton Mesmer (1734 - 1815) gebührt der Ruhm, der magnetischen Heilweise eine kleine Schar wissenschaftlich gebildeter Anhänger verschafft zu haben. Er und einer seiner Schüler, Professor Wolfahrt, haben erstaunliche Kuren vollbracht. In Berlin hatte später sogar die Universität einen Lehrstuhl für den tierischen Magnetismus errichtet und Männer wie Hufeland, Ennemoser, die Professoren Nasse, Kiefer und Eschenmayer traten für die magnetische Heilweise ein und gaben von 1817 bis 1823 das Werk *Archiv für den tierischen Magnetismus* heraus. Nun bequemte sich auch 1831 nach einer fünfjährigen Untersuchung die Pariser Akademie - nachdem im Jahre 1784, durch eine Untersuchungskommission bestimmt, die französische Regierung jedes Heilen durch Händeauflegen oder Streichen verboten hatte - sich nach großer Zurückhaltung dazu, sich für die Existenz des Magnetismus auszusprechen. Nach weiteren zehn Jahren begann Reichenbach seine Untersuchungen, wurde aber von allen Seiten angefeindet. Die materialistische Schule war im stetigen Wachsen begriffen und erstickte nach und nach alle Bestrebungen, die magnetische Heilweise und mit ihr die Lehre vom Od zur verdienten Anerkennung zu bringen. Erst in der späteren Zeit und hauptsächlich infolge der immer mehr und mehr anwachsenden Naturheilbewegung haben sich wieder gelehrte Männer dem Heilmagnetismus angenommen, und die Forschungen scheinen sowohl den als Betrüger und Scharlatan verschrieenen Mesmer als auch den so viel bespöttelten Reichenbach wieder zu Ehren bringen zu wollen.

Es ist Pflicht eines Chela, also eines ethisch Höherstrebenden, der es zum Meister bringen will, daß er das Gebot der Nächstenliebe jederzeit in die Tat umsetzt. In der selbstlosesten Weise und soweit es in seinen Kräften steht. Durch Schulung seiner magnetischen Kraft vermag er einem leidenden Mitmenschen Erleichterung von Schmerzen und in vielen Fällen dauernde Gesundung zu bringen. Nichts darf ihn davon abhalten, diese Kraft zu entwickeln. Es ist nicht nötig, daß er das Magnetisieren zum Beruf erhebt, aber er muß täglich gerüstet sein, diese Kraft zum Nutzen anderer zu anzuwenden.

Es wird sich ihm mit der Zeit dazu Gelegenheit genug geben, zuerst in seiner Familie, in seinem Bekanntenkreis und schließlich bei allen denen, die seine mächtige Führung, sein Meister, ihm zuführen wird. Auch Menschen werden sich dann bei ihm einstellen, die bisher vergeblich Heilung suchten, die in ein kürzeres oder längeres Siechtum verfallen waren und als hoffnungslos aufgegeben wurden. Lange Zeit hatten sie alle möglichen Arzneien versucht, die ihnen wohl Linderung brachten. Schließlich versagten aber auch diese, sei es, weil der Organismus, indem er sich daran gewöhnt hatte, sich davon nicht mehr aufrütteln ließ oder weil die gequälten Organe eine Steigerung der Dosis nicht mehr vertrugen. Nun war der Heilschatz erschöpft und es bleibt dem Kranken nur der Ausweg, weiter hinzusiechen oder aber in besonderen Fällen eine Operation vornehmen zu lassen.

Die heilmagnetische Kraft eines Menschen, der zur Höhe strebt, kann den meisten dieser Unglücklichen Hilfe und Rettung bringen. Freilich, dem Tode gegenüber ist er ohnmächtig und auch gegen Krankheiten, die für den Befallenen *karmisch* bedingt sind. Sonst aber wird er allen inneren und äußeren Krankheiten Einhalt gebieten können. Er wird auch Wunden schließen und das fließende Blut zum Stillstand bringen können. Aber auch geistige Umnachtung wird er zu lösen imstande sein und mancher kranken Seele Trost und Hilfe bringen.

Es wurde von hellsehenden Personen die Beobachtung gemacht, daß mitunter schon nach einer einzigen magnetischen Behandlung die krankhafte Ausstrahlung des Patienten bedeutend herabgemindert wurde, ja sich in einzelnen Fällen bei Beendigung der Manipulation vollständig verloren hatte. Dies ist natürlich sehr selten. Im Durchschnitt werden wohl 15 bis 30 Sitzungen genügen. Man kann jeden Menschen der magnetischen Behandlung unterziehen, unbeschadet des Alters und des Geschlechts. Aber nur der moralisch hochstehende, der vollständig leidenschaftslose und mit einem alles durchdringenden Willen ausgestattete Magnetiseur, der die Gedankenkonzentration vollständig beherrscht, wird jeden Menschen für die Aufnahme seiner odischen Strahlung empfänglich machen können. Das ist eben die Macht des Reinen.

Die Empfindungen der magnetisierten Personen sind sehr unterschiedlich. Einzelne fühlen den Strom des Magnetiseurs als angenehme Wärme, andere als wohltuende Kälte. Nie aber darf der odische Strom den Patienten in *psychische Aufregung* versetzen. Wenn das geschieht, so soll der Magnetiseur innehalten, da er sich dann in ungünstiger körperlicher oder seelischer Disposition befindet. Falls die magnetische Behandlung bei dem Patienten ein Schlafgefühl erzeugt, so kann sicher auf Erfolg gerechnet werden. Es ist überhaupt immer gut, wenn der Kranke nach der Behandlung noch eine Zeit ruhen, vielleicht auch schlafen kann.

Im allgemeinen soll die Dauer einer Behandlung nicht unter fünf und nicht über zehn Minuten andauern. Jede odische Überladung ist zu vermeiden, da sie eine gegenteilige Wirkung hervorbringen kann. Mit mehr als 20 Strichen darf man den Patienten nicht sättigen. Die Anwendung kann je nach der Schwere und Dringlichkeit des Falles ein- bis dreimal täglich, im allgemeinen aber wöchentlich zwei- bis viermal erfolgen. Täglich 10 bis 12 Behandlungen werden einen geübten, kräftigen Magnetiseur nicht zu sehr ermüden, man hüte sich jedoch vor öfteren, allzu starken oder dauerhaften Kräfteabgaben, denn der allzugroße Verlust an Od schwächt den Körper. Es gibt ja allerdings auch Fälle der Not, wo der Magnetiseur seine ganze Kraft einzusetzen hat, wenn er fühlt, daß es ihm gelingen könnte, dem Tod ein Opfer zu entreißen, den Eltern ihr Kind oder den Kindern Vater oder Mutter zu erhalten. Dann hat jedes Bedenken zu fallen und die Rücksicht auf das eigene Ich zu schwinden. Jeder Magnetiseur hat folgende drei Hauptregeln genau zu beachten:

1. Es ist peinlich darauf zu achten, nicht auf sich zu streichen, sonst überträgt man die Krankheit auf sich.
2. Auf die Beachtung der Polarität und
3. auf die Berücksichtigung der Wachstumsrichtung der Nerven, soweit dies vorteilhaft erscheint.

Zum ersten Punkt ist zu bemerken, daß bei ansteckenden Krankheiten der Magnetiseur gut daran tut, zwischen sich und dem Patienten, zu dessen Füßen, ein Becken voll Wasser zu haben, in welches er den Strich, nachdem er über den Körper des Kranken heruntergefahren ist, leitet. Seine Hände dürfen das Wasser nicht berühren, sondern gleiten nur darüber mit dem Willen, daß sich alle krankhaften Stoffe, die er jetzt übernommen hat, sofort in das Wasser abfließen. Es ist generell zu empfehlen, daß man nach jedem Strich mit den Fingern eine ausschleudernde Bewegung macht, die mit dem energischen Gedanken des Ausstoßens übernommener Stoffe verbunden sein soll. Dieses Abschleudern soll nach Beendigung der magnetischen Behandlung unbedingt und nachdrücklich vorgenommen werden. Sowohl vor jeder Behandlung als auch am Schluß, nach dem Ausschleudern, reinige man sich die Hände durch kräftiges Waschen mit Seife. Vor dem Magnetisieren müssen die Hände gut abgetrocknet werden und sollen sich warm anfühlen. Wenn das nicht der Fall sein ist, erzielt man eine trockene, warme Haut durch Reiben der Hände. Ebenso soll man sich vor und nach der Behandlung den Mund tüchtig ausspülen. Das geschieht sowohl in Rücksicht auf den Kranken, damit derselbe durch den Geruch des Atems, als auch beim Anhauchen nicht belästigt wird, als auch zur eigenen Vorsicht, um die etwa durch das Anhauchen eingesogenen kranken Stoffe wieder auszuscheiden.

Patient und Magnetiseur sollen bei der magnetischen Manipulation nur leicht bekleidet sein. Alle beengenden Kleidungsstücke sind abzulegen. Das Tragen von Seide ist von der magnetisierenden Person unbedingt zu unterlassen, aber auch der Patient hat während des Magnetisierens alle Kleider aus Seide zu entfernen.

Der Magnetiseur kann sowohl den zentralen als auch den gewöhnlichen Blick anwenden, je nachdem ob er den Kranken physisch erregen oder beruhigen will. Bei gewissen Geisteskrankheiten, wo der Wille des Magnetiseurs den Ausschlag zu geben hat, ist der zentrale Blick angebracht, im allgemeinen aber ist dieser Blick nicht ratsam. Ein ruhiger, tiefer Blick schon während der odischen Gleichstimmung wird dem Kranken sicher Vertrauen einflößen. Dieser Blick soll ihm sagen: „Sei ruhig, du bist in guten treuen Händen, ich werde dich von deinen Leiden befreien, vertraue mir nur!" Das Auge des Magnetiseurs ist eine große Odquelle und muß als solche unbedingt bei der gesamten magnetischen Manipulation eine große Rolle spielen, doch sind es nur wenige Fälle, wo der Blick erregend wirken darf. Indes ist es nicht nötig, den Kranken fortwährend zu fixieren, das Auge kann gut die Bewegung der Hände begleiten; es wirkt dann als strahlende Quelle gemeinsam mit den Fingern.

In Bezug auf die Polarität hat der Magnetiseur darauf zu achten, daß er stets mit der linken Hand die rechte Seite und mit der rechten Hand die linke Seite des Patienten magnetisiert.

Es ist bekannt, daß gleichnamige Pole sich abstoßen, während ungleichnamige Pole sich anziehen, also beim animalischen Magnetismus sich günstig, odaustauschend beeinflussen. Der Rücken eines Kranken soll daher mit gekreuzten Armen magnetisiert werden. Während der magnetischen Manipulation ziehe sowohl der Magnetiseur als auch der Kranke alle Ringe von den Fingern. Beide sollen überhaupt alle Metallgegenstände am Körper und aus ihrer unmittelbaren Nähe entfernen, damit keine Ableitung des Ods erfolgt.

Es ist gut, den Patienten aufzuklären, daß in vielen Fällen der heilmagnetischen Behandlung anfangs eine leichte Verschlimmerung eintritt, die aber nie lange anhält, sondern bald einem allgemeinen Wohlbefinden und einer sicheren Genesung Platz macht. Diese Verschlimmerung ist also nur eine scheinbare und rührt daher, daß durch die Zuführung von gesunder Lebenskraft in den kranken Organismus derselbe aufgerüttelt und zu heilsamen Krisen veranlaßt wird. Es sei hier noch erwähnt, daß der Magnetiseur darauf zu dringen hat, daß sich der Kranke nach jeder magnetischen Behandlung, sofort einer längeren psychischen und physischen Ruhe hingibt. Der Schlaf nach dem magnetischen Akt ist von ungemein beruhigender und heilender Wirkung.

Bevor wir nun zu der Beschreibung der verschiedenen Arten der magnetischen Heilweise übergehen, wollen wir den noch Schüler darauf aufmerksam machen, daß er es vermeiden soll, eine Person zu magnetisieren, ohne daß ein Zeuge bei diesem Akt anwesend ist. Nur dadurch vermag er sich zu gegen verleumderische Anschuldigungen verschiedener Art zu schützen. Erstens sind schon ganz anständige Magnetiseure das Opfer schlecht denkender Patienten geworden, die ihnen zu Erpressungszwecken unsittliche Handlungen vorwarfen, die angeblich an ihnen während des magnetischen Schlafes, der bei manchen Personen schon bald nach einigen Behandlungen eintreten kann, begangen worden sein sollen, und zweitens ist es manchen Ärzten gegenüber immer angebracht, sich durch Zeugen den Rücken zu decken, denn Ungerechtigkeit, Ungewißheit und Neid der Schulmedizin haben schon manchen wohlmeinenden Magnetiseur in eine unangenehme Lage gebracht. Die magnetische Behandlung erfolgt entweder durch magnetische Striche, durch Handauflegen oder Anhauchen sowie durch magnetische Stoffe. Meist werden alle Anwendungsformen kombiniert, um eine kräftigere Wirkung zu erzielen. Man kann z.B. bei örtlichen Leiden ganz gut mit einer Allgemeinbehandlung durch Striche über den ganzen Körper beginnen. Dann wird die Krankheit dann mit einigen Strichen, Händeauflegen und Behauchen behandelt. Sollten die Schmerzen zurückkehren, kann man während der Zeit zwischen zwei Sitzungen die schmerzende Stelle mit magnetisierter Watte bedecken. Wir wollen nun der Reihe nach jede Anwendungsform eingehend besprechen.

1. Die Allgemeinbehandlung

Diese erstreckt sich über den ganzen Körper und kann in fast allen Fällen zur Anwendung kommen, um den Patienten zu kräftigen und einer heilsamen Krise entgegenzuführen. Zunächst muß ein einleitendes Verfahren angewandt werden. Man bringt die Person, die man zu magnetisieren hat, in die magnetische Richtung, d.h. das Gesicht der Person soll gegen Süden, der Rücken gegen Norden gekehrt sein. Bei liegenden Kranken muß das Kopfende des Bettes oder der Stuhl nach Norden und das Fußende nach Süden gerichtet sein. Man magnetisiere jedoch nur in besonderen Fällen den Patienten im Bett oder überhaupt in liegender Stellung. Gewöhnlich ist es am besten, wenn Patient auf einem bequemen, gepolsterten Lehnstuhl sitzt, der auch ein Anlehnen des Kopfes ermöglicht.

Man setzt sich nun dem Kranken gegenüber, und zwar in der Weise, daß man die Knie desselben mit seinen eigenen Knien leicht berührt. Dann ergreift man ruhig die beiden auf dem Schoß ruhenden Hände desselben, legt seine Daumen an die des Patienten und verharrt in dieser Stellung drei bis fünf Minuten lang. Während dieser Zeit fixiert man in der ruhigsten Weise die Augen des Kranken und konzentriert sich dabei auf die Vorstellung, wie das Od in Strahlenbündeln aus dem eigenen Auge herausströmt und - von dem konzentrierten Willen getragen - auf den Patient einwirkt und wie er für die magnetische Behandlung empfänglich wird. Hierauf erhebt man sich, tritt an die rechte Seite des Leidenden, legt die rechte Hand auf die Stirn, die linke Hand auf den Hinterkopf des Patienten und verbleibt in dieser Stellung ebenfalls einige Minuten. Dann spreizt man die rechte Hand aus, indem die Handfläche der Stirn zugekehrt ist, und führt langsam, in einer Entfernung von ein bis zwei Zentimeter vom Körper, die Hand mit einem Strich herunter, den ganzen Körper entlang bis unter die Knie. Die linke Hand bleibt solange am Hinterkopf ruhen. Dann entfernt man beide Hände mit einer kreisartigen Bewegung nach außen und tritt zurück.

Diese beiden Manipulationen sind nur nötig bis zur fünften vielleicht sechsten Sitzung. Dann hat man den Kranken schon so unter seinem odischen Einfluß, daß man sofort mit der folgenden Behandlung beginnen kann, die man aber auch an die ersten Sitzungen anschließen muß. Man stellt sich nun dem Patienten gegenüber und legt beide Hände auf dessen Kopf. Die rechte Hand zur linken und die linke Hand zur rechten Kopfseite, die Handflächen selbstverständlich nach unten gekehrt. Nach ein bis zwei Minuten erhebt man die Hände und fährt nun in einer Entfernung von etwa einem Zentimeter mit gespreizten, leicht gekrümmten Fingern über das Gesicht, dann den ganzen Körper entlang bis zu den Fußspitzen und etwas darüber hinaus. Hierauf erfolgt das Ausschleudern. Dann führt man die Arme im weiten Bogen nach außen wieder zurück, um den zweiten Strich zu beginnen usw.

Sorgfältig ist darauf zu achten, daß die Arme stets im weiten Bogen nach außen geführt werden, wenn man den Strich vollendet hat, da sonst ein Rückstrich erfolgen würde, der die ganze Wirkung aufzuheben imstande ist. Nur wer zu irgendwelchen Zwecken eine Entladung vornehmen will, darf die Rückstriche einsetzen. Ein ganzer Strich, vom Kopf bis zu den Fußspitzen, soll 30 Sekunden in Anspruch nehmen und je nach Bedarf 10 bis 12 mal wiederholt werden. Bei ausreichender Odstrahlung würde eine größere Strichzahl eine Überladung bedeuten und kann schädigen.

7. Örtliche Behandlung

Man behandelt nun durch Striche den Sitz des Leidens. Liegen die Leiden am Rücken, so muß man, der Polarität entsprechend, mit gekreuzten Händen magnetisieren. Ist der Sitz des Leidens in der Brust oder dem Unterleib zu suchen, so kann man bei den Längsstrichen der Allgemeinbehandlung einige Haltepunkte an verschiedenen Körperstellen machen. Man pausiert z.B. für 15 bis 20 Sekunden bei jedem Strich zuerst bei der Stirn oder den Augen, führt dann den Strich weiter zur Brust, um dort zu pausieren, dann zur Magengrube, nach einer Pause zum Unterleib, den Knien usw. Je nach dem Ort des Leidens können auch noch andere Haltepunkte gewählt werden. Die Ruhepausen der Rückseite sind: das Genick, die Gegend unter den Schulterblättern, das Kreuz, die Hüften, eventuell auch die Schenkel und die Waden. Bei der eigentlichen örtlichen Behandlung sind die linksseitigen Organe mit der rechten Hand zu magnetisieren und die linke Hand hält entweder die rechte Hand des Patienten oder ruht auf dessen Hinterkopf. Die rechtsseitigen Organe werden mit der linken Hand behandelt, die rechte Hand hält indessen die linke Hand des Kranken umspannt.

Es ist sorgsam darauf zu achten, daß jeder Strich zum Schluß ruhig, aber resolut in der Strichrichtung nach außen, also vom Körper weg, gemacht wird, damit keine Aufstauung des Ods erfolgt. Der Strich soll jedesmal mit einer gewissen Ruhe, Sicherheit und Energie abgezogen werden und das Ausschleudern darf nicht vergessen werden. Man merke sich, daß jede magnetische Sitzung stets mit Strichen abgeschlossen werden muß, die keine Ruhepausen enthalten. Man endet also am besten mit drei bis fünf glatten verteilenden Längsstrichen. Nach der örtlichen Strichbehandlung, und zwar jedesmal noch vor den letzten verteilenden Strichen, kann man die Heilwirkung dadurch bedeutend erhöhen, daß man die Hände auf die leidende Stelle legt und sie anhaucht.

Bei erkrankten rechtsseitigen Organen legt man die linke Hand auf die kranke Stelle und die rechte Hand auf die Stirn des Patienten. Bei linksseitigen Organen kommt die rechte Hand zum Aufliegen und die linke Hand umfaßt den Hinterkopf oder den Nacken. Bei der Behandlung des Magens oder des Darms legt man beide Hände auf, ebenso bei nervösen Kopfschmerzen usw.

Kramer gibt allen Müttern den Rat, bei leichteren Erkrankungen ihrer Kinder stets zuerst selbst die magnetische Heilung zu versuchen. Er sagt: „Das Auflegen einer oder beider Hände wirkt in sehr vielen Fällen äußerst wohltätig. Einer besorgten Mutter würde ich den Rat erteilen, bei Erkrankung ihres Kindes die magnetische Heilung zu versuchen, indem sie die rechte Hand auf seine Brust, die linke auf die Stirn legt. Vermutlich bald wird Erleichterung eintreten und die Fieberhitze schwinden. Sollte das aber nicht der Fall sein, lasse man ein anderes Glied der Familie, Bruder, Schwester oder einen Hausgenossen, der möglicherweise mehr Heilkraft als die Mutter besitzt, den Versuch wiederholen. Bei Kindern bedarf es übrigens keiner großen Kraft, um eine erwünschte Wirkung zu erzielen." Das Auflegen der Hände wirkt beruhigend, auflösend und zerteilend. *(Anmerkung des Verlages: In jedem Fall sollte zusätzlich zur magnetischen Heilkunde der Haus- oder Kinderarzt aufgesucht werden).*

Die Geschichte hat viele Beispiele, wo besonders stark odstrahlende Personen (wie Christus, seine Jünger, Apollonius von Tyana u.a.) durch bloßes Handauflegen allein die größten Heilungen erzielten. Das Händeauflegen sollte aber immer am entkleideten Körper stattfinden, höchstens darf die kranke Stelle mit einer dünnen Leinwand bekleidet sein, da sonst die Wirkung empfindlich abgeschwächt wird. Bei der kombinierten Behandlung genügt es, wenn die Hände nur einige Minuten aufliegen. Wendet man das Händeauflegen als örtliche

Heilweise allein an, so können die Hände bis zu zwanzig Minuten auf der kranken Stelle liegen bleiben. Man darf jedoch dabei keinerlei Druck ausüben.

Nach jedem Händeauflegen ist es gut, die kranke Stelle anzuhauchen. Man zieht nach Art der Atemgymnastik die Luft ein mit der Konzentration auf die Heilung des Leidenden, hält den Atem unter fortwährender Konzentration in der bekannten Weise an, indem man dabei scharf auf die kranke Stelle sieht, um schließlich unter der gleichen Konzentration den schmerzenden, möglichst unbedeckten Körperteil langsam, aber kräftig und nachdrücklich anzuhauchen. Damit soll man die lebhafte Vorstellung verbinden, daß man das gehauchte Od auch wirklich sieht. Überhaupt ist, wie schon erwähnt, die Willenskonzentration beim Magnetisieren ein unerläßlicher Faktor. Wenn ein noch so sehr odisch strahlender Magnetiseur seinem Od nicht den konzentrierten Willen zur Heilung aufdrücken kann, wird er nicht viel bewirken, während ein Mensch, der nur eine geringe Ausstrahlung besitzt, dafür aber über einen energischen, geschulten Willen verfügt, viel mehr leisten wird.

Bei jedem Strich, bei der geringsten magnetischen Manipulation muß man sich das Ausstrahlen seines Ods und wie es in den Körper des Patienten eindringt, vorstellen. Dabei muß der Grundgedanke vorherrschen: Ich will, daß du dein Leiden verlierst, deine Schmerzen werden aufhören, die kranken Organe werden sich wieder kräftigen und völlig gesund werden; mein Od duchdringt deinen Körper und stellt die gestörte Harmonie wieder her, usw. Der anatomisch und physiologisch Gebildete hat es noch besser, da er sich auf den ganzen Krankheitsprozeß, auf die Ursache, die Entwicklung usw. konzentrieren kann; er ist imstande, sich die leidenden Organe plastisch vorzustellen und kann dadurch viel leichter wohltätige Krisen hervorrufen. Es ist daher jedem zu empfehlen, sich in seiner freien Zeit mit dem Studium des menschlichen Körpers und den Funktionen seiner Organe zu befassen. Das ist heute nicht mehr schwer, denn es gibt eine Unzahl populärer Werke über diesen Wissenszweig.

Schließlich sind noch folgende Punkte zu beachten. Bei örtlicher Behandlung, die sich nur auf einen kleinen Körperteil erstreckt, wo also ein Handauflegen nicht möglich ist, kann man mit den Fingerspitzen runde Kreisbewegungen ausführen. Ferner sollen bei allen Strichen die Finger an der Spitze leicht nach innen gekrümmt sein, daß besonders der Daumen und der kleine Finger wirken können, denn diesen entströmt die meiste odische Kraft, während der Mittelfinger ist in der Odabgabe der schwächste ist. Beim Handauflegen strahlt natürlich auch die ganze innere Handfläche. Man beachte auch, daß ein schlafender Patient zum Zweck des Magnetisierens nicht geweckt werden soll. Sobald er eine auch nur halbwegs günstige Stellung in seinem Schlaf inne hat, kann man ihn sehr gut magnetisieren, denn die heilkräftige Wirkung erhöht sich im Schlaf.

3. Magnetische Hilfsmittel

Auch der Magnetiseur besitzt seine Apotheke, seine Medizin und seine Pflaster, nur kann er diese Apotheke stets bei sich führen. Seine Medikamente sind ungiftig, aber um so heilkräftiger. Sie bestehen aus magnetisiertem Wasser, Öl oder Kohle, und seine Pflaster sind nichts als *magnetisierte Flanellstreifen,* ein wenig Watte oder Papier. Das ist alles so einfach, und trotzdem hat magnetisiertes Wasser schon Wunder gewirkt und hat ein angehauchter und magnetisierter Flanellstreifen schon oft die größten Schmerzen gelindert und beseitigt.

Nun wollen wir uns ansehen, wie man Wasser, Watte, Flanell und Öl magnetisiert. Magnetisiertes Wasser kann zu innerlichem Gebrauch, für Umschläge oder auch als Bad verwendet werden. Für den innerlichen Gebrauch nimmt man ein Glas Wasser, das ungefähr fünf Millimeter bis zum Rande gefüllt ist. Es kommt nun darauf an, welche Wirkung man mit dem Wasser erzielen will, ob es *odnegative* oder *positive* Eigenschaften haben soll. Das *negativ* magnetisierte Wasser wirkt *auflösend* und befreit selbst von hartnäckigen, jahrelangen *Verstopfungen.* Das *positiv* magnetisierte Wasser *beseitigt* den *Durchfall.* Wenn nun ein *Mann* Wasser magnetisiert, so wird dasselbe mit der *linken* Hand *negative* und mit der *rechten* Hand *positive* Eigenschaften erhalten. Frauen magnetisieren mit der *linken* Hand *positiv* und mit der *rechten negativ.*

Nehmen wir nun an, ein Mann will zum Zweck der Beseitigung eines Durchfalls odpositives Wasser magnetisieren. In diesem Fall muß er das Glas mit der linken Hand an der Seite oder am Boden ergreifen. Dann hält er ungefähr fünf Minuten die Fingerspitzen der rechten Hand, ein bis drei Zentimeter vom Wasserspiegel entfernt, ruhig über denselben. Anschließend muß er, ebenfalls mit der rechten Hand, sieben bis zwölf langsame Striche über die Wasserfläche und an der von der linken Hand unbedeckten Seite herunter machen. Dabei darf er nicht vergessen, stets nur im Bogen zurückzufahren, um Gegenstriche, die die Wirkung aufheben würden, zu vermeiden. Nach dieser Manipulation *spargiert* er das Wasser. Er fährt im Bogen mit der rechten Hand in die Höhe, spreizt die Finger, und mit der Vorstellung, daß er Sonnen- und Ätherteilchen anzieht, fährt er dann im Bogen gegen die Wasserfläche zurück, indem er inzwischen die Hand zur Faust geballt hat. Etwa fünfzehn Zentimeter über dem Wasser öffnet er mit einer gewissen Energie die Faust und denkt daran, wie Od und Ätherteilchen mit großer Kraft durch die Fingerspitzen ins Wasser abstrahlen. Diesen Vorgang wiederholt er dreimal, um schließlich nach der bekannten Art das Wasser anzuhauchen.

Bei all diesen Ausführungen kommt es nicht so sehr auf die mechanische Ausführung als auf die vollendete Konzentration an. Man muß stets den Willen ausdrücken, daß das Wasser odisch geladen und dadurch heilkräftig werden sein soll. Man darf auch den Zweck, zu welchem das Wasser magnetisiert wird, nie außer acht lassen. Die heilkräftige Eigenschaft für ein bestimmtes Leiden erhält es nur dann, wenn man seinen Willen während der Manipulation auf eben dieses Leiden konzentriert, indem man sozusagen dem Wasser die Kraft erteilt, diese Krankheit zu heilen. Das Wasser wird dann zum Medikament. Kramer nannte das magnetisierte Wasser *Universalmedizin* und dieser Name gebührt ihm auch mit Recht.

Daß das Wasser durch den Odisierungsvorgang tatsächlich eine organische Veränderung crleidet, davon kann sich jedermann selbst überzeugen. Nachdem man einige Übung in Wassermagnetisierung erlangt hat, nehme man fünf bis sechs gleich große Gläser und fülle sie mit Wasser. Zwei davon magnetisiere man. Dann setze man die Gläser derart untereinander, daß man nicht mehr weiß, welche das magnetisierte Wasser enthalten. Nun koste man von jedem Glas. Man wird an dem total veränderten Geschmack die beiden magnetisierten Gläser leicht herausfinden können.

Soll eine größere Menge Wasser magnetisiert werden, z.B. für Umschläge, nimmt man einen Krug oder eine Flasche mit großer Öffnung. Der Vorgang bleibt der gleiche. Der Umschlag darf durch keine dritte Person berührt werden. Entweder legt der Magnetiseur den Umschlag selbst auf den kranken Körperteil des Patienten oder der Patient muß es tun. Diese Vorschrift gilt auch für das magnetisierte Trinkwasser. Niemand soll das Glas berühren, außer dem Magnetiseur und dem Patienten.

Das magnetisierte Wasser darf nur schluckweise getrunken werden, alle paar Stunden, oder aber auch löffelweise, dann aber nur früh, mittags und abends je ein bis zwei Löffel voll. Zu diesem Zweck nehme man aber keine Metallöffel, sondern nur solche aus Holz, Keramik oder Glas. Die Dosis richtet sich natürlich nach der Krankheit und der Natur des Patienten. Bei jedem Trinkwassermagnetisieren hat man aber auch auf den Stuhlgang des Kranken Rücksicht zu nehmen, ob derselbe zum Durchfall oder zur Verstopfung neigt. Danach entschließt man sich, das Wasser positiv oder negativ zu laden.

Das Wasser unterliegt ganz dem Willen des Magnetiseurs. Es wirkt wie ein Medikament, wenn es mit solcher Absicht magnetisiert wird. Man kann z.B. Wasser mit der geeigneten Willensanstrengung als Wein magnetisieren oder als Aloe, es übernimmt dann die Wirkung dieser Stoffe. Es kann aber auch durch den Willen des Magnetiseurs den Geschmack dieser Stoffe annehmen. Wasser kann tatsächlich wie

Wein schmecken oder nach Zucker, je nachdem ob der Magnetiseur sich diesen Geschmack während des Magnetisierens kräftig genug vorgestellt hat. Die Wirkung ist um so vollendeter, wenn man z.B. während des Magnetisierens ein kleines Stückchen Zucker im Mund hat. Man darf sich dadurch natürlich dadurch in der Konzentration nicht stören lassen. Magnetisiertes Wasser kann bei allen Krankheiten neben der sonstigen magnetischen Behandlung mit gutem Erfolg angewendet werden. Bei Hals- und Kehlkopfleiden leistet es auch als Gurgelwasser sehr gute Dienste. Negativ geodetes Wasser ist auch ein gutes Schlafmittel.

Für viele Krankheiten erweisen sich auch *magnetisierte Bäder* von großartiger Wirkung, besonders bei allen Schwächezuständen. Man bereitet ein magnetisiertes Bad folgendermaßen: Die Badewanne, wenn möglich eine Holzwanne, soll mit dem Kopfende nach Norden und mit den Füßen nach Süden gerichtet sind, so daß der Badende nach Süden sieht. Die Temperatur des Wassers hängt von der Beschaffenheit der Krankheit. Der Magnetiseur entblößt die Oberarme und macht Längsstriche vom Kopf zum Fußende in ungefähr zwei Zentimeter Entfernung vom Wasserspiegel. Beim Fußende angekommen, muß der Strich immer etwa einen halben Meter darüber hinaus geführt werden, damit der Magnetiseur zurücktreten und bequem die Hände im Bogen wieder aufwärts führen kann, um so jeden Gegenstrich zu vermeiden. Hat er die Hände nun wieder nach oben gebracht, so tritt er abermals an die Längsseite der Wanne heran und beginnt am Kopfende den neuen Strich. Die Striche müssen ganz langsam mit der nötigen Willenskonzentration durchgeführt werden. Nach sieben bis zwölf solcher Striche behaucht man das Wasser mehrmals. Danach ist es zum Gebrauch fertig. Der Kranke soll aber nicht länger als 15 bis 20 Minuten in diesem Bad bleiben und soll dann sofort ins Bett gebracht werden, da sich nach einem magnetischen Bad sehr oft ein gesunder, magnetischer, die Heilung vorzüglich fördernder Schlaf einstellt.

Für den Fall, daß sich der Schläfer in Gefahr befindet, sei hier angegeben, wie ein magnetischer Schlaf aufgehoben werden kann. Man sage dem Patienten, daß man ihn sofort weckt und daß er hierdurch keinerlei Beschwerden, wie Kopfschmerzen, Herzklopfen u.a., davontragen wird, sondern daß er sogleich erwachen und sich erfrischt und kräftig fühlen wird. Dann ergreift man ihn bei den Händen und bläst ihm mehrmals ins Gesicht mit dem energischen Befehl aufzuwachen. Dieser Befehl soll jedoch nicht mit zu lauter Stimme gegeben werden, ebenso soll das Anblasen nicht in einer Weise geschehen, daß der Schlafende davon erschricket. Sollte diese Manipulation kein Resultat ergeben, so versuche man das Erwecken durch Gegenstriche zu erzielen, im äußersten Falle aber durch Bespritzen mit kaltem Wasser.

An Stelle der Umschläge mit magnetisiertem Wasser werden oft auch trockene Umschläge gegeben. Man behandelt zu diesem Zweck ein Stück Flanell, Watte oder Papier folgendermaßen: Man magnetisiert ein Stück in der Größe eines Papierbogens mit 12 bis 15 Strichen von der Mitte aus nach den Seiten und behaucht dann die Mitte sehr kräftig. Hierauf legt man das Stück einmal zusammen und wiederholt auf beiden Seiten den Vorgang, bis man die gewünschte Größe erreicht hat, um die kranke Stelle bedecken zu können. Man kann weißes Lösch- oder Seidenpapier, leicht geleimte Watte oder Flanell von guter Qualität verwenden. Viele Magnetiseure laden diese Stoffe überhaupt nur durch das Anhauchen, das sie über die ganze Seite schichtweise vornehmen; nach dem Zusammenlegen werden dann beide Seiten abermals, bis zur richtigen Größe, behaucht.

Überhaupt kann man mit dem Anhauchen den Heilerfolg sehr fördern. Kramer sagt hierüber folgendes: ,,Das Anhauchen, kräftig und nachdrücklich auf eine schmerzhafte Stelle gerichtet, wirkt gewöhnlich rascher als magnetisches Streichen. Bei hartnäckigem Kopfweh behaucht man mehrmals von einer Seite der Stirne bis zur andern. Bei der Gesichtsrose bläst man mehrmals leise über die entzündeten Stellen hin und sieht sofort die Röte erblassen. Die Hitze schwindet und man beugt nicht selten durch dieses einfache Verfahren einer gefährlichen Gehirnentzündung vor. Ich erinnere hier an das vielfach bekannte Sympathiemittel alter Weiber, welche die Gesichtsrose unter allerhand Formelkram wegblasen. Es ist das nichts weiter als magnetisches Einwirken."

Ein durch kräftiges Anhauchen mit Od geladenes Taschentuch, auf die schmerzhafte Stelle gelegt, kann den Schmerz und die Entzündung mitunter sofort beheben. Die magnetisierten Stoffe müssen sich stets in gut angehauchter Umhüllung befinden und sollen an einem dunklen Ort aufbewahrt werden. Länger als 15 Minuten lasse man magnetisierte Stoffe nicht am Körper, außer über Nacht, wo sie einige Stunden lang bleiben können, besonders wenn der Patient schläft.

Bei Quetschungen, Brand- oder Schnittwunden sind Umschläge, in magnetisiertes Wasser getaucht, besser als trockene. Bei Verhärtung und Geschwülsten aber wird auch magnetisiertes Öl mit großem Erfolg verwendet. Das Öl, welches bei empfindlichen Personen etwas erwärmt sein soll, wird in eine flache Schale gegossen, von der Mitte aus nach den beiden Seiten hin durch magnetische Striche geladen und dann langsam aber kräftig angehaucht. Das Anhauchen kann stets mehrere Male erfolgen. Der schmerzhafte Teil wird nun mit dem Öl vorsichtig eingerieben, und zwar in kreisender Bewegung mit den Fingern. Oder aber man taucht einen reinen Leinwandlappen in das magnetisierte Öl und legt ihn auf die kranke Körperstelle.

Um Schlaf zu erzeugen ist nicht nur das magnetisierte Wasser ein vorzügliches Mittel, sondern auch magnetisierte Holzkohle. Der Magnetiseur nimmt zwei Stückchen Holzkohle - am besten aus Birkenholz - welche in eine Länge von 10 bis 15 Zentimeter und eine Dicke von 3 bis 5 Zentimeter zugeschnitten werden. Er hält nun diese Kohlenstückchen an den beiden Enden fest und behaucht sie an allen vier Seiten, von links nach rechts, langsam aber kräftig und mit dem konzentrierten Willen, der Kohle eine schlaferzeugende Eigenschaft zu geben. Wenn diese Kohlenstückchen nicht sofort zur Anwendung kommen, müssen sie sehr vorsichtig in angehauchtes Seidenpapier gehüllt und an einem dunklen Ort verwahrt werden.

Beim Gebrauch legt der Magnetiseur dem Patienten je ein Kohlenstückchen in die Handflächen und schließt ihm hierauf die Hände. Der Kranke behält nun die Kohlenstückchen etwa acht bis fünfzehn Minuten in den Händen. In den meisten Fällen stellt sich alsbald der Schlaf ein. Dann entfernt der Magnetiseur ganz behutsam durch öffnen der Hände die Kohle und nimmt sie an sich, um sie später noch einmal zu verwenden oder am anderen Morgen, nachdem der Schläfer erwacht ist, zu vernichten. Man soll den Patienten auf keinen Fall länger als fünfzehn Minuten den Einwirkungen der Kohlenstückchen aussetzen. Schläft er in dieser Zeit noch nicht, muß man trotzdem die Kohle entfernen; der Schlaf wird sich, wenn der Patient allein gelassen wird, schon einstellen. Durch die magnetisierte Kohle wird ein magnetischer Schlaf erzeugt, der in ein bis zwei Stunden in den normalen Schlaf übergeht.

Alle zur Heilung verwendeten Stoffe müssen für einen nochmaligen Gebrauch frisch magnetisiert werden. Auf keinen Fall dürfen dieselben mehr als dreimal verwandt werden. Am besten ist es aber, die Stoffe stets zu erneuern. Bei Herzleiden empfiehlt sich die Anwendung einer magnetisierten Glasplatte als Ergänzung zur allgemeinen Strichbehandlung. Eine sechs Zentimeter hohe und vier Zentimeter breite Glasplatte, deren Ränder gut abgeschliffen und die oben ein Loch besitzt, durch welches ein Band geschlungen ist, wird vom Magnetiseur mit den beiden Händen auf den beiden Seiten solange gerieben, bis sie warm geworden ist. Dann behaucht er sie intensiv auf beiden Seiten von links nach rechts und hängt sie dem Patienten um den Hals, daß das Glas auf der Herzgegend zu liegen kommt. Die Glasplatte soll nicht länger als acht bis zehn Minuten verwendet werden. Vor jeder weiteren Anwendung Gebrauch muß sie natürlich wieder frisch behandelt werden.

Es sei hier nochmals dringend darauf hingewiesen, daß alle magnetisierten Stoffe vor jeder Beeinflussung durch eine dritte Person unbedingt geschützt werden müssen. Diese darf nur der Magnetiseur oder der Patient berühren. Es ist sogar ratsam, magnetisierte Stoffe vor fremden Blicken zu schützen, denn allein schon durch den Blick ist eine absichtliche oder unabsichtliche ungünstige Beeinflussung möglich. Weiterhin ist darauf zu achten, daß man die Stoffe so wenig wie möglich dem Licht aussetzt, bis sie zur Anwendung gelangen. Wasser und Öl sind zugedeckt aufzubewahren.

4. Verschiedene Krankheiten

Um dem Schüler zu zeigen, wie der Heilmagnetismus in den verschiedenen Fällen zur Anwendung gelangt, wollen wir einige Krankheiten mit der entsprechenden Behandlung anführen. Es ist nicht Sache dieses Buches, alle bestehenden Krankheiten zu besprechen. Die wenigen Beispiele werden genügen, um dem Schüler die Richtung zu weisen. Will er sich weiter bilden, so steht ihm eine große Literatur auf diesem Gebiet zur Verfügung. Jeder Magnetiseur vereinigt die beschriebenen Manipulationen in einer Weise, die ihm am besten entsprichen und die er durch eigene Erfahrung für gut hält. Er kann nie fehl gehen, wenn er, wie schon erwähnt, die Gesetze der Polarität beachtet, keine Gegenstriche macht und den Patienten nicht überlädt. Alles andere hängt von der Kraft seines Willens, der Güte seines Ods und dem Grad seiner ethischen Entwicklung ab.

Bei *Kopfschmerzen* empfiehlt es sich, beide Hände auf den Kopf des Patienten aufzulegen oder die Fingerspitzen der rechten Hand auf die Herzgrube und die linke Hand auf die Stirn zu legen, so daß die Nasenwurzel vom Daumen berührt wird. Dann anschließend mehrmaliges Behauchen der Stirn von links nach rechts. Ein gute Methode ist ferner, wenn man noch dazu ableitende Striche, vom Kopfe angefangen, an dem Körper des Kranken herab gegen ein zu seinen Füßen stehendes Wasserbecken macht. Auch Umschläge mit magnetisiertem Wasser helfen.

Ohrenschmerzen. Die gegenpolare Hand wird auf das schmerzhafte Ohr gelegt, mit dem Daumen in der Ohrmuschel. Daran schließt sich die Strichbehandlung vom Kopf zum Hals über das Ohr und mehrmaliges vorsichtiges Hineinhauchen in den Gehörgang an. Anschließend kann man dann einen Tropfen magnetisiertes Öl in das Ohr träufeln oder magnetisierte Watte hineinstecken.

Augenkrankheiten. Strichbehandlung über den Kopf herunter bis zum Hals mit Ruhepause auf den Augen. Weiter kann man die eine Hand auf den Hinterkopf legen und die Fingerspitzen der andern werden dicht vor das geöffnete kranke Auge gehalten. Dann mehrmaliges kräftiges Anhauchen desselben. Bei Augenentzündungen leisten auch Umschläge mit magnetisiertem Wasser recht gute Dienste. Auch Augenbäder in magnetisiertem Wasser helfen. Diese sind besonders bei Augenschwäche von großem Erfolg.

Zahnschmerzen. Auflegen der Hände auf die Wangen, dann ableitende Striche nach unten und anhauchen. Der Patient kann einen Schluck magnetisiertes Wasser nehmen und längere Zeit im Mund behalten. Der Kopf muß derart geneigt sein, daß das Wasser die schmerzende Stelle berührt.

Halskrankheiten. Auflegen der Hände, dann Strichbehandlung vom Kopf über die Brust herab mit entsprechenden Ruhepausen auf dem Hals. Umschläge von magnetisiertem Wasser, Watte, Flanell oder Papier. Diese können, wenn abends aufgelegt, längere Zeit liegen bleiben. Öfters Gurgeln mit magnetisiertem Wasser und Trinken. Anhauchen des Halses.

Husten, Heiserkeit usw. Behandlung wie oben. Nur die Striche tiefer herab über die Brust auf den Unterleib ziehen und Ruhepausen an den Lungenspitzen einlegen. Bei Verschleimung lege man die Hände auch einige Minuten auf die Brust und behauche sie mehrmals kräftig.

Lungenkrankheiten. Längsstriche vom Kopf bis zu den Knien. Ruhepausen sind bei den Lungenspitzen, in der Mitte der Brust und auf der Herzgrube einzulegen. Strichbehandlung des Rückens mit gekreuzten Händen, dann Auflegen der Hände auf die Brust. Am Rücken wird die Ruhepause unter den Schulterblättern gemacht. Sodann Auflegen von magnetisierter Watte, Papier oder Flanell oder auch Umschläge mit magnetisiertem Wasser auf Brust oder Rücken vor dem Einschlafen. Mehrmaliges Anhauchen der Stelle, an welcher der Patient die meisten Schmerzen empfindet. Für den innerlichen Gebrauch gibt man magnetisiertes Wasser.

Herzleiden. Kräftiges Behauchen der Herzgegend, am besten auf den bloßen Körper, ist von großer Wirkung, ebenso Hand auflegen, und zwar wird die rechte Hand aufs Herz und die linke auf den Nacken gelegt. Herzleidende sind, mit wenig Ausnahmen, in liegender Stellung zu magnetisieren. Strichbehandlung vom Hals bis zum Unterleib. Nach Befinden des Patienten Auflegen der magnetisierten Glasplatte. Innerlich magnetisiertes Wasser anwenden. Bei Herzleiden, bei denen der Nervus vagus die Ursache ist, soll man in Richtung vom Hals zum Herz und etwas darüber hinaus mehrmals langsam aber kräftig anhauchend herunterfahren.

Bei *Magenleiden* wirken neben innerlicher Anwendung des magnetisierten Wassers auch vorzüglich magnetisierte Umschläge von diesem Wasser, Watte oder Flanell. Umschläge aus Watte oder Flanell werden am besten nach der Mahlzeit aufgelegt. Vor dem Einschlafen ist es gut, einen ausgewrungenen Umschlag mit magnetisiertem Essigwasser auf den Magen zu legen und nach Befinden eine Stunde oder auch die ganze Nacht auf dem Körper zu lassen. Selbstverständlich soll in diesem Fall der Umschlag aus einem mehrfach zusammengelegten Leinen bestehen und muß, ähnlich den Prießnitzumschlägen, ein trockenes, dickeres Tuch darüber gelegt werden. Magnetisiertes Öl in Kreisbewegung auf den Magen unter leisem, vorsichtigem Druck verrieben, wirkt sehr heilend. Strichbehandlung bis zu den Knien. Auch Händeauflegen, und zwar kommt die rechte Hand auf den Magen und die linke unter das Kreuz zu liegen. Zum Schluß langanhaltendes oftmaliges Behauchen der Magengegend von links nach rechts. Ähnlich verfahre man bei allen Krankheiten der inneren Organe. Man vergesse jedoch niemals als Arznei den innerlichen Gebrauch von magnetisiertem Wasser zu verordnen.

Bei *Unterleibsleiden* hielt es Kramer für sehr gut, alle zehn gespreizten zehn Finger so lange auf den Leib zu halten, bis das Berühren keinen Schmerz mehr verursacht danach wende man die Strichbehandlung von der Herzgrube bis über die Füße hinaus an. Magnetisierte Sitzbäder sind von großer Wirkung, ebenso Umschläge von magnetisiertem Wasser, Watte oder Flanell. Innerlich: magnetisiertes Wasser anwenden.

Frauen- und Geschlechtskrankheiten verlangen sowohl eine örtliche als auch eine Allgemeinbehandlung mit Strichen über den ganzen Körper. Örtlich gelangen Umschläge von magnetisiertem Wasser und magnetisiertem Öl zur Anwendung. Hauptsächlich aber wirken magnetisierte Sitzbäder.

Geburten. Jede Gebärende sollte knapp vor dem Geburtsakt magnetisiert werden, noch besser aber ist es, wenn sie sich schon einige Zeit vorher täglich magnetisieren läßt. Und zwar empfiehlt sich eine einleitende Strichbehandlung über den ganzen Körper, dann einige Striche von der Brust über den Leib bis zu den Knien. Haltepunkte sind die Herzgrube und der Unterleib. Dann Auflegen der Hände auf den Unterleib und abschließend kräftiges öfteres Behauchen desselben von links nach rechts. Dadurch wird die Geburt sehr erleichtert. Ein besonderer willensstarker Magnetiseur kann es durch eine solche Behandlung dahin bringen, daß die Geburt beinahe schmerzlos vor sich geht, besonders wenn er der Gebärenden schon einige Zeit vorher und auch während des Geburtsaktes einen Schluck Wasser verabreicht, das speziell mit dem Willen zur Erzielung einer schmerzlosen Geburt magnetisiert wurde.

Vorgeburtliche Kindesbeeinflussung. Darauf sollte jede Frau, die sich in gesegneten Umständen befindet, Wert legen. Schon vor dem sechsten Monat an soll die magnetische Behandlung beginnen. Bei Frauen mit schwacher Konstitution sogar bald nach der Empfängnis. Eine wöchentlich einmalige Behandlung genügt, um Mutter und Kind gesund und kräftig zu machen und eine leichte, schmerzlose Geburt einzuleiten. Dadurch wird schon vorgeburtlich mancher Kinderkrankheit vorgebeugt, und auch die Mutter erspart sich manches Unwohlsein während ihrer Schwangerschaft. Während dieser Zeit sind auch magnetisierte warme Bäder sehr vorteilhaft. Mütter, die ihre Kinder selbst stillen wollen, aber wenig Milch haben, können durch eine magnetische Behandlung während der Zeit der Schwangerschaft und auch nach der Geburt eine hinreichende Milchbildung erzielen, aber auch auf die Qualität der Milch Einfluß nehmen.

Kinderkrankheiten. Hier ist der animalische Magnetismus besonders angebracht. Kinder sind für magnetische Behandlungen sehr empfänglich. Die meisten Krankheiten können durch regelmäßige magnetische Behandlung von ihnen ferngehalten werden. Dieselbe Behandlungsweise vermag sie aber auch auf natürliche Art und ohne den kleinen Organismus zu schädigen, wie es leider bei der Allopathie so sehr der Fall ist, von solchen Krankheiten, die sich nicht immer abwehren lassen und die ihnen übertragen werden, zu befreien. In der Art der Behandlung wird kein Unterschied gemacht. Man magnetisiert Kinder so, wie die Erwachsenen, nur muß man wegen der Überladung um so vorsichtiger sein. Also kürzere Zeitdauer und weniger Striche.

Geschwüre, kleinere Wunden usw. Kreisrundes Streichen mit magnetisiertem Öl um das Geschwür herum. Betupfen desselben mit dem Öl. Kräftiges Anhauchen. Ebenso Umschläge mit magnetisiertem Wasser. Kurze Striche über das Geschwür. Wunden werden behaucht, mit magnetisiertem Wasser gereinigt und ebensolche Umschläge gemacht. Kurze Striche mit dem Willen für eine rasche Heilung verbunden.

Gicht und Rheumatismus. Hauptsächlich richte man sein Augenmerk auf eine Allgemeinbehandlung, dann Striche über die leidenden Stellen, warme, magnetisierte Bäder und Behauchen. Einreiben der schmerzenden Körperstellen mit magnetisiertem Öl leistet große Dienste. Innerlich: magnetisiertes Wasser. Der Erfolg zeigt sich bei diesen und ähnlichen Leiden meist erst nach einer mehrwöchentlichen Behandlung.

Bleichsucht verlangt ebenfalls eine eingreifende Allgemeinbehandlung. Innerlich: täglich magnetisiertes Wasser. Auch hier sind magnetisierte Bäder sehr angeraten.

Krämpfe, Lähmungen usw. Neben der Allgemeinbehandlung, Strichbehandlung des Rückens mit gekreuzten Armen längs der Wirbelsäule bis über die Lenden hinab. Weiter örtliche Strichbehandlung, Behauchen und Baden in magnetisiertem Wasser.

Nervenkrankheiten sind nur durch eine andauernde Allgemeinbehandlung zu heilen, die durch eine Strichbehandlung des Rückens, die Wirbelsäule herab, unterstützt werden soll. Auflegen der Hände auf den Kopf oder auf die schmerzenden Stellen, auch die linke Hand auf den Hinterkopf und die rechte auf die Magengrube. Einige Zeit hindurch täglich ein magnetisiertes Bad. Behauchen des leidenden Körperteiles und Umschläge mit magnetisiertem Wasser, Watte oder Flanell kann den Schmerz oft plötzlich lindern. Magnetisiertes Wasser innerlich anwenden.

Schwächezustände sollen ebenso behandelt werden, dazu macht man Längsstriche, welche mit der linken Hand vom Hinterkopf und mit der rechten von der Stirn gleichzeitig abwärts über den Körper bis über die Knie geführt werden. Diese Striche sind auch bei allgemeiner Nervosität sehr gut anzuwenden.

Es ist selbstverständlich, daß mit der magnetischen Behandlung auch eine vernünftige Lebensweise des Patienten Hand in Hand gehen muß. Diät sowie körperliche als auch geistige Ruhe sind Bedingung.

Sehr angezeigt ist es, wenn sich der Schüler einige Kenntnisse in der naturgemäßen Heilweise wie auch in der Hydrotherapie erwirbt, um die magnetische Behandlung wirksam unterstützen zu können. Ein auf solche Weise kombiniertes Heilverfahren wird rasch zum gewünschten Erfolg führen. Es ist ja gegenwärtig sehr leicht sich zu unterrichten, denn populäre Werke über die naturgemäße Heilweise und die Hydrotherapie (Kaltwasserkur) gibt es sehr viele. Wir verweisen hier nur auf Bilz, Platen u.a., ferner auf die Schriften des verstorbenen Prälaten Kneipp. *Man versäume aber niemals, ehe man einen Kranken zur Behandlung übernimmt, sich von einem tüchtigen Arzt die Diagnose stellen zu lassen.*

Der animalische Magnetismus gestattet auch eine *Selbstheilung,* und zwar durch die Strichbehandlung, die mit gekreuzten Händen über die Vorderseite des Körpers gemacht wird, ferner auch durch die Verwendung magnetisierter Stoffe. Pflanzen werden in der Wachstumsrichtung von der Wurzel zur Spitze magnetisiert, behaucht und mit magnetisiertem Wasser begossen. Steckt man in einen mit Erde gefüllten Topf ein Samenkorn, begießt danach die Erde mit magnetisiertem Wasser und hält die rechte Hand einige Minuten über die Stelle, wo das Samenkorn liegt, während die linke Hand die Seite des Gefäßes umspannt, kann man das Samenkorn erstaunlich schnell zum Keimen bringen. Natürlich muß diese Manipulation täglich vorgenommen werden.

Auch Tiere kann man magnetisieren, jedoch muß man sehr vorsichtig sein, daß man von ihrer Odstrahlung nicht zu viel übernimmt, denn das Od ist individuell gefärbt. Das tierische Od kann durch seine Sättigung mit den rohen Instinkten schädigend auf den Menschen wirken.

Personen, die dunkleres Haar haben als der Magnetiseur, werden den Bemühungen desselben stets einige Zeit widerstehen, während Personen, die ein helleres Haar als er besitzen, sehr rasch seinem Einfluß unterliegen werden. Damit ist aber nicht gesagt, daß er Personen mit dunklerem Haar nicht magnetisieren kann, aber er wird längere Zeit brauchen, um zum Ziel zu gelangen, denn Personen mit dunklerem Haar erfreuen sich meist selbst einer großen Strahlung und nehmen nur widerstrebend fremdes Od an.

Wo es möglich ist, lasse der Magnetiseur seine Patienten zur Unterstützung der Kur Atemgymnastik treiben, dies wirkt sehr fördernd und führte eine gute Blut- und Säftebildung herbei. Beim Einatmen soll der Patient sich vorstellen, daß er mit der Luft auch belebende und stärkende Heilkraft zu sich nimmt, während er bei der Ausatmung daran denken soll, daß er alle schlechten Stoffe, alle Krankheitserreger, aus seinem Körper mit der verbrauchten Luft ausstößt.

Auch mit der Allopathie läßt sich der Heilmagnetismus in Verbindung bringen. Die Wirkung verschiedener Medikamente wird erhöht, wenn diese durch odische Vermittlung auf die leidende Stelle oder überhaupt in den Körper übertragen werden. Die meisten Medikamente belasten den Magen. Durch die odische Vermittlung werden aber die geistigen Teilchen dieser Stoffe direkt in den Körper gebracht. Diese Heilweise ist zwar für den Laien nicht ratsam, aber dafür können vorurteilsfreie Ärzte diese Methode zum Wohle der Patienten anwenden. Leider leugnet die Mehrzahl der Ärzte den animalischen Magnetismus aus Voreingenommenheit, denn eine wahrhaft wissenschaftliche Begründung gegen die Existenz dieser Universalheilkraft läßt sich nicht erbringen.

Wie gefährlich diese odische Medikamentübertragung in der Hand des Laien ist, zeigt folgendes Beispiel. Ein sonst tüchtiger Magnetiseur hatte einer herzleidenden Frau, die an einem bösen, unheilbaren Herzklappenfehler und an einer Schwäche des Nervus vagus litt, schon oft durch seinen Magnetismus Hilfe gebracht und zwar zu der Zeit, als sie mit dem ihr von ihrem Arzt verschriebenen Medikament aussetzen mußte. Während dieser Entwöhnungsperiode wollte nun der betreffende Magnetiseur die odische Übertragung des Medikamentes versuchen und magnetisierte sie, das kleine Medizinfläschchen in der rechten Hand, mit Längsstrichen über den ganzen Körper. Die Patientin zeigte ihm wenig Dank für diese unüberlegte Handlung, denn sie bekam dadurch sehr starke Kopfschmerzen und Übelkeiten verschiedener Art, auch ihr Herzleiden hatte sich verschlimmert. Bei der nächsten Behandlung ließ er das Fläschchen bei der Strichbehandlung weg und benützte es nur bei dem sich anschließenden Händeauflegen. Er hatte dabei die linke Hand am Nacken und die rechte mit dem Medizinfläschchen auf der Herzgegend der Patientin liegen, und siehe da, diesmal war die Wirkung großartig. Für einen Tag war die Frau von ihrem Herzleiden derart befreit, daß sie, wie sie sich selbst ausdrückte, gar nicht mehr glaubte, überhaupt ein Herz zu haben. Leicht aber hätte der betreffende Magnetiseur einen noch schlimmeren Fehler begehen können, wenn er das Herz der Frau länger der Medizinwirkung ausgesetzt hätte, dies hätte eine Lähmung nach sich ziehen können.

Ein vorzüglicher Prüfstein für die Kraft des Magnetiseurs ist der sogenannte *Bannstrich.* Wenn der Magnetiseur vor einer Person, die er schon mehrmals magnetisiert hat, ohne deren Wissen einen Strich durch die Luft zieht und ihn mit dem Willen versieht, daß sich an dieser Stelle für die betreffende Person eine Mauer bilden soll, durch die sie nicht hindurch kann, so ist die Person tatsächlich nicht in der Lage über diesen Strich hinauskommen. Sie wird sich vor einem ihr unerklärlichen Hindernis befinden, das ihr den Durchgang verwehrt. In dem Augenblick aber, wo der Magnetiseur diesen Strich selbst überschreitet, ist die Wirkung vollständig aufgehoben.

Man kann den *magnetischen Schlaf* auch durch Willenskraft herbeiführen, nachdem man den Patienten bereits mehrere Male mit Erfolg magnetisiert hat. Wenn man einige Minuten lang die rechte Hand auf die Stirn und die linke Hand auf den Nacken des Patienten legt, dann eine Strichbehandlung vom Kopf über den ganzen Körper bis über die Füße hinaus vornimmt und bei der ganzen Manipulation den Willen nur darauf konzentriert, daß die betreffende Person schlafen soll, wird das Experiment schon bei der zweiten oder dritten Sitzung gelingen. Nur muß man folgende Ruhepausen berücksichtigen: Zuerst am Kopf mit der scharfen Gedankenkonzentration, das Tagesbewußtsein aufzuheben, dann bei den Augen mit dem Willen, daß sich diese schließen sollen, und bei der Herzgrube, mit der Vorstellung, daß die betreffende Person in den magnetischen Schlaf fällt.

Der magnetische Schlaf ist sehr gesund und kräftigt ungemein. Man kann einem Patientenm der sich im magnetischen Schlaf befindet, mit leiser Stimme die wirksame Suggestion erteilen, daß er gesund werde. Dies wird die Heilung sehr beschleunigen. Nur darf man ihn nicht aufwecken. Nach ein bis zwei Stunden geht, wie schon erwähnt, der magnetische Schlaf in den gewöhnlichen Schlaf über, oder der Patient erwacht von selbst. Dauert jedoch der magnetische Schlaf zu lange oder muß der Kranke aus irgend einem Grund geweckt werden, so tue man dies durch Anblasen mit dem Befehl zum Erwachen oder, wenn darauf nicht reagiert wird, durch energische Gegenstriche, und erst bei hartnäckigem Widerstand durch Bespritzen mit Wasser. Vor dem Erwecken muß man jedoch stets den Patienten bei den Händen ergreifen (rechte Hand links, linke rechts) und ihm leise aber bestimmt die Suggestion erteilen, daß man ihn jetzt aufwecken wird. Hierbei soll man die Suggestion erteilen, daß der Patient sofort erwacht, sich aber dann ganz wohl und frisch fühlt und nach dem Erwachen weder Kopfweh noch Müdigkeit empfindet.

Bei fortgesetztem Eingehen einer Person in den magnetischen Schlaf wird der *Somnambulismus* eintreten. Derselbe läßt sich durch mehrmalige Vertiefung des magnetischen Schlafes fördern. Hat der Patient bereits bei mehreren Sitzungen geschlafen, dann läßt sich nach einigen weiteren Sitzungen durch die Willenskraft und Zugabe einiger Striche während des Schlafes der magnetische Tiefschlaf oder der Somnambulismus erreichen. Der somnambule Zustand hilft dem Patienten dadurch, daß der Patient hier meist zu seinem eigenen unfehlbaren Arzt wird. Somnambule Personen geben in diesem Zustand sicher wirkende Mittel an, durch die ihre Krankheiten zu heilen sind, Außerdem werden in diesem Zustand verschiedene magische Fähigkeiten, wie Hellsehen ausgelöst, ja man kann es sogar dahin bringen, daß der Astralkörper aus dem Patienten heraustritt und sichtbare Wirkungen an den Gegenständen der Umgebung vollbringt oder aber sich seiner Umgebung selbst sichtbar darstellt.

Die Anweisungen, die im somnambulen Zustand angegeben werden, müssen unbedingt befolgt werden, so bizarr sie uns auch mitunter vorkommen können. Die künstliche Herbeiführung des Somnambulismus ist jedoch nur aus zwingenden Gründen gestattet, z.B. wenn es sich um das Wohl des Patienten handelt. Lediglich aus Neugierde, darf dieser Zustand nicht hervorgerufen werden. Weiterhin ist streng darauf zu achten, daß man somnambulen Personen nie sagen darf, was sie im Hochschlaf gesprochen haben und was in ihren Schlafzuständen mit ihnen geschehen ist; es sei denn, daß sie es ausdrücklich wünschen.

Somnambule Personen sind mit ihrem Magnetiseur stets im engsten Rapport. Was er empfindet, empfinden sie mit, alle physischen und psychischen Zustände seines Wesens strahlen auf sie über. Aber auch der Einfluß anderer beim Magnetisieren anwesender Personen kann von der somnambulen Person aufgenommen werden. Aus diesem muß man bei der Hinzuziehung fremder Personen beim Magnetisationsakt äußerst vorsichtig sein. Der somnambule Zustand eignet sich auch vorzüglich dann, wenn es nötig ist, bei erwachsenen Personen zum Zweck der moralischen Hhebung mit der Psyche derselben zu sprechen. Verbrecher, lasterhafte, böse Menschen können dadurch viel eher gebessert werden als durch Zuchthaus und andere Strafen, durch deren Nachwirkung sie nur immer mehr in den Abgrund gezogen werden. Bei Kindern ist es jedoch nicht angebracht, speziell zu Erziehungszwecken zum Somnambulismus zu greifen, hier genügt in den meisten Fällen schon die gewöhnliche Traumbeeinflussung, wie sie im elften Kapitel gezeigt wurde.

Es gibt, vom einfachen magnetischen Schlaf angefangen bis zum Heraustreten des Astralkörpers aus dem grobstofflichen Leib, im somnambulen Zustand mehrere Zwischenstufen, die hier nicht dargestellt werden können. Der Schüler muß unbedingt die einschlägige Literatur genau studieren, ehe er sich auf derartige Experimente einlassen darf.

Erwähnenswert ist noch, daß die Somnambulen selbst die besten Magnetiseure sind. Sie können oft augenblicklich Schlaf hervorrufen und auch die wohltätigsten Krisen bei Personen veranlassen, die sonst vergeblich behandelt wurden und bei denen andere Magnetiseure nur wenig Erfolg hatten. Der Schüler, der den Heilmagnetismus zu seinem Beruf machen will, tut gut daran, sich durch einen geeigneten Magnetiseur selbst nach und nach in den somnambulen Zustand versetzen zu lassen. Oder er kann versuchen, sich selbst somnambul zu machen. Das wird ja nicht jedem gelingen, aber probiert kann es immerhin werden. Autosomnambulismus läßt sich durch die eigene Willenskraft erzielen, es ist dies aber schon Sache des Meisters und wird im nächsten Kapitel besprochen werden.

Am Schluß dieses Kapitels wollen wir noch die *magnetische Heilung auf Entfernung* erwähnen. Man kann den Magnetismus auch per Post versenden. Wenn wir die Fotografie des Patienten, der von uns schon früher einigemal persönlich magnetisiert wurde, mit gekreuzten Händen magnetisieren, mehrmals Behauchen und in einer ebenfalls angehauchten mehrfachen Umhüllung dem Patienten durch die Post zusenden, wird er wenn er sich das Bild auf die Magengrube legt, alle Wirkungen der magnetischen Behandlung empfinden. Die Hülle muß natürlich mit dem festen Willen angehaucht werden, daß sie sich wie eine schützende Mauer um die Fotografie schließt und alle fremden Einflüsse abhält. Man kann auf diese Weise auch magnetisierte Körper, wie Watte, Flanell usw., versenden. Natürlich ist eine magnetische Fembehandlung lange nicht so eingreifend wie das persönliche Magnetisieren. Willensstarken Magnetiseuren wird es jedoch manchmal gelingen, durch eine magnetische Fembehandlung, der kein persönliches Magnetisieren vorangegangen ist, Erfolge zu erzielen, allerdings ist diese Behandlungsweise immer langsam und unsicher. In Fällen, wo schnelle Hilfe nötig ist, kann sie angewendet werden.

Wir haben nun dem Chela das Wichtigste über den Heilmagnetismus vor Augen geführt. Die volle Ausbildung auf diesem Gebiete kann er sich leicht durch einschlägige Literatur erwerben. Großartige Erfolge wird er erzielen, wenn er bei der Ausübung des Heilmagnetismus auch auf die pranische Polarität Rücksicht nimmt, d.h. wenn er seinen Atemstrom der betreffenden Krankheitsform anzupassen vermag. Im allgemeinen gilt der Grundsatz, daß jeder Krankheit als letzter Ursache eine Störung des pranischen Wechselstromes zugrunde liegt. Auch das Prana ist polar. Der linke Atemstrom führt mehr negatives Prana und gehört dem Mondprinzip an. Der rechte Atemstrom ist mit positivem Prana stärker gesättigt und gehört dem Sonnenprinzip an. Positives und negatives Prana im wechselweisen Ausgleich bewirken das neutrale Prana - die Lebenskraft. Wenn der linke Atemstrom zu lange stehen bleibt, wird die ausgleichende Harmonie gestört und es entsteht eine negative Krankheitserscheinung, der Organismus ist zu stark mit negativem Prana überladen. Bleibt der rechte Atemstrom länger stehen, wird der Organismus mit positivem Prana allzusehr gesättigt und die Folge ist eine positive Krankheitserscheinung.

Der okkult geschulte Heilmagnetiseur soll bei positiven Erkrankungen, wie Fieber, Pocken, Typhus usw., sein Od durch Einleitung des linken Atemstromes negativ färben. Auch durch Bakterien hervorgerufene Erkrankungen sind auf pranische Störungen zurückzuführen, da das Stehenbleiben des pranischen Stromes die Entwicklung von Krankheiten begünstigt. Bei negativen Krankheiten, wie Schwindsucht, Erkältungen, Cholera usw., muß er den rechten Atemstrom einleiten, um sein Od positiv wirken zu lassen. Verschiedene Krankheiten müssen allerdings mit dem gleichpolaren Od behandelt werden. Entzündungen können z.B. negativ pranische Ursachen haben und positiv auftreten, die dann einer positiv-pranisch-odischen Einwirkung bedürfen. Es würde zu weit führen, hier alle möglichen Fälle anzuführen und muß es der Einsicht und der Erfahrung des Praktikers überlassen bleiben, in den einzelnen Fällen richtig zu handeln.

Es bleibt uns nur übrig ihm zuzurufen: „Fühlst du deine Kraft, dann gehe hin und tue deine Pflicht. Deinen Händen aber entströme ein nie versagender Lebensquell, Segen und Hilfe sendend all denen, die da leiden!" „Doch erst wenn du ein Meister geworden bist, wenn es dir gelungen ist, die Tattwas zu beherrschen, wirst du imstande sein, Großes zu bewirken. Darum strebe immer weiter zur Höhe und bewähre dich."

15. Der Astralkörper

Die indische Philosophie behauptet, daß der Menschen aus sieben Prinzipien zusammengesetzt sei. Der Verfasser erlaubt sich, in dieser Hinsicht einen eigenen Standpunkt als *freier* Okkultist einzunehmen. Nicht, daß er an den Lehren der *Vedanta* zweifelt. Wäre das der Fall, so hätte er sicherlich dieses Buch nicht geschrieben. Ist er doch selbst Mitglied eines geheimen indischen Ordens. Eine freie psychische Forschung hat nicht die Aufgabe, sich den Dogmen einer spekulativen Philosophie blindlings zu unterwerfen. Sie muß kritisch prüfen und mit Hilfe des exakt wissenschaftlichen Experimentes zu einer möglichst einfachen objektiven Anschauung gelangen. Und diese Experimente haben außer dem grobstofflichen Körper die Zellseele und den Astralkörper einwandfrei erwiesen.

Wir brauchen uns also hier nicht an die feinen Unterscheidungen zu halten, die die indische Philosophie in Bezug auf den Menschen lehrt, sondern können es genügen lassen mit der Erkenntnis der wichtigsten Formen des stofflichen Menschen, und zwar des grobstofflichen Körpers mit seiner vergänglichen Zellseele, und des Astralmenschen, welche beide wieder nur die Vorstellungen eines geheimnisvollen immateriellen Wesens, eines Teiles des Allwissens, der Allkraft oder dem absolut *Einzigen,* das uns nur schwer begreiflich ist, sind.

Der Astralkörper wird auch der odische Körper genannt. Ihm gehört die Lebenskraft an. Er ist das eigentliche Leben für den Grobkörper, denn sobald er ihn verläßt, stirbt der Fleischkörper. Du Prel schreibt auf Seite 57 in seiner *Magie als Naturwissenschaft* II folgendes: „Aber der Mensch vermag nicht bloß solche Ausstrahlungen aus sich zu entsenden, sondern der ganze Agent ist trennbar vom materiellen Körper und er erscheint in dieser Exteriorisation nach dem Schema des Leibes gestaltet, als Astralleib. So in der Telepathie und in der Doppelgängerei. Im Tode nun trennt sich der Astralleib definitiv vom Körper, und da in jenem alle unsere organischen und psychischen Besonderheiten vorgebildet liegen, ergibt sich, daß wir auch im Tod unsere Individualität bewahren, was empirisch die Gespenster und Materialisationen bestätigen."

Der Astralkörper ist durch die Untersuchungen von Albert de Rochas vollständig erwiesen. Er überdauert den grobstofflichen Körper und löst sich erst auf, wenn eine neue Inkarnation eintritt. Die Geister der Spiritisten sind also die Astralkörper verstorbener Personen oder, was gar oft der Fall ist, die Astralkörper von noch lebenden Menschen. Dieser feinstoffliche, odische Leib ist bei Lebzeiten des Grobkörpers an dessen Form gebunden und wird auch während seiner Verbindung mit ihm von diesem unausgesetzt beeinflußt. Den Astralkörper aber so frei als nur möglich zu machen, ist der Zweck aller unserer Übungen.

Wenn es uns gelingt, die Verbindung zwischen Astral- und Grobkörper zu lockern, stehen wir über den Begriffen von Zeit und Raum. Wenn wir uns aus der eisernen Umklammerung des Fleischkörpers befreien und der Astralkörper die Oberhand über den Grobkörper gewinnt, sind wir zu sehr vielem in der Lage. Leider ist bei den meisten Menschen der Fall, daß die Herrschaft des Fleischkörpers mit seiner Zellseele den Astralkörper vollständig verdunkelt und zum Handlanger für die grobstoffliche Ebene macht. Damit berauben sich die Menschen ihres kostbarsten Gutes; der *wahren* Freiheit und begehen dadurch eine sehr törichte Handlung, denn durch die zu starke Fesselung ihres Astrals lähmen sie dessen Kräfteentfaltung und verlieren damit seine großen Hilfe auf ihrem Lebensweg. Dieses Verhalten gleicht dem Mann, der seine Pferde müßig im Stall stehen läßt und seinen Pflug im Schweiße seines Angesichts selbst durch den Acker zieht, dabei aber immer über die Ungerechtigkeit des Schicksals klagt, das ihm solche Lasten aufbürdet.

Alle Leser, die sich bis zu diesem Kapitel in praktischer Magie durchgerungen haben, konnten es bereits an sich selbst erfahren, daß es wunderbar ist, seinem inneren Menschen Tür und Tor zu öffnen und seinen Universalsinn auf sich wirken zu lassen. Denn der Astral ist ja der Träger des Zentralsinnes, des psychischen Sinnes, von welchem wir wissen, daß er alle anderen Sinne in sich vereinigt, und dazu in einer vollkommenen, zuverlässigeren Weise, die nicht so armselig an Zeit und Raum gebunden ist wie unsere groben Sinne.

Als Träger des Intellektes ist er auch der Träger unserer Leidenschaften, soweit diese nicht der Zellseele infolge *Vererbung* angehören. Da wir aber, wenn wir unserem Astral die Fesseln lösen, durch ihn, der ja die eigentliche Hülle der Psyche ist, leichter auf diese Einfluß nehmen, d.h. besser auf uns selbst einwirken können, so ist uns dadurch die Möglichkeit gegeben, uns von diesen Leidenschaften zu befreien und uns ein besseres Karma zu schaffen. Der dickfellige, materiell gesinnte Mensch aber, der seinen Astral in den Fesseln des Fleisches hält, bleibt dadurch selbst wieder ein gefesselter Sklave seiner Leidenschaften und behauptet dann, er sei eben nicht imstande, gegen seine Natur zu handeln.

Der Astral als Träger der Lebenskraft ist uns, wenn wir ihn aus der unwürdigen Umklammerung befreien, auch in gesundheitlicher Beziehung sehr nützlich. Wenn wir ihm die Gelegenheit geben, seine Kräfte zu entfalten, wird dies der Grobkörper sehr vorteilhaft empfinden und Gesundheit und wahre Lebensfreude werden bald in uns einkehren. Die größte Freiheit, die der Schüler seinem Astral gewähren kann, ist daß er denselben mit bewußtem Willen aus seinem Körper heraustreten läßt, um an der materiellen Umgebung eine fühlbare intelligente Wirkung zu vollbringen oder gar, um sich seiner Umgebung sichtbar zu machen.

Die Kunst des bewußten Astralaussendens erfordert allerdings sehr viel Mühe und Geduld und gelingt nur dem einwandfrei, der seinen Fleischkörper voll und ganz zu unterdrücken vermag. Dagegen kommt das unbewußte, spontane Astralaussenden ziemlich oft vor, aber auch nur dann, wenn sich der Grobkörper in einem Zustand der Ruhe befindet, also während des Schlafes, oder wenn durch irgend einen psychischen Impuls das körperliche Bewußtsein für kurze Zeit eine leichte Trübung erfährt. Wir sitzen oft bewegungslos und sehen ohne Gedanken ins Weite. Das körperliche Bewußtsein ist herabgesetzt und die Glieder sind von einer leichten Katalepsie befallen, denn sie hängen schwer an uns herunter. Die Atemtätigkeit ist herabgesenkt. Unsere Sinne sind wach, aber ein leichter Schleier bedeckt sie. Das ist der Zustand, in dem so oft und für uns vollständig unbewußt, der Astralkörper sich aus seinem Gefängnis gewaltsam befreit. Wenn wir in diesem gedankenlosen Hindämmern nun nicht gestört werden, kann sich der Astralkörper in weiter Entfernung zeigen, indem er, durch odische Ströme begünstigt, sich so sehr verdichtet, daß er anderen Personen als fleischlicher Körper sichtbar wird.

Es kann das Aussenden des Astralkörpers durch eine große Zahl gut beglaubigter Berichte bewiesen werden, von welchen wir hier nur einige wiedergeben können. Allerdings bediente man sich dabei meist narkotischer Mittel, um den Astral vom Körper lösen zu können, was aber strikt abzulehnen ist. Durch geeignete Übungen läßt sich derselbe Erfolg erzielen und man hat es nicht nötig, sich dabei der Gefahr zu unterziehen, nicht mehr zu erwachen, wie es oft schon der Fall war.

Einen deutlichen Beweis von dem tatsächlichen Vorhandensein eines Astralkörpers liefert uns auch der Heilmagnetiseur Kramer durch nachstehende Erzählung: Als Kramer vor mehreren Jahren vom Fürsten von Hohenzollern nach Sigmaringen berufen wurde, besuchte ihn auch ein Mann, dem im französischen Feldzug das linke Bein amputiert worden war und der täglich wegen heftiger Schmerzen in den nicht mehr vorhandenen oder vielmehr nicht sichtbaren Fußzehen Morphiumspritzen bekam. Kramer hielt dem Mann, die Finger zur magnetischen Ausstrahlung nun nicht etwa auf den Kopf oder die Hüfte, sondern in die leere Luft am Boden, wo er seinen geistigen Fuß ganz deutlich fühlten konnte. Der Leibarzt des Fürsten war als Zeuge zugegen. Der Leidende verspürte auf dem geistigen Fuß den leisen und kühlen magnetischen Windhauch. Der Schmerz verging und die Morphium-Injektionen konnten unterbleiben.

Es ist eine allgemein bekannte Tatsache, daß Leute, denen ein Arm oder Bein abgenommen wurde, noch oft die empfindlichsten Schmerzen in den nicht mehr vorhandenen Gliedern ausstehen. Die Wissenschaft ist schnell mit einer Erklärung bei der Hand. Sie sagt, es seien Nervenreflexe. Daß aber das nicht mit abgeschnittene feinstoffliche Körperglied die hauptsächlichste Ursache der Schmerzen ist, wissen nur wenige ihrer Vertreter. Besonders in dem erwähnten Fall kann von Nervenreflexen gar keine Rede sein, denn der Schmerz wurde durch die Beeinflussung eines für das Auge nicht vorhandenen feinstofflichen Körperteils gestillt.

Einen interessanten Fall über eine unwillkürliche Aussendung des Astralleibes finden wir in Du Prels *Magie als Naturwissenschaft* 11. Band, Seite 285. „Herr Wilmot schiffte sich 1863 auf dem Dampfer City of Limerik in Liverpool nach New York ein, wo seine Frau und Kinder ihn erwarteten. Am zweiten Tag erhob sich ein Sturm, der über eine Woche anhielt und erst in der Nacht des achten Tages nachließ. Zum ersten Mal nach seiner Einschiffung hatte Wilmot eine gute Nacht. Inzwischen hatte seine Frau Nachrichten von den Stürmen im Atlantischen Ozean erhalten und ihre Sorge steigerte sich aufs Höchste bei der Nachricht, daß die nach Boston segelnde *Afrika,* die am gleichen Tage mit der *City of Limerik* England verlassen hatte, gescheitert war. Die Frau war in größter Angst um ihren Gatten und blieb mit dem Gedanken an ihn sehr lange auf, bis sie sich mit dieser Sorge im Herzen niederlegte, die im Schlaf als Monoideismus fortwirkte und magische Funktionen auslösen mußte, weil nur hierdurch eine Befreiung von den Sorgen erfolgen konnte. Gegen Morgen träumte Frau Wilmot, über das in Aufruhr befindliche Meer geführt zu werden, wo sie einem schwarzen, niedrigen Schiff begegnete. Sie ging an Bord und suchte in den Kabinen bis zu jenen des Hinterdecks. Dort fand sie ihren Gatten und wunderte sich darüber, daß das über ihm befindliche Bett weiter zurückgeschoben war als sein eigenes. Es lag im oberen Bett ein Mann, der sie fixierte, so daß sie einen Augenblick schwankte, ob sie eintreten sollte. Dann aber ging sie vorwärts, beugte sich über ihren Mann, umarmte ihn und entfernte sich wieder. Wie sich später herausstellte, entsprach das Aussehen des im Traum geschauten Schiffes und der Kabine vollständig der Wirklichkeit. Es fragt sich also, ob hier nur ein Ferngesicht auftrat oder ob der reale Doppelgänger entsendet wurde. Um diese Frage zu entscheiden, müssen wir die korrespondierenden Vorgänge auf dem Schiff und die Wahrnehmungen der beiden Kabinenbewohner zur gleichen Stunde untersuchen. Herr Wilmot lag, wie erwähnt, zum erstenmal wieder gut schlafend, in seinem Bett. Gegen Morgen träumte er, seine Frau trete herein, zögere einen Augenblick beim Anblick des Schlafkameraden, komme dann aber auf ihn zu, umarme ihn und entferne sich wieder. Als er erwachte - und damit kommen wir auf den entscheidenden Punkt - sah er seinen Schlafkameraden William D., der mit aufgestützten Ellenbogen auf ihn herabsah. „Sie sind ein glücklicher Mann"', sagte William, „eine Dame zu haben, die in dieser Weise zu Ihnen kommt." Herr Willmont bat ihn, dies näher zu erklären und so erzählte William, was er wachend gesehen hatte und mit dem Traum Wilmots genau übereinstimmte. (Annales des Scienes psychiques. 1, 219 - 226).

Man könnte behaupten, Frau Wilmot habe einen Wahrtraum gehabt, den sie fernwirkend auf den schlafenden Gatten, und dieser auf den wachen William übertrug; aber das Zusammentreffen zweier ungewöhnlicher Vorgänge im gleichen Augenblick, ist höchst unwahrscheinlich. Fallen dagegen diese Annahmen als überflüssig hinweg, wird der Fall bedeutend einfacher, wenn wir annehmen, das Ferngesicht sei durch Exteriorisation des Doppelgängers geschehen, der genügend Verdichtung und Materialität hatte, um auf den Gesichtssinn des wachenden William zu wirken. In der Verwandtschaft des Verfassers ereignete sich ein bemerkenswerter Fall des unbewußten Astralaussendens. Ein einsam lebender älterer Herr sah sich eines Tages plötzlich zu seinem Entsetzen während seiner Arbeit seinem Doppelgänger gegenüber. Das Phantom stand vor ihm, sein getreues Spiegelbild, dasselbe Gesicht, Zug um Zug, nur jünger und frischer, dieselbe Haltung, dieselbe Kleidung. Starr und fast drohend sah es ihn an. Entsetzen lähmte ihm die Zunge, er vermochte nicht zu rufen und wankte rückwärts nach der Tür zu. Das Phantom folgte ihm auf Schritt und Tritt und trieb ihn so aus dem Haus hinaus und hinab in den Garten. Er mußte diesen Weg gehen. Wie gebannt unter einem mächtigen Willen, der nicht ein eigener, aber seinem inneren Wesen auch kein fremder war, hatte es ihn aus dem Haus getrieben. In der Mitte des Gartens angelangt, verschwand das Gespenst plötzlich vor seinen Augen. Er fühlte, daß er nun wieder seiner Stimme mächtig war und wollte rufen, aber er kam abermals nicht dazu, denn er wurde ohnmächtig und stürzte zu Boden. Als er erwachte, sah er sich vergebens nach seinem Haus um, an dessen Stelle starrte ihm ein Trümmerhaufen entgegen, es war zusammengestürzt. Allerdings hatte diese eigenartige Warnung des Astralmenschen eine schwere Krankheit für den Körper zur Folge, die der alte Herr jedoch glücklich überstand.

Es sei hier auch auf die sogenannten Hexenfahrten aufmerksam gemacht. Mag ihnen auch sehr oft Autosuggestion zu Grunde gelegen haben, so gibt es doch auch gut beglaubigte Fälle, in welchen diese Annahme nicht mehr zutrifft. Die stets verblendete Menschheit nahm bei solchen Vorkommnissen in vergangenen Zeiten die Mithilfe eines Teufels an, heute aber rümpft sie hochmütig die Nase und spricht in ihrem wissenschaftlichen Dünkel von *Aberglauben.* Immer beraubt sie sich jedoch durch ihre Ignoranz eines vorzüglichen Mittels zur Erleichterung der menschlichen Existenz.

Wie bei einer fortgeschritteneren Menschheit das Telefon durch die Telepathie ersetzt werden kann, so verhält es sich auch mit dem Astralleibaussenden in Bezug auf unsere gegenwärtigen Verkehrsmittel. Auto, Schiff und Eisenbahn wären nicht nötig, wenn wir es verstünden, bewußt und absichtlich den Astralleib an den Ort unserer Wünsche zu senden. Allerdings muß wohl zugestanden werden, daß für Menschen, denen ihr Körper der Abgott ist, eine Vergnügungsreise des Astrals, selbst wenn sie nach dem Erwachen alle Eindrücke auf das Genaueste empfinden würden, wenig Reiz haben dürfte. Das Streben des Chelas aber muß dahin gehen, sich von den Fesseln des

Fleisches zu lösen, um dadurch weiteren Inkarnationen auf diesem Planeten zu entgehen. Er wird mit Freuden die Gelegenheit des Astralaussendens begrüßen, um so seine geistigen Kräfte zu betätigen.

Wir werden nun im folgenden zeigen, durch welche Übungen man dieses Ziel erreichen kann. Der Schlüssel dazu liegt auch hier in der *konzentrierten Willenskraft.* Wer diese nicht in hohem Maße ausgebildet hat, wird keinen Erfolg haben. Eine gute Vorbereitung ist die nachstehende Übung. Man setze sich ans Fenster, das in der schönen Jahreszeit geöffnet sein kann. Die Übung soll zu einer Zeit vorgenommen werden, in der man durch den Straßenlärm nicht belästigt werden kann. Man sitze völlig starr und unbeweglich und auch die Muskeln müssen vollständig entspannt werden. Nun verfolge man aufmerksam die dahinziehenden Wolken oder man schaue unverwandt ins Blaue. Alle Gedanken müssen darauf konzentriert werden, daß man sich wünscht Flügel zu besitzen oder daß sich die Körperschwere plötzlich aufheben möge und man mit den Wolken dahinschweben kann. Diese Gedanken müssen so intensiv sein, daß sie im Verlauf der Übung zur treibenden Sehnsucht werden. Man muß seine Körperlichkeit vollständig vergessen. Wenn uns dann ein starker Schwindel befällt, ist es Zeit, die Übung zu beenden, die überhaupt nicht länger als 25 bis 30 Minuten dauern darf, aber so oft als möglich durchgeführt werden soll. Stark sensitiven Personen ist angeraten, sich irgendwo festzubinden, denn in dem durch diese Konzentration hervorgerufenen leichten somnambulen Zustand ist die Gefahr eines Sturzes nicht auszuschließen.

Bei schönem, wolkenlosem Wetter in der warmen Jahreszeit lege man sich zudem ins Gras, mit dem Kopf nach Norden und den Füßen nach Süden, und sehe starr und unverwandt in den blauen Himmel mit der Wunschkonzentration, aus dem Körper heraustreten zu können. Es ist gut, sich dabei die Ohren zu verstopfen und eine geschützte Stelle aufzusuchen, damit man in keiner Weise abgelenkt werden kann. Auch müssen die Muskeln in der bekannten Weise entspannt werden. Nach der Konzentration gehe man in den negativen Zustand über und verharre in ihm so lange wie nur möglich. Anschließend wird ohne Ablenkung Atem geholt und der negative Zustand erneut eingeleitet. Diese Übung kann nach Belieben ausgedehnt werden.

Bei schlechtem Wetter oder dort, wo die beiden einleitenden Übungen gar nicht oder nur im beschränkten Maße stattfinden können, kann man sich mit einem Spiegel, Kristall oder mit Wasser behelfen. Nach vorangegangener Wunschkraftübung sieht man unter vollster Anspannung aller Muskeln in den Gegenstand, den man sonst zum Hellsehen benützt, und konzentriert sich auf den Wunsch, den Astralkörper aussenden zu können. Dann wird der negative Zustand eingeleitet. Diese Übung kann 30 Minuten dauern. Man darf sich durch gar nichts ablenken lassen; das ganze Wünschen und Trachten muß nur darauf gerichtet sein, vom Körper loszukommen. Bei allen diesen Übungen soll rhythmisch geatmet werden.

Wir wissen, daß es solares und lunares Prana gibt. Durch ein einfaches Experiment können wir, zum Zweck der Erreichung größerer magnetischer Fähigkeiten und zur Lockerung des Astralkörpers eine größere Menge lunares Prana in uns aufzunehmen. Wir übertragen durch dieses Experiment die *magnetischen Kräfte des Mondes* auf uns.

In der Zeit während des zunehmenden Mondes bis zum Vollmond stelle man sich Nachts dem Mond gegenüber, richte mit ausgestreckten Armen die Handflächen und die Fingerspitzen gegen den Mond, und zwar so, daß man den Mond zwischen den beiden Händen hindurch sieht. In dieser Stellung verharre man so ruhig als möglich und sehe starr auf das Bild des Mondes. Wir müssen ruhig, unbewegt und empfänglich gestimmt sein. Nun suggeriere man folgende Vorstellung: „Ich ziehe jetzt die magnetischen Kräfte des Mondes an mich heran. Ich fühle seine Strahlen und empfinde, wie sie meinen ganzen Körper durchströmen; ich fühle mich leicht, wie gehoben, und alle irdische Schwere ist gewichen. Die Übung wird meinen Astralkörper lockern und die Kraft in mir erwecken, ihn durch meinen Willen aussenden zu können. Ich werde nun das Prana auf meinen

Körper leiten und dadurch sehr sensitiv und magnetisch werden und den psychischen Sinn in mir zur vollsten Wirksamkeit erwecken."

Nun balle man die Hände zusammen, kreuze die Arme etwas über der Stirn, die innere Handfläche der Stirn zugekehrt, öffne die Hände rasch und schnell, so daß die gespreizten Finger der Stirn gegenüber sind, und fahre nun langsam in einer Entfernung von nur zwei bis drei Zentimetern mit den Händen über das Gesicht, den Körper entlang herab, soweit es eben mit den gekreuzten Händen möglich ist. Es muß streng darauf geachtet werden, daß die rechte Hand die linke und die linke Hand die rechte Körperseite bestrahlt, daß also die Gegenpole in Wirksamkeit treten. Ungefähr in Kniehöhe werden die Hände wieder im weiten Bogen nach außen in die alte Stellung, die Handflächen dem Mond zugerichtet, zurückgeführt. Nun überläßt man sich aufs Neue dem vorerwähnten Gedankengang, um nach dessen Beendigung abermals die magnetische Strichmanipulation vorzunehmen. Das wiederholt man siebenmal. Die Striche müssen ganz langsam und ruhig geführt werden und das Gesicht muß dabei starr und unbeweglich dem Mond zugekehrt bleiben. Man kann auch hier wieder dengleichen Gedankengang aufrechterhalten. Wer nicht imstande ist, seine Gedanken vollständig und exakt auf seine Idee zu konzentrieren, daß auch nicht der leiseste Nebengedanke sich einschleichen kann, der kann die Worte auch leise vor sich hinsprechen. Wie bei allen okkulten Experimenten dieser Art ist Voraussetzung, daß der Experimentierende vollständig allein und unbelauscht ist. Dem Gesetze der odischen Strahlung entsprechend würde jeder Zuschauer die Wirkung dieses Experimentes zerstören und seine Gedankenschwingungen würden die Konzentration des Betreffenden beeinflussen.

Diese Übung soll an jedem wolkenfreien Abend während der zwei Wochen des zunehmenden Mondes durchgeführt werden. Sie wirkt besonders günstig, wenn man die Zeit benutzt, zu welcher der Mond die Scheitellinie noch nicht passiert hat, also noch im Osten steht. Das wird in den Vormitternachtsstunden nur einigemal der Fall sein, doch lasse man sich diese Gelegenheit nie entgehen. Wenn der Mond erst spät aufgeht, muß man eben eine Nachmitternachtstunde wählen. Nach diesem Experiment muß man sich unbedingt sofort zur Ruhe begeben und darf, auf dem Heimwege mit keinem Menschen sprechen und nur solchen Gedanken Raum geben, die sich mit dem Gelingen des Experimentes beschäftigen. Personen, die auf dem Lande wohnen, werden zu dieser Übung leichter Gelegenheit finden als der Städter; dieser muß eben den schwierigeren Verhältnissen Rechnung tragen und eine unbesuchte Stelle eines Gartens aufsuchen. Wohnt er aber in einer höheren Etage, so wird er in vielen Fällen wohl vom Fenster aus das Experiment durchführen müssen.

Man muß mit dieser Übung sehr vorsichtig sein; man darf sie nicht zu lange ausdehnen und auch nicht allzu oft vornehmen, damit keine Überladung mit lunarem Prana stattfindet. Übersensitivität wäre die Folge, und gleich einer zu straff gespannten Saite eines Musikinstrumentes würde sich der Experimentierende gewaltsam in Schwingungen versetzen, die ihn zu sehr dem irdischen Plan entziehen und Einflüssen aussetzen, deren Wirkungen verhängnisvoll werden könnten. Damit ist nicht gesagt, daß man es unterlassen soll, seine okkulten Fähigkeiten auf diese einfache Weise zur Entwicklung zu bringen; im Gegenteil, *diese* Art der Hervorrufung medialer Fähigkeiten und die Erweckung der psychischen Kräfte ist der natürliche Vorgang. Der Experimentierende darf nur den Gegenpol nicht vergessen, die solaren Kräfte der Sonne.

Wer zuviel lunares Prana aufgenommen hat, sei es durch das oben angegebene Experiment oder aber durch seine körperliche Disposition, der kann sehr leicht den nötigen Ausgleich durch experimentelle Überleitung von *solarem* Prana vornehmen. *Die experimentelle Aufnahme des solaren Pranas* geschieht am besten während der Vormittagsstunden, wenn die Sonne noch im Osten steht. Hat die Sonne den Mittagspunkt überschritten, so wirkt sie bereits schwächer, und je westlicher die Sonne steht, desto schwächer wird auch ihr pranischer Lebensstrom. Die Morgensonne ist ja auch für die Pflanzenwelt wohltätiger, was jeder Gärtner bestätigen wird. Auch bei dieser Übung gilt es als ein Haupterfordernis, daß sich der Experimentierende vor Überraschungen oder neugierigen Blicken schützt. Er darf von niemanden gesehen werden, sonst bleibt das Experiment wirkungslos.

An Tagen, die einen wolkenlosen Himmel zeigen, stelle man sich an einem einsamen Ort (wie erwähnt, am besten vormittags) der Sonne gegenüber. Man richte, wie bei der ersten Mondübung mit ausgestreckten Armen die Handflächen und Fingerspitzen gegen die Sonne, daß man die Sonne zwischen beiden Händen hindurch sehen kann. *Man hüte sich aber*, tatsächlich in die Sonne zu sehen, sondern schließe die Augen oder drücke die Lider so tief herunter, daß man nur noch einen leichten Schimmer des Sonnenballes sehen kann. Auch jetzt versuche man sich vollkommen ruhig zu stimmen und sich innerlich so aufnahmefähig wie möglich zu machen.

Der Gedankengang bei diesem Experiment ist folgender: „Ich werde jetzt das Sonnenprana an mich heranziehen; ich fühle, wie es meinen ganzen Körper durchdringt und mein Inneres bewegt. Ich fühle mich körperlich angeregt; meine physischen Kräfte wachsen und meine intellektuellen Fähigkeiten steigern sich. Das Prana der Sonne wird mich körperlich und geistig zu einem vollkommenen Menschen machen. Meine Energie wird zunehmen, mein wahres Selbstbewußtsein erwachen und meine Willenskraft wird sich entwickeln. Ich werde Leben, Gesundheit, Kraft, aber auch Harmonie und Liebe sein.

Dieser Gedankengang muß mit vollster Energie durchgeführt werden; auch nicht der leiseste Nebengedanke darf störend einwirken. Das Verlangen nach Kraft, Gesundheit, Stärkung des Intellekts und Steigerung der geistigen Fähigkeiten muß den Experimentierenden so vollständig durchdringen und beherrschen, daß für ihn sozusagen alle Welt herum versinkt - nur er und sein allmächtiges Verlangen dürfen existieren. Ein solcher Grad der Konzentration wird großartige Erfolge zeigen.

Ein in der Gedankenkonzentration weniger Geübter kann diese Worte leise flüstern; stets aber müssen die Gedanken eine solche Kraft entwickeln, daß ihre Rückwirkung in dem Übenden plastische Vorstellungen auslösen. Während der Konzentration muß der Übende soweit gelangen, daß er alle verlangten psychischen Zustände bei sich bereits *als realisiert empfindet*, er muß also plastisch denken. Nun ballt der Experimentierende, genau wie bei der Mondübung, die Hände zusammen, kreuzt sie über der Stirn, indem die Handfläche der Stirn zugekehrt ist, öffnet sie dann rasch und mit einer gewissen Energie und fährt langsam mit gespreizten Fingern in einer Entfernung von ungefähr zwei Zentimetern den Körper bis zu den Knien entlang, um dann wieder in weitem Bogen zurückzukehren und das Sonnenprana erneut anzuziehen. Auch bei der Übertragung auf den Körper muß der obige Gedankengang beibehalten werden.

Dieses Verfahren gleicht in seiner Technik völlig der Mondübung, nur darf die Übung im allgemeinen nicht länger als fünf Minuten dauern. Man muß es so einrichten, daß in dieser Zeit eine dreimalige Übertragung des Sonnenpranas stattfinden kann. Man kann sich danach sofort wieder den Tagesgeschäften widmen. Auch diese Übung darf nicht zu oft vorgenommen werden, dreimal wöchentlich ist ausreichend. Außerdem ist es günstig, täglich ein Glas Wasser zu magnetisieren mit dem konzentrierten Willen, daß man die Fähigkeit erlangt, seinen astralen Körper aussenden zu können und er außerhalb des grobstofflichen Körpers intelligente Wirkungen verrichten kann.

Eine tägliche Konzentrationsübung mit anschließendem Pranayam auf den Solarplexus und die Zirbeldrüse mit folgender Gedankensuggestion wird ebenfalls viel zum Erfolg beitragen. Man suggeriere sich: „Mein Astralkörper wird jetzt sehr stark und kräftig hervortreten und mit Leichtigkeit alles durchdringen können, was er nur will. Die Materie wird keinen Widerstand mehr leisten, sie wird sich im Gegenteil sehr stark lockern und gefügig werden, ohne daß ich jedoch an meiner Gesundheit Schaden erleide. Ich werde die Fähigkeit besitzen, meinen Astralkörper bewußt und absichtlich zu jeder Zeit an jeden beliebigen

Ort aussenden zu können, um ihn dort sichtbare Wirkungen auf die Materie ausüben zu lassen. Es gelingt mir auch, den von mir ausgesandten Astralleib anderen sichtbar zu machen."

Nachdem man diese Übungen eine Zeit lang durchgeführt hat, kann man eine weitere neue Übung aufnehmen, die sozusagen die Brücke zu dem eigentlichen Vorhaben bildet. Wir müssen langsam versuchen, uns durch die bloße Willenskraft kataleptisch zu machen. Das heißt, wir müssen unseren Körper bewußt und absichtlich steif und unbeweglich machen können. Ein dahin zielendes Pranayam leitet diese Übung ein. Wir legen uns bequem auf ein Sofa, ohne jedoch unsere Gedanken von unserem Vorhaben abweichen zu lassen. Nun entspannen wir alle Muskeln, konzentrieren uns auf den energischen Willen, die Glieder und alle Muskeln langsam erstarren zu lassen, ziehen dann den Atem ein und überlassen uns dem negativen Zustand, der einige Minuten dauern soll. Danach setzen wir unsere Einbildungskraft ein. Wir stellen uns vor, wie der Prozeß des scheinbaren Leblos-werdens bei den Fußspitzen beginnt, nach und nach die ganzen Beine ergreift und wie wir sie nur noch mit Mühe, später aber gar nicht mehr erheben können. Wir müssen uns dabei absolut unbeweglich und in vollster Entspannung halten, auch die Atemtätigkeit muß nach Möglichkeit beschränkt werden. Dann lassen wir nach und nach alle Muskeln des Körpers von dieser eingebildeten Lähmung ergreifen, bis wir uns vollständig unbeweglich fühlen.

Der Zustand der Bewegungslosigkeit wird nach einer größeren Anzahl solcher Übungen tatsächlich eintreten. Von unserem Willen hängt es dann ab, diesen Zustand sofort wieder aufzuheben, der sich übrigens nach kurzer Zeit wieder von selbst verlieren würde. Nachdem die Katalepsie mehrmals eingetreten ist, kann man mit dem eigentlichen Experiment beginnen. Wir wählen dazu wieder eine ruhige Morgen- oder Abendstunde. Wir müssen darauf achten, daß wir wenigstens zwei Stunden vorher nichts gegessen haben. Auch dürfen wir nur wenig oder leicht bekleidet sein. Nun richten wir einen Wecker, so daß er nach 40 Minuten läutet. Dann machen wir das Pranayam auf die Zirbeldrüse und Solarplexus mit dem Willen, daß es uns gelingt, den Astralkörper auszusenden und daß wir darüber die volle Erinnerung behalten. Nun verstopfen wir unsere Ohren und verbinden zusätzlich die Augen, legen uns auf ein Bett oder Sofa, entspannen alle Muskeln und führen die Katalepsie herbei. Dem folgt für einige Minuten eine scharfe Konzentration auf das Gelingen des Experimentes, der sich ein drei bis fünf Minuten langer negativer Zustand anschließt. Den negativen Zustand läßt man in folgende Vorstellung übergehen: Man steigt langsam aus seinem Körper heraus. Die Glieder lösen sich von den Gliedern, der Leib vom Leib und der Kopf vom Kopfe. Man sieht jetzt seinen Körper vor sich stehen. Ein herrliches Gefühl der vollsten Freiheit durchdringt uns, wir fühlen uns unendlich leicht und das Gesetz der Schwerkraft scheint aufgehoben zu sein. Auch der Raum bietet uns kein Hindernis mehr. Ein bloßer Willensakt befähigt uns, durch die Mauer oder durch ein geschlossenes Fenster hindurchzuschweben, hinaus ins Freie. Dort erheben wir uns bis zu den Wolken und immer höher und höher hinaus in den Raum, dem Mond, der Sonne und den Sternen entgegen.

Wenn wir soweit gekommen sind, wird wahrscheinlich die Uhr ertönen. Man muß es so einrichten, daß man noch zwanzig Minuten für die Vorstellung des Astralaustritts übrig hat. Dies ist gut möglich ist, wenn man für das Pranayam fünf Minuten, für das Ohrenverstopfen, Augenverbinden und Niederlegen zwei Minuten, dann für die Katalepsie sieben Minuten und je drei Minuten für die Konzentration und den negativen Zustand aufwendet. Für die nächste Übung soll man den Wecker auf 50, dann auf 55 und 60 Minuten stellen usw. bis zu 90 Minuten. Dieses Zeitmaß kann man dann beibehalten. Natürlich kann man dann auch die Zeit für die einleitenden Manipulation etwas erhöhen.

Es bleibt dem Ermessen des Einzelnen überlassen zu entscheiden, wann er zur nächsten Übung übergeht. Keinesfalls aber darf man den Übergang zu früh zu machen. Fühlt man sich bereits befähigt, so ändere man das Experiment in folgender Weise ab. Man läßt seinen

Astral im Zimmer und dann im Hause umherwandern. Dabei soll man sich aber ganz materiell fühlen, und zwar so, daß man die Türen öffnet statt hindurchzuschweben und auf dem Boden geht, gleich als ob man durch die körperliche Schwere dazu gezwungen wäre. Die Hauptsache jedoch besteht darin, daß man nie mit dem körperlichen Bewußtsein seinen Astral handeln sieht, sondern daß wir mit dem inneren Bewußtsein alles begreifen und unseren Körper vor uns liegen sehen.

Wir versuchen nun eine bestimmte Handlung auszuführen, z.B. aus dem nächstgelegenen Zimmer ein Buch zu holen. Dieser Versuch wird so oft gemacht, bis wir eines Tages nach dem Erwachen aus der Katalepsie durch die tatsächliche Ausführung überrascht werden und das Buch neben uns liegen haben. Das nächste Mal wählen wir eine Arbeit, die etwas schwieriger ist.

Haben wir es auf diese Art zu einer gewissen Meisterschaft gebracht, können wir eine kleine Reise versuchen; z.B. zu einem Bekannten, von dem wir sicher wissen, daß er sich zu dieser Zeit zu Hause befindet. Wir beobachten auf dem Weg zu ihm, wenn wir ihn wirklich besuchen, alles ganz genau. Während oder nach unserer Astralreise muß uns das durch die Morgen- oder Abendstunde veränderte Straßenbild vollständig bewußt werden. Wir versuchen vorerst, aus der Wohnung unseres Freundes einen leichten Gegenstand zu nehmen und ihn zu uns zu bringen. Diese Übung wird so oft wiederholt, bis es uns tatsächlich gelingt. Später vervollständigen wir dieses Experiment dadurch, daß wir uns Mühe geben, uns dem Freund zu zeigen. Willenskraft ist hier, wie bei allen okkulten Experimenten, der Hebel zum Ziel!

Wir berühren unseren Freund und haben den festen Willen, daß er diese Berührung empfindet, das ist der Anfang. Wenn uns dieser Versuch gelungen ist, so sind wir mit der Aufwendung unserer ganzen Energie eines Tages imstande, uns sichtbar zu machen. Der dahin zielende Wille muß natürlich schon vorher in dem Pranayam zum Ausdruck gelangen.

Wer solche Resultate aufzuweisen hat, dem bietet der Raum kein Hindernis mehr. Der entsendet seinen Astralleib in wenigen Minuten nach den entferntesten Ländern. Dem können wir in dieser Hinsicht nichts mehr sagen, denn er wird auch ohne uns diese großartige Fähigkeit in entsprechender Weise anzuwenden wissen. Wer einmal bis hierher gekommen ist, der hat bewiesen, daß er von der Meisterschaft nicht mehr weit entfernt ist, daß er die Haupttugend, die einst von ihm gefordert wurde, die *Geduld,* im vollstem Maße besitzt und daß sein *Wille eine Macht* geworden ist. Er kann es nun wagen, seinen *Astralkörper* bewußt in feinstoffliche Ebenen, in das *Astralmeer* zu senden.

Dieses Eintauchen in das Astralmeer kann auf dieselbe Weise bewerkstelligt werden. Es muß nur während des Pranayams und der nachfolgenden Konzentration der feste Wille darauf gerichtet werden, daß man die grobstoffliche Ebene vermeiden und nur Eindrücke aus der Astralwelt empfangen will. Man löst sich auf die bekannte Art vom stofflichen Körper. Sobald man denselben in Katalepsie neben sich liegen sieht, läßt man sich von der Vorstellung eines ungeheuer großen Trichters ergreifen, eine eigentümliche wirbelnde Bewegung in diesem Trichter zieht uns an, ergreift uns und wirbelt uns der engen Mündung zu. Was weiter folgt, gehört dem astralen Empfinden an. Wir werden durch die enge Mündung hindurchgerissen und befinden uns in Vorstellungswelten, deren Eindrücke uns nach dem Erwachen nicht immer vollständig klar erscheinen werden, da sie anderen, uns nicht begreiflichen Ebenen entstammen.

Es ist nicht unbedingt nötig, daß der Neophyt dieses Experiment durchführt. Er sei im Gegenteil sogar davor gewarnt! Selbst ganz mutige, willenskräftige Personen befinden sich bei diesem Experiment jederzeit in Gefahr, und nur die vollste Reinheit des Gemütes sowie die Kenntnis und Benutzung tattwischer Kräfte, die im nächsten

Abschnitt behandelt werden, können einigermaßen Schutz gewähren. Es angeraten, bei diesem Experiment die Hilfe eines hochstehenden geistigen Führers abzuwarten. Und dieser Führer wartet bereits auf den Neophyten, wenn er sich nicht bereits bei früheren Übungen mit ihm verbunden hat.

Das mächtige Sehnen nach einer geistigen Führung, verbunden mit einer zielgerichteten Konzentrationen und einem täglichen Pranayam, das sich in der Bitte um einen Führer konzentriert, ebenso der abendliche Monoideismus, werden sehr bald Umstände herbeiführen, die eine Verbindung des Chelas mit seinem Guru zur Folge haben.

16. Die Tattwas

Wenn der Leser die Lehren dieses Buches vollständig durchgearbeitet hat, wird er sich jetzt auf einer so hohen ethischen Stufe befinden, daß ihm ohne alle Gefahr der letzte Schlüssel zur Entwicklung seiner Kräfte, die *Tattwas,* in die Hand gegeben werden kann. Er wird sich wohl zu keinem Mißbrauch dieser höchsten Kräfte verleiten lassen, denn er weiß, daß derjenige, der noch in den Schleier der Maya eingehüllt ist, der sich vom Leben noch zu sehr gefangen nehmen läßt, dem noch Selbstsucht, Leidenschaften, Wünsche, Ehrgeiz usw. im Herzen wohnen, das höchste Ziel der Kräfteentwicklung nicht erreichen kann, ohne daß die Fackel des ewigen Lichtes der Wahrheit in seinen Händen zum furchtbaren Brand wird, der ihn und alle, die mit ihm in Berührung kommen, ergreift und vernichtet.

Es kommt vor, daß ein Nichtberufener sich ab und zu selbst die Öffnung des geheimnisvollen Tores erzwingt. Ein solcher Frevler greift störend in die harmonischen Gesetze ein; er wird zum schwarzen Magier, schafft Leid und Unheil wo er hintritt, bis er endlich seinem von ihm selbst geschaffenen Verhängnis zum Opfer fallen muß. Wer sich aber gleichzeitig mit der Entwicklung seiner Kräfte ethisch hoch gearbeitet hat und es gelingt ihm, das Prana und mit ihm die Tattwas zu beherrschen, der hat sich auch zum Herrn seines Geschickes gemacht, für ihn gibt es keine Krankheit, kein Altern, keinen Kummer, keine Sorge; das Leid der Erde ist für ihn entschwunden. Kein Feind hat Macht über ihn; nichts bleibt ihm verborgen. Wer das Prana und das Tattwa erkannt hat, hat alles erkannt, und die geheimsten Beziehungen der Natur werden ihm offenbar.

Wer das Tattwa beherrscht, hat sein inneres Auge wirklich sehend gemacht; er hat jenen Sinn erweckt, durch dessen Vermittlung allein erst die feineren Zusammenhänge im Universum begriffen werden können. Was bedeutet ihm ein todbringendes Gift? Er bringt ein gegenwirkendes Tattwa in seinem Organismus in Lauf, und das Gift bleibt wirkungslos. Er fürchtet sich nicht vor Epidemien, denn für ihn gibt es keine Ansteckung; mitten unter Choleraerkrankten, unter Pestkranken kann er verweilen, ohne von diesen Seuchen ergriffen zu werden, Prana und Tattwa schützen ihn, denn er hat sich zum Herrn über sie erhoben. Er wird sich nie einer Enttäuschung aussetzen, denn er ist befähigt, in der Seele seiner Mitmenschen wie in einem offenen Buch zu lesen. Was bedeutet für ihn Armut? Die Kraft seiner Konzentration, geleitet von dem richtigen Tattwa, wird ihm stets das zuführen, was er benötigt. Er kennt auch die Zukunft. Kein Unfall kann ihn treffen, denn er ist gerüstet.

Und wie er sich selbst zu schützen vermag vor allen leidvollen Angriffen des Lebens, so hat er es auch in seiner Macht, seinen Mitmenschen zu helfen. Er kann Krankheiten heilen, Wunden schließen, Leiden der Seele und des Körpers mildern. Freilich nur dann, wenn seine eigene Seele gesund ist. Wenn er im Einklang steht mit der Harmonie des Allseins. Dann wird seine Macht ihm und anderen zum Segen gereichen, dann wird er das Empfangene im Sinne seines Gebers verwerten und eines der kraftvollsten Glieder in jener Kette werden, die bestimmt ist, die Menschheit immer höher und höher zu ziehen in seelische, unendlich glückliche Zustände, die sich unserem Begriffsvermögen entziehen und sogar von den Reinen in Stunden der Erleuchtung nur ahnungsweise empfunden werden können.

Nach der indischen Philosophie besteht das Universum aus den zwei Grundprinzipien Prana und Akasha. *Prana* ist die höchste, gestaltende und verkörpernde Kraft des Universums, die absolute Energie. *Akasha* ist eine Modifikation des Prana. Akasha kann als das allgegenwärtige, alles durchdringende Dasein aufgefaßt werden. Was Form und Gestaltung hat, mußte sich aus Akasha entwickeln. Alle Himmelskörper, die Luft und die Flüssigkeit, alle festen Stoffe, alle Lebewesen verdanken ihr Dasein dem großen Bildner Akasha.

Durch die pranische Einwirkung wird Akasha zur Materie. Stellen wir uns das Universum als einen unendlichen Ozean von Äther vor, allerdings nicht im Sinn unseres stofflichen Äthers, sondern als verdichtetes

Akasha, und denken wir uns das Akasha durch die pranische Beeinflussung in verschiedene Schwingungen versetzt, so haben wir die Erklärung für die verschiedenen Zustandsformen der Materie. Dieser Prozeß verursacht die Existenz verschiedener Abstufungen einer feinstofflichen und einer grobstofflichen Existenz der Substanz. Die pranische Einwirkung verursacht eine Spaltung des Akasha in weitere Modifikationen, die fünf *Tattwas.* Diese fünf Zustände heißen:

Akasha, das Äther-Prinzip,
Vayu, das luftige Prinzip,
Tejas, das Prinzip der Hitze und des Lichtes,
Prithivi, das erdige Prinzip,
Apas, das wässerige Prinzip.

Es sei hier darauf aufmerksam gemacht, daß wir es bei den verschiedenen Tattwas nur mit philosophischen Prinzipien zu tun haben, die sich nur auf Grund eines geistigen Eindringens in die Ursachen des Weltganzen erkennen lassen. Wenn auch das Universum aus diesen fünf Tattwas entstanden ist und diese als die materielle Ursache der Welt anzusehen sind, so ist es doch nicht ganz richtig, z.B. das Vayu-Tattwa mit der Luft zu identifizieren, obwohl die Luft der materiellen Äußerung des Vayu-Tattwa, die Erde dem Prithivi-Tattwa und das Wasser dem Apas-Tattwa einigermaßen entspricht. Das betreffende Tattwa als Prinzip könnte man als die Seele dieser Elemente auffassen.

Tatsächlich kommen uns die feineren Schwingungen dieser Äthermodifikationen nicht zum Bewußtsein. Obwohl Akasha das Gehör vermittelt, Vayu das Gefühl, Tejas das Licht, Prithivi den Geruch und Apas den Geschmack, so würden wir deren feine Eindrücke nicht wahrnehmen, wenn sie uns nicht durch verschiedene Medien, also gröbere Stofformen, vermittelt würden. Tejas, der Lichtäther, durchdringt z.B. bekanntlich alles, auch die finstersten Räume. Warum sehen wir aber in einem finsteren Raume nichts? Außerhalb des finsteren Raumes bringt der Lichtäther unter dem Einfluß der Sonne die Atome der Luft in sichtbare Schwingung. Der innerhalb des Dunkelraumes eingeschlossene Lichtäther besitzet kein vermittelndes Medium; die einschließende Mauer kann nicht in die gleiche Vibration der durch das Sonnenprana beeinflußten Luftatome gebracht werden, und es ist für unser grobes Wahrnehmungsvermögen finster.

Der auch im finsteren Raum vorhandene Lichtäther, das Tejas-Tattwa oder, um bei unserem Vergleich zu bleiben, dieses Tattwa als Seele, ist unter gewöhnlichen Verhältnissen nicht wahrnehmbar. Erst durch den Hinzutritt einer gröberen Schwingungsform, eines Mediums, das durch unsere Sinne wahrgenommen wird, kann das Tejas-Tattwa als Licht für uns in Erscheinung treten. Und so verhält es sich bei allen Tattwas, beim Schall-, Gefühl-, Geschmack- und Geruchsäther. Die Vibrationen der verschiedenen Tattwas manifestieren sich in entsprechenden Formen, gemäß ihrer Natur, Bewegung und Äußerung auf den inneren Sinn. In der folgenden Tabelle sind diese Eigenschaften zusammengestellt.

Die fünf Tattwas in ihrem Zusammenspiel sind das Wesen des ganzen Universums. Obwohl immer gleichzeitig vorhanden und allgegenwärtig, gibt doch immer eines von ihnen für eine gewisse Zeit den Grundton an. Wir sagen dann, das Universum schwingt in dem betreffenden Tattwa.

Innerhalb von zwei Stunden, gerechnet vom Sonnenaufgang an, hält jedes Tattwa der Reihe nach 24 Minuten den Grundton. Gesetzt den Fall, es wäre der Sonnenaufgang um 6 Uhr 24 Minuten früh. Dann würde sofort Akasha auftreten und durch 24 Minuten als dominierender Grundton schwingen; von 6 Uhr 48 Minuten würde Vayu, von 7 Uhr 12 Minuten Tejas, von 7 Uhr 36 Minuten Prithivi und von 8 Uhr ab Apas In die Reihe treten.

Der Wechsel vollzieht sich im ganzen Universum, wie im Makrokosmos, so auch im Mikrokosmos. Auch in uns macht sich alle 24 Minuten ein anderes tattwisches Prinzip geltend. Es würde zu weit gehen, wollten wir eine Begründung dieser wichtigsten Tatsache der

Die Tattwas und ihre Eigenschaften

	Akasha	Vayu	Tejas	Prithvi	Apas
Prinzipien	**Äther**	**Luft**	**Feuer**	**Erde**	**Wasser**
Form	einem Ohr ähnlich	sphärisch	Dreieck	quadratisch	mondförmig
Bewegung	nach allen Seiten	schräg	nach aufwärts	in der Mitte	nach abwärts
Ton	mittel	sehr hoch	hoch	sehr hoch	tief
Natur	-	kühl	heiß	warm	kalt
Geschmack	bitter	sauer	hitzig scharf	süß	zusammen-ziehend
Farbe	schwarz/ farblos	blau bis grün	rot	gelb	weiß
Geruch	-	säuerlich scharf	beißend	süßlich	zusammen-ziehend
Sekundäre Eigenschaft	der Raum	die Bewegung	die Aus-dehnung	die Kohäsion	die Zusam-menziehung
Atem	wenig fühlbar	8 Finger breit	4 Finger breit	12 Finger breit	16 Finger breit
Sinne	Gehör	Gefühl/ Sprache	Gesicht	Geruch	Geschmack
Richtung	Mitte	Nord	Süd	West	Ost
Symbol	H Ham	P Pam	R Ram	L Lam	V Vam
Planet	♄ ☋	☿	☉ ♂	☋ ♃	☽ ♀

östlichen Philosophie vorlegen. Wir machen einfach den Vorschlag, sich selbst davon zu überzeugen.

Der Leser suche einen einsamen Ort auf, setze sich, das Gesicht gegen Osten gewendet, vor einen Tisch, stütze den Kopf in beide Hände, verschließe mit den Daumen die Ohren, mit den Zeigefingern die Augen, mit den Mittelfingern die Nasenlöcher und mit den Ringfingern und kleinen Fingern den Mund. Die Augen müssen gut geschlossen sein und der Atem muß einige Sekunden angehalten werden. Man wird dann langsam, trotz der verschlossenen Augen, aus dem anfänglichen Dunkel heraus sich eine der fünf Tattwafarben entwickeln sehen.

Man mache dasselbe Experiment zu einer späteren Zeit, etwa nach einer Stunde, nochmals, und es wird sich eine andere Farbe zeigen. Zu verschiedenen Zeiten des Tages werden wir auch verschiedene Farben sehen, die anfänglich, solange das innere Schauen noch ungeübt ist, etwas getrübt auftreten, dann aber immer reiner und feuriger erscheinen werden. Jede dieser Farben, die wir da zu sehen bekommen, entspricht dem betreffenden Tattwa, das gegenwärtig in uns den Grundton hat. Und jetzt achte man auf die eigene Gemütsstimmungen und Neigungen, und man wird erkennen, daß dieselben mit der Natur des betreffenden Tattwas übereinstimmen.

Wer in *Tejas* schwingt, also wenn sich die rote Farbe zeigt, wird bei sorgsamer Prüfung empfinden, daß er sich in einem ziemlich positiven Zustand befindet. Wenn er sich bereits in einen höheren Entwicklungszustand emporgearbeitet hat, so wird ihm dieses Tattwa eine größere Energie verleihen, es wird ihn zu erhöhter Tätigkeit anregen und zu einer größeren Produktion seiner Kräfte; er wird unter Umständen sogar geneigt sein, in dieser Beziehung zu übertreiben. Seine Ausdrucksweise wird bestimmter sein und eine gewisse Schärfe erhalten und die Lust zum Widerspruch, zum geistigen Kampf, zum Wettbewerb der intellektuellen Kräfte wird erwachen und nur mit Mühe in den Grenzen zu halten sein, und wer zu anderen Zeiten noch so sanft ist und sich zu beherrschen vermag, wird zur Zeit dieses Tattwas in den Zustand einer größeren Selbstbehauptung treten.

Der noch materiell und elementar Eingestellte aber hat sich vor diesem Tattwa besonders zu hüten, es wird in ihm eine starke Neigung zu aggressivem Vorgehen, Streitlust, Zorn, Eifersucht usw. erregen. Während der Herrschaft des Tejas-Tattwa geschehen die meisten Zornestaten, und jeder Streit, den man in dieser Zeit austrägt, wird böse Dimensionen annehmen, denn Tejas birgt Kampf und Streit in sich. So gefährlich dieses Tattwa für den Menschen sein kann, so hat es dennoch, wie alles in der Welt, seinen segensreichen Aspekt, denn Tejas beeinflußt infolge seiner Ausdehnungsfähigkeit auch das Prinzip des Schaffens und des Werdens. Es ist eine treibende Kraft zum Formen und Erhalten, wir sehen daher dieses Tattwa auch den Schwingungen der Sonne und des Mars zugeordnet. Freiheit, Fleiß, Arbeit und große Handlungen entspringen ihm.

Das Tejasprinzip ist heiß. Wer also in Tejas schwingt, der produziert während dieser Zeit eine erhöhte Körperwärme. Das kann jeder Mensch nachprüfen, sobald er erst die Fähigkeit des innerlichen Tattwaschauens erlangt hat. Er wird dann auch finden, daß er zur Tejaszeit ein größeres Verlangen nach positiv schwingenden, scharf schmeckenden Nahrungsmitteln hat. Zu dieser Zeit ist das Verlangen nach Freiheit, Licht und Klarheit groß, sogar das physische Auge funktioniert besser.

Jeder Heilmagnetiseur sollte darauf achten, wenn er negative Krankheitserscheinungen zu bekämpfen hat, dieses Tattwa zu benutzen. Auch die Astrologen tun gut daran, dem herrschenden Universaltattwa im Geburtsaugenblick Rechnung zu tragen. Wenn Tejas zur Geburt schwingt, wird der betreffende Mensch trotz der besten Gestirnkonstellationen im Grunde seines Wesens die Einflüsse dieses Tattwas zu bekämpfen haben. Darum heißt es in der indischen Philosophie, daß ein Astrologe ohne Kenntnis dieser Wahrheiten minderwertig sei.

Die Tattwas haben auf alle Handlungen des menschlichen Lebens einen bestimmten Einfluß. Eine Ehe, während der Tejaszeit geschlossen, wird immer kämpferisch sein und beide Teile werden beständig nach der Oberherrschaft in der Familie ringen. Hitzige Krankheiten, die während dieses Tattwas beginnen oder deren Krise in dasselbe fällt, werden unheilvoll enden, dagegen wird jede negative Krankheit innerhalb dieses Tattwas eine Wendung zum Besseren nehmen.

Wer einen militärischen Beruf, ein Amt bei Behörden (aber kein Richteramt) oder einen Beruf, der mit Feuer oder Eisen zu tun hat, während des Tejas-Tattwa antritt, wird Erfolg haben. Wer zur Tejaszeit auf Reisen geht, soll sich vor Streit, Unannehmlichkeiten und Unfällen hüten. Wer während des Tejas-Tattwa kalt badet, wird sich niemals erkälten. Unglücksfälle aber, die der Natur dieses Tattwas entsprechen, haben immer eine verhängnisvolle Tragweite. Jedes Eisenbahnunglück während Tejas ist grauenvoll, ebenso alle Explosionen, und ein Brand, der zu dieser Zeit beginnt, wird stets große Dimensionen annehmen. Es ist hier unmöglich, alle Wechselfälle des menschlichen Daseins anzuführen, wie sie von den verschiedenen Tattwas beeinflußt werden. Wer die Natur der Tattwas aus der angegebenen Tafel sorgfältig studiert hat, wird sich bald des jeweiligen Einflusses klar werden.

Wer das *Prithivi-Tattwa* bei sich feststellt, wird sich meist sehr gesund fühlen und eine gewisse Behaglichkeit empfinden. In dieser Zeit wird jeder Mensch angeregt zum Genuß, daher ist es gut, während des Prithivi-Tattwas seine Mahlzeiten einzunehmen. Prithivi ist das Tattwa der Lebenslust, der Freude, aber auch der Gerechtigkeit, Menschlichkeit, der Universalliebe. Die Lebenslust dieses Tattwa kann je nach dem Entwicklungstand der betreffenden Person verschiedene Formen annehmen. Der Höherstehende empfindet zu dieser Zeit erhabene Freuden an der Herrlichkeit der Natur, an großen Menschenwerken, an künstlerischen Schöpfungen. Die Liebe zum Leben äußert sich hier in einem der günstigsten Aspekte und zeigt sich als Wohlwollen, Mitleid, Hilfsbereitschaft, Güte und ehrliche Gesinnung. Die gröbere Form dieses Tattwas bei Tieferstehenden äußert sich in einer starken Genußsucht und in dem Verlangen nach irdischen Freuden; aber selbst solche Leute werden sich dem günstigen Einfluß dieses Tattwas nicht so ganz entziehen können, denn in ihrem ungestümen Lebensdrang wird der Egoismus keine allzugroße Rolle spielen, auch sie werden sich zu guten Handlungen gedrängt fühlen. Am besten drückt sich der Einfluß dieses Tattwas in dem alten Volksspruch aus: *leben und leben lassen.*

Prithivi ist also das Prinzip des Lebens, es vertritt die Kohäsion, und darum macht es das Bewußtsein der Zusammengehörigkeit lebendiger. Es ist selten, daß wirklich böse Handlungen während dieser Schwingungen ausgeführt werden, dagegen kann man Handlungen der Humanität, der Geselligkeit und der Ordnung wahrnehmen. Prithivi ist konservativ, auf die Erhaltung des Bestehenden bedacht. Es ist auch das Tattwa des Gesetzes. Der Richter, der sein Urteil während des Prithivi-Tattwas fällt, wird gerecht urteilen. Prithivi ist aber auch das Tattwa der Verehrung, der Frömmigkeit und des Gebetes. Man bete, einerlei zu welchem Gegenstand frommer Verehrung, während des Prithivi-Tattwas und man wird eine wundersame Stärkung erfahren. Es liegt kein Widerspruch in der doppelten Beeinflussung dieses Tattwas, ihre beiden Aspekte liegen in einer Linie. Prithivi vertritt den gesunden Optimismus, den praktischen Idealismus. Dieses Tattwa ist frei von Furcht, Haß, Neid und Leidenschaften aller Art, es führt nur den Tiefstehenden zum Übermaß in der Lebensbejahung. Was in Prithivi begonnen wird, ist glückbringend und dauerhaft; es wirkt ausgleichend, beharrend, vereinigend und erhaltend und ist besonders für den körperlichen Menschen vorteilhaft, denn sein Einfluß ist gleich dem des Jupiter, der bekanntlich nach astrologischer Lehre für den Menschen das *große Glück* bedeutet.

Ehen in der Prithivi-Zeit geschlossen, sind meist sehr glücklich. Eine Krankheit, die in Prithivi einsetzt oder in Prithivi ihre Krise hat, wird ungefährlich oder bald beendet sein, und wer eine Kur während dieses

Tattwas beginnt, wird bestimmt genesen. Ein Vortrag, eine gesellige Vereinigung, eine Feier, die zu diesem Tattwa begonnen wurden, werden harmonisch und schön verlaufen. Wer gezwungen ist, sein Recht auf gerichtlichem Wege zu suchen, der unternehme die notwendigen Schritte während dieses Tattwas. Er wird gerechte Richter und seine Sache gut vertretende Anwälte finden.

Wer eine Freundschaft zu schließen beabsichtigt, vollziehe diesen Akt, während Prithivi schwingt. Die Freundschaft wird dauerhaft und gegenseitig befriedigend sein und zwischen beiden Personen wird sich eine unzerstörbare Treue bilden. Prithivi ist auch das Tattwa der Kinder- und Elternliebe. Ein Kind, das während des Universal-Pnthivi-Tattwas geboren ist, wird seine Eltern sehr lieben. Haben die Eltern gleichzeitig Prithivi als persönliches Tattwa, so wird zwischen Eltern und Kind, und umgekehrt, ein inniges Seelenband geflochten sein, das sich in der aufopferungsvollsten und hingebungsvollsten Liebe zeigt. Es sei erwähnt, daß Prithivi den Körper erwärmt, daß sich während dieses Tattwas ein süßlicher Geschmack einstellt, eine Vorliebe für wohlschmeckende, süßliche Speisen und für Obst und daß das Geruchsvermögen innerhalb des Prithivi-Tattwas eine bedeutende Steigerung erfährt.

Das *Apas-Tattwa* ist der Gegensatz zum Tejas-Tattwa. Wer imstande ist, bei einer hitzigen Krankheit das Apas-Tattwa einzuleiten und dauernd festzuhalten, der wird dadurch seine Krankheit besiegen können. Alle Lebensverhältnisse, die der Natur des Tejas-Tattwa entsprechen, haben im Apas-Tattwa ihre Gegnerschaft. So wird ein Streit, der während dieses Tattwas ausbricht, niemals große Folgen haben, keinen ernsten Charakter annehmen und stets eine rasche Versöhnung herbeiführen. Ein Feuer, das während Apas entsteht, wird keine großen Dimensionen annehmen und keinen Schaden verursachen, denn es wird meist schon am Anfang gelöscht werden können. Ein Blitzstrahl während des Apas-Tattwa wird selten zünden. Dem Apas-Tattwa wird das Wasser zugeschrieben. Die Erfahrung bestätigt tatsächlich, daß ein Regen, der zu dieser Zeit beginnt, lange anhält.

Zeigen sich zur Apas-Zeit am Osthorizont große Wolken, so werden sich diese sehr rasch zusammenziehen und eine andauernde Regenzeit verursachen. Auch starke Schneefälle unterliegen diesem Tattwa. Apas zeigt sich, wenn man die Augen schließt, in einem grauweißen Ton, der je nach der Entwicklungsstufe und der Grundnatur des betreffenden Individuums gewisse Modifikationen annimmt, so daß er auch als ein schmutziges Grau, als gelblichweiß, graublauweiß oder als ein schmutziges grünlichweiß auftritt. Nur gut entwickelten Personen gelingt es, dieses Tattwa als ein reineres Weiß zu sehen.

Apas ist ein gutes Reise-Tattwa. Besonders Seereisen sollten nur zu dieser Zeit angetreten werden. Die Mitherrschaft des Mondes bewirkt für alle Wasserfahrten einen günstigen Ausgang. Das Apas-Tattwa wirkt zusammenziehend, konzentrierend. Dieses Prinzip kann sich in allen Lebenslagen geltend machen. Nichts ist günstiger, als zu dieser Zeit geschäftliche Unternehmungen zu beginnen, Gelder anzulegen oder Spekulationen durchzuführen. Wir haben hier das Tattwa des Wohlstandes, Reichtums und der Üppigkeit vor uns. Deses Tattwa besitzt durch den Mondeinfluß bedingt, eine gewisse Beweglichkeit. Diese Beweglichkeit wird aber stets zum Mittelpunkt hinführen, also von außen nach innen. Das Geld strömt herbei, wenn man Unternehmen während dieses Tattwas beginnt, es wird wie magnetisch angezogen, um dauernd beim Besitzer zu bleiben und sich anzuhäufen. Wer bei Spielen oder Glücksspielen das Apas-Tattwa in sich zu erzeugen und festzuhalten vermag, wird sicher gewinnen.

Sehr günstig ist es, während Apas schwingt, Kleider oder Schmuck einzukaufen, wie ja überhaupt dieses Tattwa für Handel und alle Geschäfte nützlich ist. Während Apas eingekaufte Kleider sind gut und dauerhaft, nur muß man einen solchen Tag wählen, an welchem die Mondstellung günstig ist. Für Schmuck und Kleider ist es vorteilhaft, wenn sich der Mond im Tierkreiszeichen Stier, Löwe oder Waage befindet, bei Fußbekleidung soll der Mond im Zeichen Steinbock oder Wassermann stehen. Das ist durch den planetarischen Einfluß begründet und auch hier zeigt sich uns die Astrologie im innigsten Zusammenhang mit den tattwischen Prinzipien des Universums. Stier und Waage sind nämlich nach astrologischer Lehre die Zeichen der Venus, während der Löwe das Zeichen der Sonne ist, Venus und Sonne aber beeinflussen Kleider und Schmuck, Steinbock und Wassermann sind die Zeichen des Saturn; dieser Planet gilt nach astrologischer Lehre als beeinflussend für alle Gewerbe, die mit Leder und Schuhwerk zu tun haben.

Apas, das Tattwa der Zusammenziehung, der Konzentration, hat ebenfalls einen doppelten Aspekt. Es wirkt für den Tiefstehenden als Egoismus, als Habgier, oder aber es regt zum übermäßigen, zügellosen Lebensgenuß an, denn es regiert die Freuden dieser Welt. Den Höherentwickelten aber führt dieses Tattwa zu einer ernsten Selbstbesinnung, zu einem geistigen Insichselbstversenken und wirksamem Verarbeiten gesammelter Eindrücke. Dieses Tattwa ist besonders für Künstler sehr günstig, es öffnet die Intuition und weckt in hohem Grad das künstlerische Empfinden.

Apas ist das Tattwa der sexuellen Liebe und regiert die Empfängnis und den Mutterleib. Eine Frau, die während des Apas-Tattwa empfängt, wird eine beschwerdelose Schwangerschaft haben und leicht gebären. Wenn einerseits das Apas-Tattwa bei der Empfängnis für die Schwangerschaftsperiode der Mutter günstig ist, so ist das Prithivi-Tattwa zur Zeit der Empfängnis für das Ungeborene vorteilhafter. Beide Tattwas beeinflussen das Liebesleben. Auch Prithivi wird der Mutter wenig Beschwerden bereiten. In Apas gezeugte Kinder dagegen sind intellektuell entwickelungsfähiger. Eine Empfängnis zur Tejas-Zeit ist für die Mutter ungünstig und bringt eine beschwerliche Zeit. Empfängnisse während des Vaju-Tattwa zeigen oft einen Abortus. Sehr ungünstig für Mutter und Kind ist die Empfängnis während des Akasha-Tattwas. Allerdings werden in diesem Tattwa sehr wenig Kinder empfangen, denn Akasha ist ein lebenverhinderndes Tattwa und gar nicht geeignet, sexuelles Verlangen zu erregen.

Das Apas-Tattwa erregt sehr stark alle Geschmacksempfindungen und wirkt verschärfend auf den Geschmackssinn. Während dieser Zeit wird sich besonderes Verlangen nach Speisen zeigen, die den Gaumen reizen. Auch soll man kein Fest zur Apas-Zeit beginnen, denn dasselbe wird als eine Völlerei enden. Im allgemeinen aber wirkt dieses Tattwa sehr günstig auf den Menschen. Es führt zu Friede, Freude, Heiterkeit, Fröhlichkeit, Spiel, Tanz und Vergnügungen aller Art. Es regt die geistige und intellektuelle Entwicklung an und macht den Sinn ungemein aufnahmefähig für Schönheit und Kunst. Sein günstiger Aspekt wirkt veredelnd und aufbauend und ist für das einzelne Individuum im Sinne eines höheren Egoismus ein günstiger Entwicklungsfaktor. Die tiefere Seite dieses Tattwa zeigt natürlich den Egoismus des nur für sich lebenden Ichmenschen.

Wir kommen nun zu einem tattwischen Prinzip, das dem Prithivi und Apas-Tattwa ganz und gar entgegengesetzt ist. Das *Akasha-Tattwa* ist für alles Körperliche das Prinzip der Vernichtung und Zerstörung. Es ist lebensverneinend. Nach alten indischen Quellen wird diesem Tattwa der astrale Einfluß des Merkur gleichgestellt. Das scheint aber ganz und gar falsch zu sein. Jeder, der nur einigermaßen mit den uralten astrologischen Prinzipien vertraut ist, wird sofort erkennen, daß diesem Tattwa nur der Saturneinfluß gleichzustellen ist.

Die esoterische Astrologie zeigt uns den Saturn als den Erfüller aller karmischen Geschicke. Gegen dieses Schicksal hilft keine Willenskraft, keine Entwicklung, es muß ertragen werden. Der Saturn ist demnach das himmlische Richtschwert, er ist der Vertreter des alles durchdringenden ewigen Gesetzes. Dieses ewige Gesetz, der Mittelpunkt aller Entwicklung, gleicht dem Akasha-Prinzip als dem Mittelpunkt aller tattwischen Kräfte. Das Akasha-Tattwa repräsentiert die Rückkehr in den Urzustand. Aus Akasha spalten sich die anderen tattwischen Prinzipien und erzeugen Leben und Bewegung, und in Akasha sollen sich diese Prinzipien wieder auflösen. Der zweistündige Wechsel der Tattwaströme symbolisiert diesen Vorgang im Kleinen.

Während des Akasha-Tattwa soll man gar nichts unternehmen. Man soll sich still in der Einsamkeit halten und sich Betrachtungen hingeben über den Urgrund alles Seins. So die indische Philosophie. Daraus allein ist schon der ernste, düstere, zur Selbstversenkung beeinflussende saturnische Charakter dieses Tattwas ersichtlich. Und in der Tat, man tut gut daran, während den 24 Minuten, in denen Akasha strömt, alles zu vermeiden, was irgendwelchen weltlichen Dingen angehört. Die meisten Enttäuschungen, die meisten zerstörten Hoffnungen haben ihre schmerzliche Ursache darin, daß die erstrebten Handlungen zur Akasha-Zeit unternommen wurden.

Freilich kann der moderne Mensch innerhalb dieser 24 Minuten nicht untätig bleiben, unsere Zeit will über jede Minute Rechenschaft haben und keine Minute derselben verloren gehen lassen. Aber wenn wir zur Zeit dieses Tattwas arbeiten, so seien wir wenigstens in der Auswahl unserer Arbeit vorsichtig. Nur sehr ernste Beschäftigungen können die niederdrückenden Schwingungen des Akasha einigermaßen ertragen. Allerdings selbst dem aufmerksamsten Arbeiter wird zu dieser Zeit selten etwas fehlerlos gelingen, denn Akasha ist auch das Tattwa der Verwirrung; die meisten Fehler und Irrtümer unterlaufen zu dieser Zeit.

Der Einfluß dieses Tattwas läßt sich sehr leicht kontrollieren. Wenn eine Gesellschaft versammelt ist, die vorher noch so fröhlich und heiter gestimmt war, zur Akasha-Zeit wird sie merklich einsilbiger werden, der Gesprächsstoff wird ausgehen und es wird eine jener peinlichen Situationen eintreten, die von jedem Gastgeber so sehr gefürchtet sind. Krampfhaft ist er bemüht, das stockende Gespräch in Fluß zu bringen, die unglaublichsten geistigen Kapriolen werden versucht, ab und zu wird ein sonst gut wirkender Witz gebracht, aber es nützt alles nichts, alle Anstrengungen gleichen nur Raketen, die blendend aufleuchten, denen aber sofort tiefe Finsternis folgt. Erst nach 24 Minuten, beim Eintritt des nächsten Tattwas, wird der Bann gelöst sein. Dieser bleierne Ernst liegt um so schwerer auf der Gesellschaft, je mehr Personen zu gleicher Zeit persönlich in Akasha schwingen. Ein fröhliches Gespräch wird aber auch im nächsten Tattwa, dem Vayu, nicht aufkommen können, denn Vayu fördert nur Gespräche ernsteren oder bösen Inhalts.

Das Akasha-Tattwa wirkt abziehend, auflösend, verhindernd und alles Körperliche zerstörend. Akasha ist das Rätsel der Sphinx, in ihm schlummert der Urgrund alles Seins, das Geheimnis des Werdens und Vergehens. In Akasha verlieren sich die Manifestationen der übrigen Tattwas, alles kehrt zum Urgrund zurück. Darum ist dieses Prinzip allem Geborenen so feindlich. Es ist die Ruhe, die Stabilität, der Winterschlaf.

Kinder, die unter diesem Tattwa geboren werden, bringen den Kuß des Todesengels schon mit zur Welt, sie sterben meist im zarten Kindesalter. Freundschaften oder Liebschaften, die während dieses Tattwas geschlossen wurden, haben Trauer, Enttäuschung und baldige Trennung zur Folge.

Man beginne zu dieser Zeit kein Studium, keine geistige Arbeit, denn man würde nie zu einem befriedigenden Resultat gelangen. Besonders der Künstler sei vor diesem Tattwa gewarnt. Wenn er auch zu dieser Zeit an und für sich nicht zum Schaffen angeregt sein wird, so können doch Umstände eintreten, die ihn auf irgendeine Art dazu zwingen wollen. Würde er diesem Drang aber nachgeben und versuchen, seine Fähigkeiten in seinen Dienst zu pressen, so kann er versichert sein, daß das Geschaffene wertlos ist, keinen Anklang finden und seinem Erzeuger Kummer und Schaden bringen wird.

Es sei hier darauf aufmerksam gemacht, daß das Gelingen einer Arbeit, eines Unternehmens, überhaupt der Ausgang einer jeden Angelegenheit des menschlichen Lebens von dem Tattwa abhängt, in welchem der Anfang damit gemacht wird. Wer z.B. unglücklicherweise während Akasha-Tattwa etwas beginnt, dessen Fertigstellung längere Zeit benötigt, könnte vielleicht annehmen, da seine Arbeit auch in die anderen Tattwas hinüberreicht, er diese glücklich vollenden kann. Das aber ist ein großer Irrtum. Alles, was der Mensch beginnt, bleibt dem Einfluß jenes Tattwas unterstellt, das zu der Zeit des Beginnens strömte.

Sensitivere Menschen spüren den Einfluß dieses Tattwas besonders durch ein großes Verlangen nach Einsamkeit oder durch eine sehr ernste, melancholische und zu Träumereien und Grübeleien geneigte Gemütsstimmung. Dieses Tattwa ist auch zum Beten gut, doch darf das Gebet keine Bitte enthalten, sondern nur Betrachtung und Verehrung. Akasha-Tattwa ist auch das Todes-Tattwa. Die meisten Menschen hauchen ihren letzten Atemzug, während Akasha strömt, aus. Plötzliche Todesfälle verursacht dieses Tattwa nicht, diese treten meist in Vayu oder Tejas ein. Man kann auch beobachten, daß Agonien, Bewußtlosigkeit u.a. meist in Akasha vorkommen.

Man kann Akasha selten richtig sehen. Es ist meist ein farbloses Dunkel. Wer zu dieser Zeit zu Tisch geht (was aber keinesfalls zu empfehlen ist), wird alle Speisen etwas bitter empfinden. Der Gehörsinn ist während dieses Tattwas ungemein gesteigert, selbst die leisesten Geräusche, die sonst unbeachtet bleiben, werden wahr genommen.

Die nächsten 24 Minuten gehören dem *Vayu-Tattwa* an. Es ist die erste Manifestation des Lebens, es ist die Bewegung. Obwohl auch dieses Tattwa noch dem saturnischen Einfluß entspricht, so sehen wir doch bereits eine Abweichung vom Hauptprinzip des Saturns, von seiner erstarrenden Kälte. Alles, was der Schnelligkeit und der Bewegung entspricht, untersteht dem Vayueinfluß, also die Luft, die Winde, das Fliegen, das Gehen, überhaupt jede Art von Vorwärtsbewegung. Und wie Akasha das Tattwa des Schweigens ist, so entwickelt Vayu das Gefühl und die Sprache. Aus alledem ist ersichtlich, daß dieses Tattwa dem Merkureinfluß ganz und gar entspricht. Die indischen Quellen stellen Akasha dem Merkur, und Vayu dem Saturneinfluß gleich. Das kann nun, wie wir schon erwähnten, nicht richtig sein.

Akasha entspricht dem Saturneinfluß und Vayu den Saturn- und Merkurschwingungen. Das wird jeder Leser, der astrologisch gebildet ist, schon aus der Natur dieses Tattwas und seinen nachstehend beschriebenen Wirkungen auf unser Leben erkennen.

Im allgemeinen ist Vayu für uns kein besonders günstiges Tattwa. Man achte nur auf den Inhalt unserer Gespräche, wenn Vayu schwingt. Entweder man spricht von traurigen Dingen, von menschlichen Unvollkommenheiten oder es werden Reden schmutzigen und gemeinen Inhalts geführt. In Vayu kommen die meisten Klatschereien und Verleumdungen vor. Entstellungen, Lüge und Betrug feiern Triumphe. Männer am Wirtshaustisch führen unzüchtige Reden und Frauen beim Kaffee verleumden ihren Nächsten. Verbrecher schmieden, während Vayu strömt ihre Pläne, Kaufleute betrügen zu dieser Zeit oder finden wenigstens Neigung und Gelegenheit dazu. Selbst ehrenhafte, anständige Leute können es nicht verhindern, daß ihr Gespräch ein entsprechendes Thema annimmt. Sie werden entweder von Reisen, Wetter, Luftschiffahrt oder ähnlichen Dingen sprechen; welchen eine Bewegung zugrunde liegt, oder sie werden vom Kranksein und Sterben oder von vorgekommenen Verbrechen u.a. reden.

Wir sagten, daß das Vayu-Tattwa die Bewegung repräsentiert. Wer einen längeren Fußmarsch beim Vayu-Tattwa beginnt, wird nicht so rasch ermüden. Auch für den Aufstieg auf einen Berg wähle man dieses Tattwa, man wird ausdauernder sein als gewöhnlich und sein hochgelegenes Ziel müheloser erringen. Man kann auf Fußwanderungen noch so müde sein, sobald man imstande ist, in sich *persönlich* Vayu zu erzeugen und es festzuhalten, so wird die Müdigkeit verschwinden und die Wanderung wird keine Anstrengung mehr verursachen. Selbstverständlich ist es nicht leicht, das persönliche Tattwa zu korrigieren. Wir weisen nochmals darauf hin, daß zu den hier gezeigten Übungen unbedingt ein reines Herz gehört. Ein Tattwa-Meister kann nur werden, wer gleichzeitig ein Meister seiner niederen Natur wird. Nur der ethisch Höherentwickelte vermag mit diesem Feuer zu arbeiten ohne sich zu verbrennen.

Wenn der Yogi ein Levitationsphänomen (Aufhebung der Schwerkraft, Schweben in der Luft) durchführen will, benützt er das Vayu-Tattwa, desgleichen wenn er über das Wasser schreitet. Das Problem des persönlichen Fluges ist nur auf diese Art zu lösen. Eine nach der ethischen und intellektuellen Richtung hoch entwickelte Menschheit wird fliegen können ohne Zuhilfenahme mechanischer Mittel. Der konzentrierte Wille und das Vayu-Tattwa sind die einzigen Bedingungen dazu.

Der dunkle Aspekt dieses Tattwas ist sehr gefährlich; der kalte, berechnende Mörder untersteht diesem Einfluß. Und alles, was schlau, hinterlistig, heimlich, listig und betrügerisch ist, wird unter Vayu geboren. Dieser Einfluß entspricht der Verbindung des Saturn und des Merkur. Man sollte zur Vayu-Zeit keine Einkäufe machen, wenn man sich vor Schaden bewahren will. Man stelle zu dieser Zeit auch keine neuen Angestellten oder Bediensteten ein; Unredlichkeiten, Bosheit, Klatsch und Hinterlist wären die Folgen.

Geistige Arbeit läßt sich in dieser Zeit gut ausführen. Diese Arbeit wird rasch durchgeführt werden können sehr gründlich sein, vorausgesetzt, sie ist ernsten Inhaltes. Auch in diesem Tattwa schließe man weder ein Freundschafts- noch ein Herzensbündnis. Ein Eheschluß während Vayu wird ebenfalls viele Enttäuschungen bringen und nicht lange halten. Überhaupt muß man vermeiden, zur Vayu-Zeit Dinge zu unternehmen, die von langer Dauer sein sollen. Nur Angelegenheiten, die rasch erledigt werden müsen und nur von kurzer Dauer sind und in ihrer Natur diesem Tattwa entsprechen, haben Erfolg.

Auch das Vayu-Tattwa führt viele Todesfälle herbei, besonders durch Ersticken, Lähmungen, Vergiftungen und Erkältungskrankheiten. Es begünstigt zum Selbstmord; Todesarten wie Erhängen und Ertrinken, Vergiften und Ersticken, besonders durch giftige Gase, werden von Selbstmördern unter diesem Tattwa vorgezogen. Es wäre sicher sehr interessant nachzuweisen, wie viele Unglücksfälle in der Luftfahrt auf den Einfluß dieses Tattwas zurückzuführen sind.

Menschen, die unter dem Vayu-Tattwa das Licht der Welt erblicken, werden selten glücklich sein; sie werden stets unter dem unheilvollen Druck einer Zwitternatur zu leiden haben. Auch ihr Gesundheitszustand wird unbefriedigend sein und es wird ihnen besonders das Nervensystem viel zu schaffen machen. Dagegen wird bei den meisten ein gutes Sprachtalent und eine starke Redelust vorhanden sein, ebenso ein scharf entwickeltes Tastgefühl. Der positive Aspekt dieses Tattwas gehört den geistigen und intellektuellen Fähigkeiten an. Ethisch Höherstehende fühlen sich durch dieses Tattwa zu größerer geistiger Produktivität angeregt. Sie besitzen während dieser Zeit eine schärfere Urteilskraft, ein besseres Gedächtnis und ein reineres Unterscheidungsvermögen, sowie ein gesteigertes intuitives Erkenntnisvermögen.

Das Vayu-Tattwa zeigt sich in blauer oder grüner Farbe, je nach dem Entwicklungszustand der betreffenden Person. Es verursacht eine Vorliebe für den sauren Geschmack und bringt im Körper ein kühles Gefühl hervor. Günstig ist es, während dieser Zeit zu baden.

Vayu macht sehr zum Geiz geneigt, sowie zu Neid und zu Haß. Sein tiefer Aspekt gehört zu den niedrigsten Instinkten des Menschen. Dagegen verleitet sein hoher Aspekt zur Entsagung, Keuschheit und zur Askese. Vayu schafft kalte, ruhige, äußerst verstandesklare Menschen ohne Leidenschaften, aber auch ohne Wärme des Gefühls. Es ist nicht möglich, alle Beeinflussungen der Tattwas aufzuzählen, dies würde ein Buch füllen. Wir bezweckten mit diesen Darlegungen nur, daß der Schüler von der Natur der Tattwas und ihrer Wirkung auf den Menschen und dessen Existenzverhältnisse ein allgemeines Bild erhält.

Da der Mensch nicht immer im Einklang mit dem Universal-Tattwa schwingt, kommt es vor, daß Handlungen, die unter Einhaltung aller tattwischen und astralen Bedingungen doch nicht den vollen und gewünschten Erfolg haben. Denn wer eine dem Prithivi unterstehende Handlung während des Universal-Prithivi-Tattwa unternimmt, aber selbst vielleicht in Akasha schwingt, wird den Erfolg durch seine eigenen schlechten Schwingungen beeinträchtigen und abschwächen. Nicht, daß seine Bemühungen resultatlos bleiben würden, das Universal-Tattwa wirkt immer, aber der erhoffte große Erfolg wird sich nicht so sehr einstellen, als wenn er selbst in einem dem Prithivi-Tattwa harmonischen Tattwa, wie Tejas oder Apas oder noch besser auch in Prithivi, geschwungen hätte.

Es kommt also viel darauf an, sein *eigenes Tattwa* zu erkennen und in erster Linie, als das Ziel dieser Entwicklung, in sich selbst das gewünschte Tattwa hervorzurufen. Um das *persönliche* Tattwa zu erkennen, ist das innerliche Schauen das beste Mittel. Es wurde schon an anderer Stelle dieses Kapitels angegeben, durch welche Übung man das Erkennen der Tattwas mit dem inneren Auge bewerkstelligen kann. Der volle Erfolg wird sich wohl erst nach einigen Wochen einstellen. Diese Übung soll daher bei jeder möglichen Gelegenheit durchgeführt werden. Es genügen dazu ja schon einige Minuten, später sogar nur einige Augenblicke. Man kann daher mit Leichtigkeit täglich 15 bis 20 mal das persönliche Tattwa durch das innere Schauen feststellen.

Es gibt ja noch einige mechanische Mittel, das Tattwa zu erkennen, doch werden dadurch nur selten verläßliche Resultate gezeigt. Man nehme einen reinen Spiegel, halte ihn unter die Nase und atme leicht darauf. Bildet der Hauch eine quadratische Figur, so schwingt Prithivi, zeigt sich ein Dreieck, so ist Tejas, bei einem Halbmond Apas, bei einer sphärischen, nullförmigen Figur Vayu und bei einer ohrförmigen Figur Akasha-Tattwa. Da aber die gehauchten Figuren sehr schnell wieder verschwinden, ist diese Kontrollweise ziemlich unverläßlich.

Hat der Schüler durch fleißiges Üben ein klares Schauen der Tattwafarben erlangt, so steht ihm, da er ja seine psychometrischen Fähigkeiten bereits entwickelt hat, eine bessere Kontrollmöglichkeit zur Verfügung. Das sind die sogenannten *Tattwaperlen.* Dies sind ungefähr erbsengroße oder auch etwas kleinere Glaskugeln in den fünf Farben der Tattwas. Die Kugeln müssen aber vollständig gefärbt sein. Man trägt sie stets in einem kleinen Täschchen bei sich. Diese Kugeln müssen vor dem Gebrauch vollständig entodet werden. Zu diesem Zweck reinigt man zuerst die Tischfläche mit Strichen von außen nach innen, indem man beide Hände mit einander zugekehrten Handrücken so über die Tischfläche (oder einen Teil derselben) führt, daß sich die beiden Handrücken in der Mitte treffen. Man hebt dadurch das fremde Od ab, zieht die Hände empor, führt sie im großen Bogen wieder nach außen und schleudert das fremde Od hinweg. Diese Manipulation wird mit großer Willenskraft, die auf die Entfernung des fremden Odes gerichtet sein muß, siebenmal wiederholt. Auf die freigeodete Stelle legt man nun die 5 Tattwaperlen der Reihe nach hin und odet sie auf die gleiche Weise aus. Ebenso verfährt man mit dem Täschchen. Jetzt reinigt man die Hände mit Wasser und Seife, reibt sie tüchtig, bis sie ganz warm sind, und odet die Perlen mit dem eigenen Od wieder ein, indem man Striche von innen nach außen über die Perlenreihe führt. In der Mitte der Perlenreihe hält man die Hände, mit den Rücken zueinander gekehrt, zusammen und streicht mit den Fingerspitzen nach beiden Seiten über die Perlen. Im großen Bogen kehrt man wieder zurück und beginnt von vorn mit der Einodung. Das wird ebenfalls siebenmal gemacht, und zwar mit der starken Willenskonzentration, daß man Od auf die Perlen überträgt und daß die Perlen mit dem psychischen Sinn in eine so starke Verbindung kommen, daß man imstande ist, die Perle zu ziehen, die der geschauten Farbe entspricht. Auch das Täschchen, wird auf die gleiche Art eingeodet. Die Perlen kommen nun in das Täschchen, welches man in seiner Kleidung leicht zugänglich, aber wohl verwahrt, unterbringt.

Bedingung ist, daß niemand die Perlen sieht und keine fremde Hand sie berührt, da im selben Augenblick die odische Verbindung unterbrochen wäre. Geschieht das einmal, so muß die oben angegebene Odmanipulation sofort wieder vorgenommen werden.

Es werden nun wieder einige Wochen vergehen, bis es gelingt, jedesmal dieselbe Farbe der Perlen zu ziehen, die man mit dem inneren Auge wahrgenommen hat. Aber der eifrig Übende wird sicher belohnt werden. Er wird schließlich so weit kommen, daß er nur die Perle zieht, die sein augenblickliches Tattwa angibt. Kann er auf dem beschriebenen Wege das persönliche Tattwa einwandfrei festhalten, so bemühe er sich, dieses Tattwa auch aus seinem Plexus durch die Kleider hindurch ausstrahlen zu sehen. Zu Beginn dieser Übungen vergewissere er sich zuerst immer über das vorherrschende Tattwa durch das innere Schauen und durch die Perlen. Dann erst betrachte er die Gegend des Solarplexus. Er muß fest wollen, dort dieselbe Farbe strahlen zu sehen. Zuerst kann er sich dies lebhaft einbilden, später wird es zur Wirklichkeit werden. Die Imagination ist auch hier die Brücke.

Ist auch dieses Experiment mehrmals hintereinander gelungen, so versuche man, das Tattwa anderer Personen an deren Solarplexus leuchten zu sehen. Eine rasche, scharfe Konzentration auf die Zirbeldrüse der betreffenden Person setzt uns mit ihr in eine psychische Verbindung. Eine persönliche Berührung darf jedoch nicht stattfinden. Fortgesetzte Übung und Willenskraft bringen uns auch hier zum sicheren Erfolg. Um das Tattwa am eigenen Plexus, sowie an anderen Personen zu erkennen, ist es günstig, ein Pranayam auf die Zirbeldrüse und den Plexus mit dahin zielender Konzentration zu üben.

Der fleißige Chela, der nunmehr zur Meisterschaft heranwächst, soll jetzt auch langsam der Herr seines Schicksals werden. Es sollen ihm die höchsten Kräfte in die Hand gegeben werden, *die Beherrschung des Atemstromes und der Tattwas; er soll sie nach Belieben verändern können.*

Um den *Wechsel des Atemstromes* zu bewirken, bedarf es einer wichtigen Übung. Hat er z.B. den Atem rechts und will ihn links haben, so atmet er kräftig durch das rechte Nasenloch ein, drückt das Prana in den Plexus und zieht es mit der scharfen Willenskonzentration, daß der Atem dauerhaft auf die andere Seite wechseln soll, in der linken Brustseite empor zum linken Nasenloch. Dann atmet er durch dieses Nasenloch mehrere Male rasch hintereinander ein und aus. Während der ganzen Übung halte sich der Chela geistig mit dem Mond verbunden. Er muß die Mondübungen in sich lebendig werden lassen und sich in seiner Vorstellung mit dem Mond durch ein fluidales Band, das von seinem Solarplexus ausgeht, verbunden fühlen. Will er nach rechts wechseln, so muß er sich auf die gleiche Art und Weise mit der Sonne verbinden.

Vorher aber muß durch einige Wochen hindurch seinen Atem so in die Gewalt gebracht haben, daß er, wenn er z. B. rechts atmet, dies fühlbar tun muß. Er soll die ganze Zeit der rechten Atemströmung das volle Bewußtsein und Gefühl haben, rechts ein- und auszuatmen, als ob er gar kein linkes Nasenloch hätte. Dann wird ihm das Hauptexperiment nach einiger Zeit sicher gelingen. Neben diesen Übungen kann er aber auch schon die Vorübung zum *gewollten Wechsel der persönlichen Tattwas* beginnen.

Wiederholen wir: Die Imagination ist die Brücke, die zum Erfolg führt. Der Chela kann plastisch denken, er hat seine Vorstellungen bereits in seiner Gewalt. Was er will, das sieht und empfindet er. Er bringt es durch eine weitere Schulung seiner Einbildungskraft so weit, daß er, wenn er es haben will, alles mit roter, grüner oder gelber Farbe übergossen sieht, daß er jetzt süßen und nach Belieben sauren Geschmack empfindet usw. Um diese Fähigkeit zu festigen, soll er jedesmal, wenn er ein Tattwa bei sich festgestellt hat, sich von dessen Eigenschaften voll und ganz ergriffen fühlen, er soll sich mit dem betreffenden Tattwa völlig identifizieren. Hat er z.B. Tejas ermittelt, so soll er Hitze im Körper empfinden, alles um sich herum rot leuchten sehen und einen beißenden, scharfen Geschmack empfinden usw.

Nach einiger Zeit vervollständigt er diese Übung, daß er, um bei unserem Beispiel zu bleiben, wieder in Tejas sich von einem großen, feurigen Dreieck eingeschlossen sieht, in welchem hell leuchtende Flammen aufwärts züngeln. Er denke an die strahlende Sonne und erzeuge in seinem Körper das Gefühl der Ausdehnung nach allen Seiten. Gleichzeitig leite er den Atem nach rechts, höre in seinem Ohr hohe Töne und erzeuge in sich die Vorstellung eines beißenden, scharfen Geruchs. Kurz, er lasse alle Sinne von den Eigenschaften des betreffenden Tattwas ergreifen. Der Atemstrom soll zum Zweck der besseren Durchdringung der Vorstellungen vorläufig jedesmal mit dem Tattwa harmonisieren. Für Tejas und Prithivi halte man den Atem rechts, für Vayu und Apas links. Akasha soll nie erzeugt werden! Akasha ist zum Beginn der Meditationen gut, darf aber nicht hervorgerufen werden; man benützt es, wenn es von selbst im Körper strömt.

Hat man auf diese Weise längere Zeit geübt, so mache man täglich ein Pranayam in liegender Stellung. Zuerst einige Minuten rhythmisches Atmen, dann Puraka. Schon während des Einziehens des Atemstromes muß man sich das im Atem enthaltene Prana tattwisch durchsetzt denken. Wir wollen z.B. Prithivi erzeugen. Schon der Luftstrom, den wir einziehen, muß alle prithivischen Qualitäten haben. Er muß uns in der Vorstellung gelb erscheinen, eine warme, wohltuende Empfindung hervorrufen, süßen Geschmack und süßlichen Geruch erzeugen. Während Kumbhaka lassen wir den so gefärbten Pranastrom einigemal den ganzen Körper durchjagen, hinauf und hinunter und schließlich besonders stark die Wirbelsäule entlang, um ihn dann in der Zirbeldrüse zu konzentrieren. Dabei lassen wir uns sehr stark von allen Eigenschaften dieses Tattwas ergreifen. Bei Rechaka setzen wir mit der starken Willenskonzentration ein, daß wir nun völlig in dem betreffenden Tattwa schwingen. Nach siebenmaligem Atemprozeß verharren wir noch einige Minuten im rhythmischen Atem und prüfen dann, immer in der ruhigen Lage bleibend, durch Perlen, geistiges Schauen und Betrachtung des Solarplexus, ob der Erfolg eingetreten ist. Auch hier ist Geduld notwendig. Das Experiment gelinget erst nach einiger Zeit.

Ist der Chela endlich auf diesem allerdings etwas umständlichen Weg zu günstigen Resultaten gelangt, kann er zu der eigentlichen Übung übergehen. Er schwingt z.B. in Tejas und will Apas erzeugen. Mit einem starken Willensakt muß er vorerst den Tejaseinfluß weitgehend herabsetzen. Dann stelle er sich mit dem Gesicht nach Osten, verbinde sich mit dem Mond, ziehe links den Atem ein mit der vollen Apasvorstellung, zwinge während eines kurzen Kumbhaka das Apasprana in den Plexus, von da die Wirbelsäule hinauf in die Zirbeldrüse und lasse von dort ausstrahlend den ganzen Körper von diesem Apasprana durchströmen. Vor dem geistigen Auge muß eine mondförmige weiße Wolke erscheinen und rund um den Experimentierenden muß alles weiß sein und aus Wasser bestehen, dabei muß er das Apasprana als kalt empfinden, einen zusammenziehenden Geschmack im Mund haben usw.

Er muß sein ganzes Wesen mit dem Einfluß des Apastattwa ausfüllen. Wenn er dann ausatmet, muß es mit dem bestimmten und keinen Zweifel zulassenden Willen geschehen, daß er nun in Apas schwingt. Wenn er die volle, unerschütterliche Überzeugung hat, wird er auch dieses Tattwa in sich hervorgerufen können. Diese Übungen werden am besten in der Nacht durchgeführt und möglichst während der Zeit des zunehmenden Mondes. Die ersten Versuche werden wohl längere Zeit in Anspruch nehmen, aber durch fortgesetzte Übungen wird der Chela den Tattwawechsel erreichen.

Jedes Haupttattwa zerfällt wieder in fünf Unterabteilungen. Wenn z.B. Prithivi beginnt, so werden während der *24 Minuten*, die dieses Tattwa anhält, alle anderen Tattwas der Reihe nach Prithivi eine leichte Färbung aufdrücken. So wird durch nicht ganz fünf Minuten Prithivi-Akasha, die weiteren fünf Minuten Prithivi-Vayu, dann Prithivi-Tejas, Prithivi-Prithivi und zuletzt Prithivi-Apas strömen. In Hinsicht auf das Tattwa des Makrokosmos, das ja durch eine leichte Aufgabe festzustellen ist, indem man von Sonnenaufgang bis Sonnenuntergang rechnet, wird man diese Unterströmungen beachten müssen. Wer z.B. Tejas verwenden will, muß die Zeit wählen, wo Tejas-Tejas strömt, um den reinen Erfolg zu haben. Dasselbe gilt auch bei Verwendung des persönlich strömenden Tattwas. Die Unterabteilung des Tattwas zeigt sich durch das innere Schauen auf die Weise, daß das Haupttattwa vom Untertattwa leicht eingerahmt ist. Der Chela aber, der bereits sein Tattwa selbständig regulieren kann, ist von der Unterströmung frei. Wenn er Prithivi erzeugt, so schwingt dieses Tattwa *absolut* in ihm ein. Die geeignete Konzentration und die Benutzung der tattwischen Kräfte lassen den Chela in die tiefsten Geheimnisse des Universums eindringen. Der nächste Abschnitt wird zeigen, welche Kräfte sich nach diesem schwersten Schritt entfalten können.

Der Meister – Die Entfaltung von okkulten Fähigkeiten, die an eine hohe ethische Entwicklungsstufe gebunden sind

17. Die höheren magischen Fähigkeiten

Um für diesen Abschnitt die nötige Reife zu besitzen, müssen Jahre vergangen sein. Die einwandfreie, sichere Ausübung der Fähigkeiten des zweiten Abschnittes haben den Chela längst mit einer höherstehenden Intelligenz, einerlei, ob dieselbe noch im Körper weilt oder nicht, in Verbindung gebracht. Dieser Führer ist es, der ihm die Wege wies und langsam aber sicher aufwärts leitete. Mit sanfter Überredung wußte er es dahin zu bringen, daß der Chela allen Genüssen der Erde entsagte. Freiwillig! denn gezwungen hätte es keinen Wert.

Er hat sich über seine Leidenschaften erhoben und ist frei geworden von allen Banden, womit der irdische Mensch gefesselt ist. Er kennt keine geschlechtliche Liebe mehr. Seine Liebe ist der ganzen Menschheit zugewendet. Er frönt auch nicht mehr den Genüssen des Gaumens; die Nahrung ist ihm nur noch ein Mittel zur Erhaltung des Körpers, und jetzt sieht er erst, wie wenig derselbe bedarf. Er ist vollkommen ruhig geworden. Nichts erregt ihn mehr, keine tolle Lust, kein ungestümes Sehnen, keine Trauer, kein Schmerz – alles ist still in ihm, und eine ruhige Freude, eine selige Zufriedenheit erfüllt ihn. Nun ist er der Herr geworden über seinen Körper, seine Sinne, seine Fehler und Mängel und über sein Gemüt. Alles hat er verloren, das ihn an die Erde fesselte, dafür aber hat er gewonnen an Willenskraft und Liebe.

Sein Führer hat ihn gelehrt, nur das Wenigste, nur eine Kleinigkeit seiner Lebensenergie zu verbrauchen, um seine physischen Bedürfnisse zum Zweck der Erhaltung des Körpers zu stillen. Den größten Teil seiner Kraft verwendet er ausschließlich nur zum Wohl seiner Mitmenschen. Er hat seinen Egoismus unbarmherzig abgetötet und sich durch eiserne Selbstzucht zur größten Selbstlosigkeit durchgerungen. Da er sich nach und nach vollständig vergeistigt hat, räumte er seinem inneren Menschen die Oberherrschaft ein, und dieser stellte sich in den Dienst der Menschheit. Deshalb begeht er keine Handlung mehr, die nicht irgend einem Mitmenschen von Nutzen ist, und in diesem Sinn gibt er sich über jede Minute Rechenschaft. Ja selbst seine Gedanken beherrscht er nun vollständig, denn er weiß jetzt, daß die Gedanken dynamisch wirken. Er weiß nun: „Die durch die Nerventätigkeit belebte Gedankenwelt ist stofflich, verbreitet sich ondulatorisch nach außen hin und beeinflußt die Zellseelen der anderen Menschen, die verwandte Schwingungen haben. Von dort aus greifen sie das Astralwesen an und dieses wieder beeinflußt die Psyche."

Seine Herzens- und Gedankenreinheit läßt durch das eben erwähnte Universalgesetz in allen Menschen, die vorwärtsstreben wollen, gleiche Gefühle entstehen, und so verbinden sich diese unbewußt mit ihm, erstarken gleichfalls und bilden einen Ring um die Menschheit, welcher den Zweck hat, das Böse langsam zu erdrücken. Auch hat er gelernt, alle Tugenden - einem allmächtigen innerlichen Antrieb zufolge, freudig auszuüben; er handelt so, weil er nicht mehr anders kann. Gut zu denken und gut zu handeln war ihm früher Aufgabe und Pflicht, heute ist es ihm zum innersten Wesen, zu seiner Natur geworden. Er ist nun wahrhaft glücklich geworden, denn der Unfriede ist nun für immer von ihm gewichen. Kein Zweifel kann an ihn heran und keine Furcht vor der Zukunft. Er lebt, aber der glühende Wunsch zum körperlichen Dasein, der die meisten Menschen teils bewußt, teils unbewußt so ganz erfüllt, ist verschwunden, denn der Körper ist für ihn nur noch eine Maschine, nur ein Mittel für einen höheren Zweck. Auf seiner Stirn thront die Liebe und aus seinen Augen strahlt der Friede, und alle, die mit ihm in Berührung kommen, werden davon ergriffen. Er hat *Christus* in sich zum Leben erweckt und sein Dasein gleicht dem des großen Meisters.

Es wird nur wenige geben, die diese Höhe zu erreichen imstande sind. Das sind dann die Meister, die Überwinder. Die anderen Berufenen, die Zurückgebliebenen, hängen für eine gewisse Zeit doch noch an der Materie, wenn auch nur noch mit ganz feinen Fäden. Der Meister aber hat sich frei und unabhängig gemacht. Nicht, daß er deshalb wie ein indischer Asket dem Leben entflieht und sich in der Einsamkeit vergräbt; im Gegenteil, die große Alliebe, mit der er nun vollständig verwachsen ist, die sein Wesen nun so ganz und gar erfüllt, gebietet ihm anfänglich sogar, mitten im Leben zu stehen als ein mächtiger Fels, den die Brandung der irdischen Flut vergebens umtost. Mit den Füßen steht er auf der Erde, sein Haupt aber ragt in den Himmel.

Ein prächtiges Beispiel, wie es möglich ist, in der Welt zu leben und doch nicht von der Welt zu sein, finden wir in dem schon erwähnten Buche *Das Lebenselixier* von G. M. Dort heißt es auf Seite 84: „Der Hindu, welcher das Leben von Janaka kennt, der, obgleich ein regierender Monarch, gleichzeitig ein bekannter Rajarshi war und *Nirvana* erreicht haben soll, sollte hierüber besser Bescheid wissen. Als sie von seinem weitverbreiteten Ruf gehört hatten, kamen einige sektiererische Gläubige an seinen Hof, um seine Yoga-Kraft einer Prüfung zu unterziehen. Sobald sie das Gebiet des Hofes betreten hatten, gab der König, der ihre Gedanken gelesen hatte (eine Fähigkeit, die jeder Chela in einer gewissen Stufe erreicht), seinen Beamten im geheimen Instruktionen, daß sie in einer besonderen Straße der Stadt zu beiden Seiten tanzende Mädchen aufstellten, welche wollüstige Gesänge sangen. Dann ließ er einige gharas (Krüge) bis zum Rande füllen, so daß bei der geringsten Erschütterung der Inhalt überlaufen mußte.

Die Weisheitsprediger bekamen jeder einen Krug auf den Kopf, gleichzeitig wurde ihnen befohlen, die Straße entlang zu gehen, umgeben von Soldaten mit gezogenen Schwertern, die sie gegen dieselben gebrauchen sollten, wenn sie auch nur einen einzigen Wassertropfen überlaufen ließen. Als die Männer nach erfolgreichem Bestehen der Probe zurückgekehrt waren, wurden sie von dem Adept-König gefragt, was ihnen in der Straße passiert wäre, durch die man sie hätte gehen lassen. Mit großer Entrüstung erwiderten sie, daß die Drohung, niedergeschlagen zu werden, so sehr auf ihr Gemüt eingewirkt hätte, daß sie an nichts als an das Wasser auf ihrem Haupte gedacht hätten und die Anspannung ihrer Aufmerksamkeit ihnen nicht erlaubt hätte, von dem Kenntnis zu erhalten, was um sie herum vor sich ging. Darauf sagte ihnen Janaka, daß sie unter Anwendung desselben Grundsatzes leicht verstehen könnten, wie er, obwohl äußerlich mit der Verwaltung der Staatsangelegenheiten beschäftigt, doch gleichzeitig ein Okkultist sein könne. Während er *in* der Welt war, war er doch nicht *von* der Welt. Mit anderen Worten, seine inneren Bestrebungen hatten ihn fortwährend zu dem Ziel geleitet, in welchem sein ganzes inneres Selbst konzentriert war."

Ein Meister in unserem Sinne steht also in der ersten Zeit seiner Meisterschaft (die je nach seiner Aufgabe, die er sich stellen wird, beliebig lang sein kann) noch mitten im Leben, nimmt Teil an dem Getriebe der Welt, wird aber innerlich nicht mehr davon berührt. Seine Seele bleibt in allen Lagen der körperlichen Existenz ruhig und klar.

Um sich die Herrschaft über seinen Körper kampflos und ungeschmälert zu sichern, um seine vollkommene Harmonie ungetrübt zu erhalten, wurde ihm ein Mittel gegeben, die *Meditation.* Das ist jedoch nur ein absolut sicher wirkendes Mittel bei allen denen, die emsig an ihrer ethischen Höherentwicklung gearbeitet haben, die die Abgeklärtheit erreichten und zum wahren, inneren Frieden gelangt sind. Wer noch nicht so weit ist, wird mit dieser Meditation wenig Erfolg erzielen, und wer zu egoistischen Zwecken meditieren will, schleudert einen Pfeil aus, der auf den Schützen alsbald zurückfliegt.

Der Reine braucht diese Meditation, um sein Kleid fleckenlos zu erhalten, denn da er im Leben stehen soll, wird viel Schmutz an ihn herandringen. Die Hochflut niederer Influenzen, ausgesandt von den tieferen Entwicklungsstufen, die beständig an ihn heranstürmt, vermag allerdings nicht mehr ihn zum Fall zu bringen, wohl aber ihm unter Umständen neue Kämpfe aufzuzwingen, deren er freilich immer

Herr werden wird. Um jedoch solche für ihn ganz nutzlose Kämpfe zu vermeiden, dient ihm die Meditation zur Tugend und Willenskraft.

Meditation ist eine lang andauernde Konzentration. Die Vorübung besteht im erfolgreichen Wachen, denn am besten meditiert man in der Stille der Nacht. Der junge Meister muß Herr sein über alle seine Sinne, darum muß er sich in der Entziehung des Schlafes üben. Wie man die Nahrung des Körpers auf ein Weniges herabdrücken kann, ohne seine körperliche Existenz in Frage zu stellen, so verhält es sich auch mit dem Schlaf. Überall ist der Wille der ausschlaggebende Faktor. Und der junge Meister hat seine Willenskraft so weit entwickelt, daß es ihm leicht fällt, die größere Hälfte der Nacht im wachen Zustand zuzubringen in ernsten Betrachtungen, solange, bis ihn keine Schlafanwandlung mehr überfällt. Er wird dann seine Betrachtungen über einen Gegenstand oder eine Sache durch Stunden und Stunden fortsetzen können, ohne abzuirren, ohne zu ermüden.

Hat er dies fertig gebracht, so wird er seinen Geist auf die errungenen Tugenden und auf seine Harmonie konzentrieren. Er wird stundenlang, ohne Unterbrechung und Abschweifung, mit vollster Gedankenschärfe und eiserner Willenskraft daran denken, sich unbefleckt zu halten in dem Schlamm, den er durchwaten muß, seinen Mitmenschen zuliebe. Diese Übung muß mindestens zweimal wöchentlich vorgenommen und jedesmal mit einem Pranayam eingeleitet und auch damit beendet werden. Diese Übung dient als Vorbereitung für die höheren Stufen der Meditation, durch welche der Schüler zu einer Krafteentfaltung gelangt, die seiner ethischen Entwicklung angemessen ist.

Die nächst höhere Stufe der Meditation steht in Verbindung mit der Atemgymnastik. Diese Meditation ist eine stundenlange, ununterbrochene Betrachtung und geht von der Wirkung aus, um die Ursache zu ergründen. Sie richtet sich auf den innersten Wesenskern. Wie dieselbe in ihrer vielseitigen Anwendung zu verstehen ist, lehrt uns die folgende, den *Yoga-Aphorismen des Patanjali* von W.0. Judge entnommene Stelle: „Die moderne Wissenschaft und Metaphysik geben nicht zu, daß das Gemüt jenseits gewisser gegebener Methoden und Raumgrenzen Wissen erwerben könne, und in den meisten Fällen wird sogar die Existenz der Seele überhaupt geleugnet oder ignoriert. Man glaubt zum Beispiel, daß man nicht die Bestandteile und Eigenschaften eines Stück Steins kennen könne ohne direkt angewandte mechanische oder chemische Mittel, und daß von den Gedanken oder Gefühlen einer anderen Person nichts gewußt werden kann, es sei denn, daß sie in Worten oder Handlungen zum Ausdruck kommen. Wo Metaphysiker sich mit der Seele befassen, da werden sie unbestimmt und scheinen sich vor der Wissenschaft zu fürchten, weil es nicht möglich ist, sie zu analysieren und ihre einzelnen Teile in einer Waagschale zu wägen. Seele und Gemüt sind zu ganz beschränkten Werkzeugen herabgewürdigt, die nur gewisse physische, auf mechanischem Wege vor ihnen ausgebreitete Tatsachen erkennen. Oder man nimmt in ethnologischen Untersuchungen an, daß wir dieses oder jenes über gewisse Klassen von Menschen durch Beobachtungen erfahren können, die durch Gesicht, Gefühl, Geruch, Gehör vermittelt werden, in welchem Falle Gemüt und Seele nur bloße Berichterstatter sind.

Aber unser Yogasystem erklärt, daß der Jünger, der gewisse Stufen des Systems erreicht hat, sein Gemüt auf einen Stein richten kann, ganz gleich, ob weit entfernt oder nahebei, ebenso auf einen Menschen oder eine Klasse von Menschen, und mit Hilfe der Konzentration alle dem Gegenstand innewohnenden Eigenschaften sowohl, wie auch die ihm anhaftenden Eigentümlichkeiten, kurz alles, über denselben erfahren kann. So wird der Asket zum Beispiel an einem Bewohner der Osterinsel nicht nur das, was seinen Sinnen wahrnehmbar oder ihm von langer Beobachtung her bekannt ist, erkennen, sondern auch tiefliegende Eigenschaften, wie die genaue Abstammungslinie und Evolution des Menschen. Die moderne Wissenschaft weiß von den Bewohnern der Osterinsel so gut wie nichts und ergeht sich nur in seltsamen Vermutungen über ihre Herkunft. Ebensowenig kann die Wissenschaft mit einiger Gewißheit etwas über das Was und Woher einer Nation, wie der Irländer, mit welcher sie sich schon so lange beschäftigt, sagen. Der Yoga-Praktiker wird in seinem Falle durch die Macht der Konzentration vollständig eins mit dem Ding, über das er nachdenkt, und erfährt tatsächlich in sich selbst alle die Phänomene, die durch den Gegenstand sowohl wie auch seine Eigenschaften dargestellt sind.

Um die Möglichkeit von all diesem zuzugeben, ist vor allen Dingen erforderlich, daß das Vorhandensein und die Möglichkeit der Anwendung eines ätherischen, alles durchdringenden Bindegliedes, des Astrallichts, von den Hindus Akasha genannt, zugestanden wird. Seine universelle Verbreitung als eine Tatsache in der Natur kommt metaphysisch zum Ausdruck in den Bezeichnungen *Universale Bruderschaft* und *Spirituelle Wesensgleichheit.* In diesem Akasha sind die Eigenschaften und Bewegungen aller Wesen universell erkennbar. Es ist sozusagen die Oberfläche, auf der alle menschlichen Handlungen, alle Dinge, Gedanken und Umstände festgehalten werden. Die Bewohner der Osterinsel stammen von einer Rasse ab, die ihren Eindruck in diesem Astrallicht hinterlassen hat, und führen so in unverlöschbarer Schrift die Geschichte ihrer Rasse mit sich. Der sich konzentrierende Asket richtet seine Aufmerksamkeit auf dieses Astrallicht und liest den der Wissenschaft verlorenen Bericht. Jeder Gedanke von Herbert Spencer, Mill, Bain oder Huxley ist zusammen mit den betreffenden, von diesen Leuten aufgestellten philosophischen Systemen im Astrallicht aufbewahrt, und alles, was der Asket zu tun hat, ist, einen einzigen Ausgangspunkt zu gewinnen, der ihn mit einem Denker in Verbindung bringt, um alsdann im Astrallicht alles, was sie ausgedacht haben, zu lesen. Nach Patanjali und seiner Schule werden solche Kunststücke noch durch den Stoff und nicht durch den Geist ausgeführt, während sie bei uns im Westen, wenn sie überhaupt als wahr angenommen werden, dem Geist zugeschrieben werden."

Der Übende entblößt seine Brust und konzentriert seinen Geist auf das Sonnengeflecht in der Absicht, dadurch eine größere Übereinstimmung für die höhere Meditation zu erzielen. Gleichzeitig führt er ein Pranayam durch, und zwar in der Weise, daß er sowohl während des Einatmens, des Anhaltens und schließlich des Ausatmens den ganzen Gedankengang mit größter Schärfe durchgeht. Sein Atem ist direkt auf den Solarplexus gerichtet. Das mit der Atmung freigewordene und durch die Konzentration geleitete Od wird seine Wirkung im Sinne des Übenden bewerkstelligen. Nur hüte man sich vor jeder Gedankenabschweifung während der kurzen Pause, die zwischen dem Aus- und Einatmen liegt. Diese Übung wird ebenfalls in der Stille der Nacht ausgeführt und soll jedesmal einige Stunden andauern.

Wenn der Adept diese Übung vollkommen beherrscht, kann er zur Hauptübung schreiten, von deren Gelingen alle anderen Experimente abhängig sind. Diese Hauptübung dient zur Öffnung des inneren Sinnes für die höhere Passivität. Der Konzentration auf den Solarplexus mit dem Willen, die vollste Erkenntnis für den weiteren Entwicklungsgang zu erhalten, folgt der negative Zustand. Beide stehen in Verbindung mit dem Pranayam, so daß die erste Gruppe (Einatmen, Anhalten und Ausatmen) der Konzentration zugehört, während bei der zweiten Gruppe der negative Zustand durchgeführt wird. Zwischen den beiden Gruppen darf keine Pause herrschen. Zuerst Konzentration mit Pranayam, danach negativer Zustand mit Pranayam und so weiter, die halbe Nacht hindurch, wöchentlich mindestens dreimal.

Wenn diese Übung einige Zeit mit größter Gewissenhaftigkeit ausgeführt wurde, hat der Adept die Höhe erreicht. Denn durch diese Übung hat er sich derart von seinem Körper frei gemacht, daß sein inneres Leben vorherrscht und er an Hand der erworbenen Erkenntnis seine weitere Entwicklung selbst zu bestimmen vermag. Er weiß jetzt, in welchem Verhältnis bei den nachstehenden Experimenten die beiden Hauptteile, Meditation und höherer passiver Zustand, zueinander stehen sollen. Durch die geeignete Meditation bringt er es fertig, daß die stoffliche Natur seines Körpers für ihn kein Hindernis mehr darstellt. Hunger und Durst und die Tätigkeit seiner äußeren Sinne vermag er damit jederzeit nach seinem Belieben abzuschwächen oder zu unterdrücken.

Wenn wir nachstehende Übungen erwähnen, so geschieht dies nur um zu zeigen, wie weit die Kräfte des Menschen sich steigern lassen, wenn er die dazu gehörigen Wege beschreitet Der Meister hat unsere Belehrungen längst nicht mehr nötig, denn er besitzt die Erkenntnis durch seine Verinnerlichung, die eine Folge seines hohen ethischen Entwicklungsstandes ist. Für ihn gibt es keine Unklarheiten mehr, denn wenn er seine Gedanken auf irgend ein Ding oder ein Geschöpf konzentriert, mit dem Willen, Erkenntnis des innersten Wesens desselben zu erlangen, so wird er diese Erkenntnis infolge seiner Meditation erhalten.

Die Konzentration auf die Sonne oder den Mond läßt ihn die verborgenen Kräfte des ganzen Systems, und die Konzentration auf einen Fixstern das ganze Universum in seiner Unendlichkeit, soweit es sein irdischer Sinn zu fassen vermag, erkennen. Die Konzentration auf den Plexus und die Nervenpartien in der Nabelgegend gibt ihm eine genaue Kenntnis seines eigenen Körpers. Konzentriert er seine Gedanken auf den Plexus eines seiner Mitmenschen, so zeigt sich ihm der innere Körperbau so deutlich, als würde er sie mit seinen leiblichen Augen sehen. Bestimmung und Natur des Körpers mit seinen geheimsten Funktionen liegen klar und verständlich vor ihm. Will er sein Hellsehen und Hellhören steigern, so verwendet er ebenfalls die Meditation, und zwar im ersten Fall auf die Zirbeldrüse und beim Hellhören auf das leibliche Ohr in Rücksicht auf seine Verbindung mit dem Äther.

Über diese *Zirbeidrüse* spricht Dr. med. J. D. Buck in seinem Buch: *Mystische Maurerei* wie folgt: „Tief im Innern des Schädels auf der Basis des Gehirns liegt eine sonderbare kleine Struktur, als die Zirbeldrüse bekannt, mit ihren Nebenkörpern. Die moderne Physiologie schreibt ihr keine Funktion zu. Descartes nennt sie aber *den Sitz der Seele.* Im Durchschnitts-Individuum ist sie klein und augenscheinlich zwecklos, obwohl ihre in den Brennpunkt eingestellte Lage und ihre symmetrischen Beziehungen zu den sie umgebenden Strukturen ihr eine sehr wichtige Aufgabe zuzuschreiben scheinen. Sie unterscheidet sich in ihrem Äußeren bei den sehr jungen, sehr alten und idiotischen

Menschen von jenen, die sich in der Blüte ihres Lebens, ihrer Kraft und Gesundheit befinden. Sie ist das *dritte Auge* genannt worden. Die alten Hindus nannten sie *das Auge Shivas,* und man sollte dadurch erkennen, das Shiva, die dritte Person in der Hindu-Dreieinigkeit und der Erneuerer, der Erzeuger (nicht einfach der Zerstörer) ist. Die Tätigkeit dieser kleinen *Drüse* ist mit der des Steges einer Violine zu vergleichen. Sie spannt die Nervensaiten stärker und verstärkt so die Schwingungen der Gehirngewebe. Sie ist atrophiert und liegt daher beim Durchschnittsmenschen brach, während die übrig gebliebenen Saiten (um ein Symbol zu gebrauchen) mit den Schwingungen auf der physischen Ebene korrespondieren. Es ist eines der wohlbekannten Gesetze der Physiologie, daß jedes Organ durch den Nichtgebrauch atrophieren muß." Und auf der nächsten Seite: „Ein wirklicher Meister hat eben das Auge Shivas, die Zirbeldrüse, die in anderen schlummert, tätig in sich, und die Schwingungen seines Gehirns korrespondieren mit der Synthese des Tones und Lichtes. Daher sind für ihn Raum und Zeit nicht länger Illusionen, denn er lebt in dem Einen und ist Meister aller niederen Ebenen."

Diese Zirbeldrüse wird durch ausgedehnte Meditation zur größten Empfänglichkeit angeregt. Latent ist sie ja schon beim Gehilfen nicht mehr, da sie bereits durch die Übungen der zweiten Stufe in Tätigkeit gebracht worden ist. Aber auch über die gesamte Materie erringt der Adept durch eine willensstarke Meditation und durch die Benutzung des entsprechenden Tattwas jede nur gewünschte Herrschaft. So ist er imstande, jedes stoffliche Ding in seine feinstoffliche Zustandsform aufzulösen und durch die bloße Willenskraft auf einen andern Platz, mitten durch die grobstofflichen Hindernisse hindurch, zu befördern, um dort wieder die Umwandlung in die ursprüngliche Form zu bewerkstelligen. Was hier von dem Meister mit bewußtem Willen vollbracht wird, geschah sehr oft und geschieht noch immer als eine spontane, ungewollte Auslösung der okkulten Kräfte von dazu besonders geeigneten sensitiven Menschen. Es sei hier nur an das Rosenwunder der heiligen Elisabeth (Gemahlin des Landgrafen Ludwig von Thüringen) erinnert. Die von Christus ausgeübten Stoffumwandlungen (Steine in Brot) waren wohl die bewußten Kraftauslösungen eines hohen Meisters.

Der Einfluß des Adepten auf die lebende Materie ist unbegrenzt. Seine Willenskraft im Verein mit seiner magnetischen Strahlung gebietet dem fließenden Blut sofort Einhalt und läßt Wunden im Augenblick schließen. Dieselbe Kraft ist es auch, die ein Samenkorn in einer halben Stunde zur blühenden Pflanze entwickeln läßt. Dem Adepten ist es ein Leichtes, Punkt drei und vier der telepathischen Möglichkeiten auszuüben. Eine willenskräftige Meditation setzt ihn in den Stand, einen anderen Menschen, der weit von ihm entfernt ist, derart zu beeinflussen, daß derselbe die Gestalt des Adepten vor sich zu sehen glaubt. Doch auch im Schlaf hat der Adept die Macht, ohne seinen Astralleib aussenden zu müssen, der zur selben Zeit an einem anderen Ort eine bestimmte Handlung vollbringt, einen wachen Menschen zu beeinflussen, daß dieser ihn deutlich vor sich sieht.

Diese Experimente kann der Adept auf zwei Arten ausführen. Entweder dadurch, daß er lediglich bei dem Betreffenden die Vorstellung seiner Erscheinung erweckt oder indem er vorhandene odische Stoffe zur Materialisation eines Phantoms benützt, wodurch auch andere Personen diese Erscheinungen sehen können. Was viele Magier zu verschiedenen Zeiten und immer nur unter höchster Lebensgefahr mit narkotischen Getränken, Salben und Räucherungen, und da nur meist unvollkommen, erreichten, das bewirkt der Meister, wenn ihm ein solches Experiment zu irgend einem seinen Mitmenschen nützlichen Zweck nötig erscheint, nur durch seine Willenskraft in Verbindung mit einer Art freien Autosomnambulismus. Er hat sich die Eignung zu jenen Experimenten durch folgende Übungen erworben.

Unter beständigem Hin- und Herwiegen des Oberkörpers oder Drehen des Kopfes im Kreis wird eine angespannte, langandauernde Konzentration auf die Erreichung eines ekstatischen Zustands geübt und gleichzeitig die Atemgymnastik durchgeführt. Während der Konzentration wird bei den ersten Übungen leise gesprochen. Das ganze wird so lang, ohne Pause und ohne die geringste Abschweifung, fortgeführt bis der gewünschte Zweck erreicht ist.

Wenn der Meister seine Meditation auf die Lebenskraft in Verbindung mit seinem Körper und dessen Verhältnis zur Schwerkraft, Polarisation usw. durchführt, das Vayu-Tattwa einleitet und sich dann mit der obigen Übung in den freien autosomnambulen Zustand versetzt, der von keiner Katalepsis begleitet ist, wird er sich erheben und frei umherschweben können. Das ist das Phänomen der *Levitation.* Solche Erscheinungen, bei denen die natürliche Schwere der Körper erheblich vermindert oder auch ganz aufgehoben wird, sind, obwohl sie dem Gravitationsgesetz scheinbar vollständig widersprechen, volle Tatsache und wurden bereits öfter beobachtet.

Die moderne Wissenschaft hat sie meist geleugnet. Der wissenschaftliche Okkultismus jedoch hat bereits eine Erklärung für diese Erscheinung gefunden. Er hält die Gravitation für identisch mit der elektrischen Anziehung. Durch Änderung des elektrischen Vorzeichens kann Gravitation in Levitation umgewandelt werden und umgekehrt. Das Phänomen der Levitation hat eine Unzahl gut beglaubigter Fälle aufzuweisen. Der beschränkte Raum dieses Buches erlaubt jedoch nur einen Hinweis auf wenige Fälle, so z.B. auf die Seherin von Prevorst, die oftmals mehr flog als ging, so daß ihre Füße den Boden nicht berührten.

Professor Crookes sah bei einer Sitzung einen Stuhl mit einer Dame sich mehrere Zoll erheben, einige Zeit frei in der Luft schweben, um dann ganz langsam wieder herunterzusinken. Dies sind nur leichtere Fälle, aber wir wissen auch von Levitationen größeren Umfanges zu berichten. So soll in Gegenwart König Philipps II. von Spanien, seiner Gemahlin und vielen anderen hochstehender Personen sich bei dem Karmeliter Dominikus das Phänomen der Levitation ereignet haben. Derselbe wurde plötzlich in die Luft gehoben, wobei sein Körper leicht wie eine Feder wurde, so daß derselbe, als der König ihn anblies, diesem Einfluß sofort Folge leistete und in diese Richtung schwebte.

Giordano Bruno erzählt über Thomas von Aquin: „Wenn dieser mit gesammelter Geisteskraft und Andacht zur geistigen Anschauung des von ihm geglaubten Himmels sich erhob, so konzentrierte sich sein gesamter empfindender und bewegender Geist so sehr in diesem einen Gedanken, daß sein Körper von der Erde in den freien Luftraum erhoben wurde, was ich selbst, obwohl einerseits weniger wissenschaftlich Denkende es zum Mirakel stempeln und andrerseits bornierte Nichts- und Alleswisser es nicht leicht glauben mögen, dennoch für die Wirkung einer natürlichen seelischen Kraft anerkennen muß, wie es denn auch weit früher bei Zoroaster geschah." Die Kirchengeschichte lehrt uns auch, daß bei den meisten Heiligen die Levitation eintrat. So bei Joseph von Copertino, der heiligen Agnes usw.

In Indien, dem Land der Wunder und der Heimat der Adepten, ist die körperliche Levitation nichts seltenes, wie uns zahlreiche Berichte beweisen. Ein echter Yogi schwimmt wie Kork auf dem Wasser, ohne sich zu rühren und kann auch auf demselben gehen. Auch dieses scheinbare Wunder ist dem Adepten mit Hilfe seiner Meditation möglich.

Seltener ereignet sich das *Phänomen der körperlichen Ortsverrückung.* Dieses Phänomen bedeutet, das plötzliche Verschwinden des Körpers, also eine Auflösung des Grobstoffes. Besser ausgedrückt, ist es die Verwandlung des Stoffes in eine feinstofflichere Zustandsform, sodann die Entrückung an einen fernen Ort und abschließend die erneute Materialisierung in den Grobstoff. Es existieren auch darüber, obwohl nur in geringerer Anzahl, ziemlich gut beglaubigte Fälle.

Der junge Meister erringt diese Fähigkeit durch die Tattwabenutzung und eine willensstakre Meditation auf die Verbindung zwischen Seele und Körper. Solch einer hervorragenden und außergewöhnlichen Konzentrationen liegen auch die Phänomene der *Unverwundbarkeit, der körperlichen Transformation* u.a. zu Grunde. Die vorstehenden Übungen dienen nur dem jungen Meister. Je länger der absolut reine, asketische Lebenswandel anhält, desto größer werden die geistigen Kräfte, so daß schließlich der bloße energische Wille genügt, um die geschilderten Phänomene auszulösen.

18. Die Macht des Reinen

Der Meister strebt nicht nur danach, sich immer mehr zu erheben und ethisch zu vervollkommnen, sondern er trachtet auch beständig danach seine Erkenntnis zu erweitern. Dazu dient ihm die höchste Meditation, eine geistig erleuchtete Konzentration des *Selbst* auf das *Selbst.* Ein unausdrückbares Sehnen des inneren Menschen, hinauszugehen zu dem Unendlichen, liegt dem zugrunde. Die höchste Meditation geht von sich selbst aus und richtet sich auf die Unendlichkeit, d.h. das Selbst richtet andauernd die Aufmerksamkeit auf das Selbst. Durch das Verweilen der Seele in dem eigenen Wesen gelangt man zur wahren Selbsterkenntnis und somit auch zur Gotterkenntnis. In dem höchsten Wissen, soweit es für den den körperlichen Menschen begreifbar ist, liegt die Macht des Meisters. In demselben Maß, wie er entsagt, empfindet er auch seine Erlösung, und mit jedem Schritt seiner Erlösung wächst auch seine Erkenntnis und die Entwicklung seiner Kräfte. Was er opfert von den sogenannten Freuden des irdischen Daseins, das wird ihm dadurch tausendfach ersetzt.

Es ist eine vornehme Pflicht des Adepten, anderen, die noch hilfesuchend am Kreuzweg stehen, den richtigen Weg zu weisen und sie zu erleuchten. Was seinerzeit an ihm getan wurde, das gibt er nun an andere weiter. Er wird sich einem Chela nähern, um ihn zu führen. Er wird den ihm zugewiesenen Schüler erleuchten und durch eine Meditation (später durch einen bloßen Willensakt), seiner Seele auf die Seele des Chela, dessen Fähigkeiten und moralische Stärke wie auch seine geheimsten Gedanken erkennen. Er kann durch Konzentration auf die Sinnesorgane seines Schülers die Fähigkeiten desselben auf die astrale Ebene lenken, steigern, aber auch wieder aufheben. Eine Konzentration auf die Zirbeldrüse seines Schülers kann denselben hellsehend machen.

Das Wissen des Meisters ist unbeschränkt und erstreckt sich auf Gebiete, welche für uns nicht mehr faßbar sind. Dieses Wissen umfaßt alle Dinge, ihre innerste Wesenheit und geheimste Natur, es nimmt alles wahr, was ist, war und was sein wird, ohne durch Zeit oder Raum eingeschränkt zu sein. Ein Meister auf dieser Höhe ist selbstverständlich auch keiner Wiederverkörperung mehr unterworfen. Er ist auch in keinster Weise mehr an seinen Körper gebunden. Da er die Materie absolut beherrscht, kann er seinen Körper so lange lebensfähig erhalten wie er dies wünscht. Er kann ihn aber auch zu jeder Zeit verlassen, ohne das Sterben der anderen Menschen durchzumachen. Seine Seele ist jeden Augenblick frei, denn er hat auch den Tod überwunden. Ein Willensakt löst seinen Körper einfach auf.

Der Meister, der *vollkommen rein* geworden und zur *höchsten Erkenntnis* vorgedrungen ist, wandelt, selbst wenn er sich noch im Fleischkörper befindet nicht mehr unter den Menschen. Er bleibt aber dessen ungeachtet für die gesamte Menschheit tätig. Es ist ein geheimnisvolles Wirken, das von der höchsten Erleuchtung geleitet wird und zum Wohl für alle. Diese für uns unsichtbare Arbeit kann den Anschein erwecken, als ob sich diese erhabenen Wesen mit uns und unseren irdischen Angelegenheiten nicht mehr beschäftigen würden. Aber wenn die Menschheit sich einst auf einer fortgeschritteneren Stufe befindet, so daß sie fähig sein wird, in direkten Verkehr mit diesen Adepten zu treten, dann werden auch wir ihren mächtigen Einfluß empfinden. Wir werden uns willig ihrer Führung unterstellen, die nur darauf abzielt, die Menschen zu befreien von den Fesseln ihres größten Feindes, der sie immer wieder zu einem neuen irdischen Leben mit immer wieder neuen Qualen zwingt - der *Erde.*

Vorwort zur ersten Auflage

Dieses Lehrbuch hat den Zweck, die Menschen auf die Kräfte aufmerksam zu machen, welche sie unbenützt mit sich herumtragen und von deren Existenz die meisten nicht einmal eine Ahnung haben. Wir sind keine schwachen Geschöpfe; wir tragen eine Macht in uns, die uns unabhängig machen kann vom Stoff, die uns wirklich zur *Krone der Schöpfung* erheben kann, wenn wir es erst verstehen, uns dieser Macht zu bedienen. Das soll das vorliegende Buch lehren.

Mit den durch eine marktschreierische Reklame angebotenen Büchern, die sich z.B. *Die Kraft in sich selbst* und *Persönlicher Magnetismus* oder auch *Die Macht der Hypnose* usw. betiteln, hat diese Arbeit nichts gemein. Nicht zum brutalen, egoistischen Übermenschen, sondern zum ethisch vorwärtsstrebenden Idealmenschen, der seine Macht nur zum Wohle seiner Mitmenschen nützt, soll dieses Buch führen. Der Mensch ist frei und soll seinen Willen betätigen lernen. Die Hypnose aber macht willensunfrei. Wir sind hier, um zu streben und nicht zeitliche Güter zu erwerben, sondern unvergängliche Werte für die geistige Ebene zu erringen. Von dem durch die Hypnose Errungenen aber hat der innere Mensch - auf den wir ja hauptsächlich bedacht sein müssen, da er der Unsterbliche ist - keinen Nutzen.

Der Verfasser ist selbstverständlich kein Adept. Er untersteht aber seit Jahren einer weisen, von ihm hochverehrten Führung, durch deren Einflußnahme dieses Buch entstanden ist. Seine persönlichen Erfahrungen reichen demnach natürlich auch nicht bis zur Höhe des dritten Abschnittes, wohl aber hat er sämtliche Fähigkeiten, die im zweiten Abschnitt gelehrt werden (mit teilweisen Ausnahmen), an sich selbst erprobt.

Der in diesem Buch niedergelegte Lehrgang verbindet die beiden großen Yoga-Systeme, von welchen das eine den physiologischen Teil des Menschen berührt, während das andere die psychische Entwicklung im Auge hat. Die harmonische Verbindung dieser beiden

Systeme läßt die Schwierigkeiten leichter überwinden und führt rascher aufwärts. Nichts ist gefährlicher als die Entwicklung des menschlichen Willens, ohne daß er mit dem ethischen Fortschritt Hand in Hand geht. Mit scharfen Waffen läßt man nur einen Vernünftigen hantieren. Ein Unvernünftiger würde damit Tod und Verderben bringen, zunächst seiner Umgebung und schließlich sich selbst. Es ist das böse Merkmal der *schwarzen Magie,* daß sie einem wütenden Ungeheuer gleicht, das sich schließlich immer selbst vernichtet. Der Bösewicht, der seine astralen Kräfte entwickelt, um damit unlauteren Trieben zu frönen und anderen zu schaden, verbrennt eines Tages in dem Feuer, das er selbst entzündet hat.

Zum Schluß will ich noch darauf aufmerksam machen, daß mein Lehrbuch das einzige ist, welches den Schüler nicht halbfertig und unbefriedigt vor der Tempelpforte stehen läßt, sondern das ihn weiterführt bis zur Höhe, bis zu dem für Menschen überhaupt Erreich-baren.

Litschenthal bei Seelbach (Baden) im Dezember 1906.

Karl Brandler-Pracht

Vorwort zur zweiten Auflage

Um dem ernstlich Strebenden das Werk seiner Entwicklung zu erleichtern, habe ich die zweite Auflage gründlich durchgearbeitet, unnötige Breiten entfernt und unklare Stellen deutlicher gemacht. Besondere Aufmerksamkeit wurde den Kapiteln über Atem-Gymnastik, Prana und den Tattwas gewidmet; ich bin dadurch einem vielfach geäußerten Wunsch gerecht geworden. Durch diese notwendige Erweiterung kann es erscheinen, als ob ich den Unberufenen damit die Wege geebnet hätte. Ich werde es allerdings auch nicht verhindern können, daß einige von ihnen versuchen, sich in der bösen Richtung zu entwickeln. Wasser und Feuer können verderbenbringend wirken und sind doch so segenspendende Elemente. Die Wahrheit kann den Vielen, die sie sehnenden Herzens suchen, nicht deshalb verschlossen bleiben, weil Einzelne ihr Licht nicht zu ertragen imstande sind und an ihm erblinden. Weder das Licht noch derjenige, der es zum Heile seiner Mitmenschen entzündet, sind schuldig, daß sich die törichte Motte die Flügel verbrennt.

London im November 1911.

Karl Brandler-Pracht

Vorwort zur dritten Auflage

Es erscheint mir als eine höhere Fügung, daß während des großen Weltkrieges dieses Buch seine dritte Auflage erlebt. Schwer wird die Menschheit gegenwärtig heimgesucht; der Tod hält eine überreiche Ernte, und die Überlebenden sind in Trauer gehüllt und Not und Drangsal aller Art umgeben sie. Aber wie jedes Leid nur zur seelischen Stärkung dienen soll und in dieser Beziehung eigentlich als Segen aufzufassen ist, so wird auch die gegenwärtige schwere Zeit ein Läuterungsmittel für die Menschheit sein. Einkehr zu sich selbst, größere Verinnerlichung und seelische Vertiefung wachsen auf dem blutgedüngten Boden und führen die Menschen näher zu Gott und damit auch näher zur Erkenntnis ihrer eigentlichen Bestimmung, zur Verwandlung des Gesetzes der *All-Liebe* in die Tat. So vorbereitet fühlen sich die Menschen für die *göttlichen Wahrheiten* empfänglicher, und so hoffe ich, daß dieses Buch in seiner dritten Auflage viele offene Herzen finden wird. Sei es ihnen Trost, Erhebung und eine kräftige Stütze auf ihren weiteren Lebenswegen.

Berlin - Steglitz im Februar 1917.
Karl Brandler-Pracht

Karl Brandler-Pracht

Lehrbuch zur Entwicklung der okkulten Kräfte

304 Seiten - ISBN 3-932928-04-0 - € 15,90

Handbuch der weißen Magie zur Entfaltung magischer Fähigkeiten. Aus dem Inhalt: Die Gedankenbeherrschung / Der negative Zustand / Der magnetische Blick / Die Wunschkraft / Selbsterkenntnis und Befreiung / Die höhere Atemtechnik / Telepathie und Gedankenübertragung / Vorsätzliches Wahrträumen / Hellsehen und Hellhören / Die heilmagnetische Kraft / Der Astralkörper / Die Tattwas / Die höheren magischen Fähigkeiten / Die Macht des Reinen uva. Das Buch enthält eine gründliche Anleitung zur Ausbildung der höheren geistigen Kräfte des Menschen und gilt als eines der wichtigsten Werke der weißen Magie.

Det Morson

Das große Buch der Liebeszauber

128 Seiten - 21 Abb. - ISBN 3-9802704-6-7 - € 15,90

Dieses Buch zeigt eine große Anzahl besonders wirksamer magischer Liebes- und Hexenzauber. Aus dem Inhalt: Liebeszauber / Liebeskräuter / Aphrodisiaka / Die Herstellung von Liebestränken / Erotische Parfüms / Der Duft der Unsterblichkeit / Kerzenzauber / Zigeunermagie / Puppenzauber / Baumzauber / Wurzelzauber / Krötenmagie / Alraunenzauber / Nestelknüpfen / Magische Quadrate / Bindungszauber / Liebestalismane / Liebespulver und Philter / Liebessigille / Ritual zur Aufrechterhaltung der Liebe / Das Lösen der Liebeszauber uva. Effektive Anleitungen für Liebeszauber, Sympathiemagie und Hexenzauber.

Det Morson

Praxis der weißen und schwarzen Magie

407 Seiten - 17 Abb. - ISBN 3-9802704-0-8 - € 24,90

Dieses Buch ist eine Fundgrube des esoterischen Wissens und der magischen Praxis. Der Autor zeigt, wie man seine magischen Kräfte systematisch entwickelt und gezielt einsetzt. Aus dem Inhalt: Vom Sinn des Seins / Die Astralebene / Der Hüter der Schwelle / Die Kraft der Mantren / Das magische Lichtritual / Die Magie des Wassers / Runenmagie / Levitation / Spiegelmagie / Pentagramm-Magie / Pendelmagie / Die Praxis der spiritistischen Sitzung / Die Magie der Edelsteine / Die Magie der Glyphen / Weihung magischer Gegenstände / Pentagramm-Magie / Liebeszauber / Schwarze Magie uva.

Frater Johannes

Praktische Vorbereitungen zur Magie

96 Seiten - 11 Abb. - ISBN 3-932928-07-5 - € 12,90

Die Techniken und Vorübungen zu einer erfolgreichen magischen Praxis. Aus dem Inhalt: Magie der Persönlichkeit / Konzentration aller Kräfte / Vergeistigter Atem und Kraftatem / Einodung / Odaufnahme / Entodung / Sonnen-Prana-Aufnahme / Die Entwicklung der Chakras / Die Praxis der Baumübung / Die Umpolung der Sexualkräfte / Die geistige Einstellung bei magischen Handlungen / Geistige Einstellung bei magischen Symbolen / Verstärkung der Aura / Reinigung und Schutz der Aura / Der magische Odmantel / Vokal-Ton-Übungen uva.

E. Sychova

Die Entwicklung des Willens

32 Seiten - ISBN 3-932928-02-4 - DM € 6,90

Gezeigt wird, wie man die Herrschaft über die eigenen Gedanken, Vorstellungen und Wünsche erlangt. Wenn es uns gelingt, einen starken Willen, durch die hier gezeigten Techniken zu entwickeln, werden wir nicht länger Blätter im Wind des Schicksals sein, sondern können unser Leben selbst in die Hand nehmen und dadurch unser Dasein glücklicher und freier selbst bestimmen. Wer seinen Willen beherrscht, ist ein großer Zauberer, der etwas erreicht hat, was mehr wert ist als alle Schätze der Erde (E. Sychova).

Para Maya

Die Macht der Spiegel

104 Seiten - 9 Abb. - ISBN 3-9802704-3-2 - € 15,90

Das Spiegel geheimnisvolle Kräfte besitzen ist von alters her bekannt. Spiegel dienten zur Konzentration und Meditation, zum Hellsehen, zur Heilbehandlung sowie zur Beeinflussung anderer Personen. Dieses Buch zeigt die unergründlichen Kräfte der Spiegel und die Praxis der Spiegelmagie. Aus dem Inhalt: Divinationsspiegel / Der Magische Spiegel / Gedankenkonzentration vor Spiegeln / Die Heilkunst der Spiegel / Die Spiegelwelt / Die Magneten des Glücks / Spiegelwirkung gegen Krankheiten / Spiegelwirkung zum Schutz / Spiegelzauber uva.

Papa Shanga

Praxis der Voodoo-Magie

160 Seiten - 47 Abb. - ISBN 3-932928-00-8 - € 20,-

Dies ist das erste Buch, das sich fundiert mit der praktischen Magie des Voodoo befaßt. Aus dem Inhalt: Das Anfertigen eines magischen Zeigers / Die Herstellung von Voodoo-Nadeln / Voodoo-Puppenmagie / Liebeszauber / Das Ouanga / Schutzzauber / Die Loa-Petro / Das Herstellen von Talismanen / Das Arbeiten mit Gads / Froschzauber / Das Wanga / Knotenmagie / Der Cauquemere / Flüche versenden / Das Abwenden eines Fluches / Magische Heilung mit dem Paquet / Wurzelzauber / Großes Ritual der Voodoo-Puppenmagie / Der Aufbau eines Veve / Die Erschaffung eines eigenen Loa / Zombifizierung uva.

Papa Shanga

Voodoo-Praxis

200 Seiten - 45 Abb. - ISBN 3-932928-15-6 - € 20,-

Neue wirksame Techniken, Rituale und Praktiken des Voodoo. Aus dem Inhalt: Zauberlampen / Voodooschutzöl / Zauberpulver / Voodoo-Zaubernadeln / Die Voodooflasche / Das Liebesgad / Eimerzauber / Geldzauber / Voodootrommel für Geld- und Glückszauber / Gutartige Kerzenmagie / Bösartige Kerzenmagie / Glückswasser / Ouangas / Gute Träume senden / Böse Träume senden / Heilungszauber / Rituelle Gebete / Voodoo-Puppenmagie / Voodoo mit einem Foto / Der große Marassa Schadenszauber / Die Magie des Papa Nebo / Das Ritual der Totenhand / Vernichtungszauber / Der Loup-Garou / Werwolfrituale uva.

Josef Dürr

Dämono-Magie

80 Seiten - 6 Abb. - ISBN 3-932928-10-5 - € 12,90

Experimental-Dämonologie. Theorie und Praxis der Dämonenmagie. Das Buch zeigt die überlieferten Anrufungen zur Beschwörung von Dämonen und wie man sich vor dämonischen Einflüssen schützt. Ein Buch von großer Verantwortung und Offenheit. Aus dem Inhalt: Die Praxis der Dämonen-Anrufung / Höllenzwang nach der „Clavicula" / Der schwarze Spiegel / Der Dämon des eigenen Ich / Beschwörung mit den Mosis und Faustbüchern / Die Materialisation der dunklen Erscheinung / In der Gewalt des Dämons / Dämonenzwang / Beschwörung um Mitternacht uva.

Frater Johannes

Magische Beeinflussung

32 Seiten - ISBN 3-9802704-2-4 - € 6,90

Die Versuche von Frater Johannes über die magische Fernbeeinflussung des Menschen durch Tepaphone, gehören zu den interessantesten Gebieten der Magie. Die von Bardon, Klingsor und Gregorius erwähnten Tepaphone werden hier praktisch beschrieben. Inhalt: Die magische Umpolung der Odzentren im Menschen / Psychisch-magische Beeinflussung durch Hochfrequenz und Ätherströme / Die Praxis der magischen Fernbeeinflussung. Mögen diese Ausführungen in die richtigen Hände gelangen, in Hände, die dieses Wissen zum Wohle einer leidgeplagten Menschheit segenbringend anzuwenden wissen.

Hans Possendorf

Der Fluch - Magischer Einweihungsroman

96 Seiten – 4 Abb. - ISBN 3-932928-03-2 - € 11,90

Faszinierender Tatsachenroman über die abenteuerliche Reise dreier Männer in ein unentdecktes Tal in Tibet um die Jahrhundertwende. Hier treffen sie auf einen außergewöhnlichen und unheimlichen Menschen, der zugleich verehrt und gefürchtet wird. Trotz Verbot belauschen sie ein verbotenes und geheimgehaltenes Ritual. Ihr Frevel wird entdeckt und ihre Neugierde schwer bestraft. Sie werden mit einem mysteriösen und furchtbaren Fluch belegt, der sie innerhalb von drei Jahren töten soll. Ein spannender Einweihungsroman, der Ihr Bewußtsein erweitern wird.

Kurt Krause

Teuflisches Treiben

66 Seiten - Großformat - ISBN 3-932928-06-7 - € 25,90

Bettlektüre für alle Hexen und Zauberer im C.O.S. und solche die es werden wollen. Inhalt: Grundlagen der Hexenkunst / Das Pentagramm einmal anders / Der Pfad zur wahren Magie / Die erste Übung / Einweihung / Das neue Äon / Das Buch des Gesetzes / Meisterschüler der satanischen Magie uva. "Nur wenige geborene Hexer gibt es. Eine Kraft fließt durch sie, tief in unsere Vorzeiten reichend und läßt Magie, Zauber und Macht durch unsere Welt strömen" (Kurt Krause). Dieses Buch wird Sie wahrscheinlich schockieren, doch dies ist vom Autor erwünscht. Limitierte Auflage von 666 Exemplaren.

Sheerie the Fay – 80 Seiten – ISBN 3-932928-20-2 - € 12,90

Das Buch der Hexen

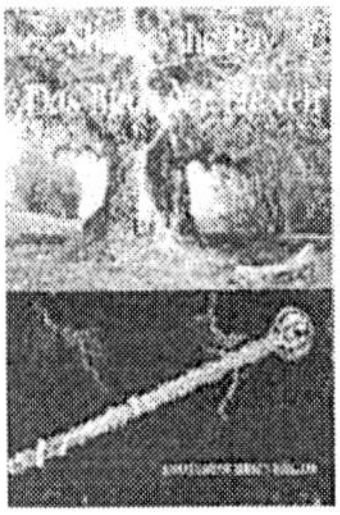

Sheerie the Fay, ist eine junge freifliegende Hexe, die in der Magie ihren eigenen Weg geht, ohne sich von alten Vorschriften behindern zu lassen. Mit viel Liebe zeigt sie, wie man erfolgreich Magie betreibt und mit Hexenmacht das eigene Leben um so vieles einfacher und erfolgreicher gestalten kann. Aus dem Inhalt: Wie werde ich eine Hexe? / Die 13 Prinzipien der Wicca / Die magischen Tage in der Hexerei / Wahl des Hexennamens / Hilfreiche Entspannungstechniken / Das Buch der Schatten / Zauber für mehr Energie / Flicken sie ihre Aura / Zauber gegen Krankheit / Zauber für die Liebe / Bann- und Schutzzauber uva.

Belinah - 96 Seiten – ISBN 3-932928-18-0 - € 12,90

Die Magie der Hexen

„Tue was Du willst, aber schade niemandem." Die bekannte Hexe Belinah, gibt hier ihre praktischen Erfahrungen, magischen Rituale und Hexenzauber weiter. Die vorgestellten Techniken sind so aufgebaut, daß sie sofort erfolgreich in die Praxis umgesetzt werden können. Aus dem Inhalt: Kreise, Pentagramme und Himmelsrichtungen / Kerzen und ihre Farben / Kräuter und ihre Wirkungen / Ritualgegenstände / Hexenschrift / Kerzenrituale / Universelles Wunschritual / Liebesrituale / Gesundheitsrituale / Schadensabwehrzauber / Ritualöle / Hexensalben / Hexentees uva.

Grosche & Schräpel - 72 Seiten – ISBN 3-932928-25-3 - € 12,00

Ewigkeitssucher

Unter seinem bürgerlichen Namen Eugen Grosche veröffentlichte Gregor A. Gregorius zusammen mit Johannes Schräpel einen Gedichtband magischer Wirkung, der heute zu den antiquarisch gesuchtesten und seltensten Werken zählt. Gedichte, hochgeistig, von Meistern zartester Empfindung kunstgeformter freier Rhythmen - magisch wirkend. Inhalt: Die große Gauklerin / Hymne an die Einsamkeit / Das Würfelspiel / Seelentiefen / Die ferne Stimme / Hüte Dich! / In fernen Sphären / Der Seele Sang / Die stille Stunde / Reinere Quellen uva.

Karl Weinfurter – 112 Seiten - € 13,90

Lehrbuch des magischen Denkens

Vom Autor der Bücher: "Der brennende Busch" und die "Mystische Fibel". Weinfurter legt in seinen Büchern die praktischen Kernpunkte des mystischen Weges offen. Kernsatz seiner Lehre ist; daß nur wer praktisch übt, erleben und somit wirklich verstehen kann, was andere, echte Mystiker darzustellen versuchten. Inhalt: Die magische Kraft der Gedanken / Die Religion der Ernährung (Die Bedeutung von Od und Prana) / Das Gesetz des Gebetes / Die Kunst der Ruhe / Das Mysterium des Schlafes / Der Vorteil des Vergessens / Die Botschaft des Frühlings / Kleine Magier im Geschäft / Die Wirbel des Willens uva.